⊙ 胡安安 —— 著

# 云计算
## 产业创新发展模式研究

上海科学技术出版社

云计算产业创新发展模式研究

**图书在版编目(CIP)数据**

云计算产业创新发展模式研究 / 胡安安著. —上海：上海科学技术出版社,2020.1（2023.1重印）
 ISBN 978-7-5478-4530-1

Ⅰ.①云… Ⅱ.①胡… Ⅲ.①云计算-高技术产业-产业发展-研究-中国 Ⅳ.①F492.3

中国版本图书馆 CIP 数据核字(2019)第 150330 号

---

**云计算产业创新发展模式研究**
胡安安 著

---

上海世纪出版(集团)有限公司 出版、发行
上 海 科 学 技 术 出 版 社
(上海市闵行区号景路159弄A座9F-10F)
邮政编码 201101  www.sstp.cn
四川森林印务有限责任公司印刷
开本 889×1194 1/32 印张 9.25
字数：200千字
2020年1月第1版 2023年1月第2次印刷
ISBN 978-7-5478-4530-1/F•18
定价：55.00元

---

本书如有缺页、错装或坏损等严重质量问题，请向印刷厂联系调换

## 内容提要

作为新一代信息技术的典型代表,云计算已经引发了世界范围的产业变革,受到各国政府与知名企业的广泛关注。云计算产业是以云计算技术为基础,整合信息资源和信息服务要素,提供全方位信息服务的战略性新兴产业。

本书以云计算产业为研究对象,关注云计算产业生态系统构成、产业链关键环节组成、产业演进变化规律,对企业采纳云计算服务情况进行调研,给出中国云计算产业良性发展的判断与建议。

本书可供云计算产业从业人员、政府相关部门工作人员、高校相关专业师生阅读参考,也可以为各地制定云计算产业发展政策提供依据。

# 前言

进入 21 世纪后,信息技术引发的新技术革命不断推动各国社会和经济的发展。作为新一代信息技术的典型代表,云计算已经引发了世界范围的产业变革,受到各国政府与知名企业的广泛关注。云计算是一种随时随地、便捷、按需地从可配置计算资源共享池获取计算资源的信息技术,支持快速供应和释放,使管理工作和与服务商的服务交互减小到最低限度。云计算产业是以云计算技术为基础,整合信息资源和信息服务要素,提供全方位信息服务的战略性新兴产业。2015 年,国务院正式发布国家战略,指出云计算产业是全新业态,是信息化发展的重大变革和必然趋势;发展云计算产业对稳增长、调结构、惠民生和建设创新型国家具有重要意义。在此背景下,本书选择云计算产业为研究对象,关注云计算产业生态系统构成、产业链关键环节组成、产业发展演进情况,对企业采纳云计算服务情况展开调研,并给出相应的政策建议。

本书对国内外已有的云计算产业情况进行了回顾与述评;在分析中国云计算产业试点城市发展现状的基础上,探讨云计算产业发展的特征与机遇;从产业生态系统视角分析云计算产业结构,给出产业生态系统的机制与特征,并结合中国实际情况深入分析云计算产业链的各个关键环节。更进一步,本书构建理论分析框架,对云计算产业发展演进情况进行还原,梳理产业的发展演进态势;系统比较云计算产业的基本商业模式,对中小企业应用云计算公共服务展开调研,并进行企业采纳云计算服务的实证研究。最后,在对比国内外云计算产业发展政策的基础上,结合中国高速发展的现实情境,给出优化云计算产业发展的具体政策建议。

经研究发现,中国云计算产业生态系统已初具规模,试点城市呈现出稳态运行的态势。云计算产业生态系统的核心子系统由八个主要物种构成,根据生态位的不同可以分为三大种群,即领导种群、关键种群和支持种群;同时还包括环境子系统和支持子系统两个外部支持系统。产业生态系统中各个组成部分各司其职、相互交织,形成完整的云计算产业价值网络。在此基础上,本书给出了云计算产业生态系统的结构分析和特征分析,详细探讨了生态系统中存在的利益争夺问题、信息不对称问题、信任问题和协作问题,并从关系协调、利益协调、信息协调和运作协调四个方面给出了协调机制。同时,本书根据产业发展实际情况和服务流转顺序,将云计算产业链细分为九个关键环节,从物种构成、所属种群、生态位和龙头企业代表四个角度进行了详细分析。

全书从产业发展状态与产业深层结构两个视角对云计算产业发展演进过程进行了探讨，指出产业发展过程中存在稳态、渐进改变、波动混乱、失败和突变五种状态，而产业深层结构包括技术要素、资源要素、需求要素、商业模式要素、政府要素。在此基础上，本书详细分析了上海云计算产业自2008年至2015年的发展演进过程，并对2016年至2018年产业发展情况进行了验证。

全书对上海云计算产业布局及企业空间聚集现状进行了初步分析，对部分中小企业应用云计算公共服务的情况开展调研，探讨影响企业采纳云计算服务的因素，发现企业管理层的认识和动机、云计算服务的使用成本、企业信息技术资源和管理能力、企业规模、成立时间等因素都会影响企业采纳云计算服务。

在此基础上，本书从产业示范应用、产业环境、产业推广宣传、政府采购、扶持商业模式创新、制度法规建设、产学研用与标准制定、基础设施升级八个层面给出了优化云计算产业发展的具体政策建议。

感谢中国博士后科学基金、上海市经济和信息化委员会、上海市科学技术委员会对本书研究完成提供的支持;感谢复旦大学黄丽华教授、石磊教授、凌鸿教授、戴伟辉教授、许博副教授为全书提供的学术指导和修改建议。

  本书最早起于2011年,经过多年、多次的补充与更新才得以完稿。受限于个人研究能力、资料获得、调研样本的不足,本书内容肯定存在错漏与偏差,部分资料和分析探讨只能反映研究开展时的"横截面",也只代表作者个人的观点判断,恳请读者给予指导和指正!

*胡安安*

2019年7月于复旦园

# 目录

### 第1章 绪论 ..... 001

1.1 国内外云计算产业发展历程 …… 002
1.2 研究路径 …… 006
1.2.1 研究目标与框架 …… 006
1.2.2 研究方法与思路 …… 009
1.2.3 可行性分析 …… 012

### 第2章 云计算与云计算产业 ..... 015

2.1 云计算与云计算产业概述 …… 016
2.1.1 相关概念 …… 016
2.1.2 云计算的演进历史、特征与服务模式 …… 018
2.1.3 云计算相关研究综述 …… 022
2.2 信息技术产业竞争力 …… 026
2.3 云计算产业生态系统 …… 027
2.4 云计算商业模式 …… 030

2.5　现有研究述评 ………………………………………… 032

## 第3章　云计算产业发展现状　035

3.1　上海云计算产业发展现状 ……………………………… 036
3.1.1　产业发展概况 ………………………………………… 037
3.1.2　产业政策促进发展 …………………………………… 038
3.1.3　基地载体联动发展 …………………………………… 039
3.1.4　龙头企业抢位发展 …………………………………… 040
3.1.5　商业模式创新发展 …………………………………… 041
3.1.6　示范应用带动发展 …………………………………… 042
3.1.7　产业环境协调发展 …………………………………… 043
3.1.8　自主创新领先发展 …………………………………… 044
3.1.9　产业发展特征 ………………………………………… 045
3.2　我国云计算产业发展概况 ……………………………… 046
3.2.1　北京 …………………………………………………… 046
3.2.2　深圳 …………………………………………………… 048
3.2.3　杭州 …………………………………………………… 049
3.2.4　无锡 …………………………………………………… 050
3.2.5　各试点城市云计算产业发展情况对比 ……………… 051
3.2.6　云计算产业发展机遇 ………………………………… 053

# 第4章 云计算产业生态系统　　061

## 4.1 结构分析　　062
### 4.1.1 物种分析　　063
### 4.1.2 种群分析　　065
### 4.1.3 子系统分析　　067
## 4.2 机制与特征分析　　070
### 4.2.1 协调问题　　070
### 4.2.2 协调机制　　071
### 4.2.3 特征分析　　074
## 4.3 云计算产业链关键环节分析：以上海为例　　077
### 4.3.1 云计算产业链　　077
### 4.3.2 上海云计算产业链关键环节分析　　085

# 第5章 云计算产业发展演进　　095

## 5.1 产业生态系统的发展演进　　096
## 5.2 "间断—平衡"理论　　099
## 5.3 理论分析框架　　107
### 5.3.1 组织战略变革理论　　107
### 5.3.2 钻石模型　　110
### 5.3.3 整合后的理论分析框架　　113

5.4 云计算产业发展演进初步分析：以上海为例 ………… *118*

5.5 对产业发展演进规律的进一步探讨 ………… *132*

5.6 上海云计算产业布局及企业空间聚集现状分析 ………… *135*

## 第6章 云计算商业模式及企业采纳云计算服务研究    *139*

6.1 云计算商业模式概述 ………… *140*

6.2 中小企业云计算公共服务应用情况：以上海为例 ………… *147*

6.3 企业采纳云计算服务实证研究 ………… *152*

6.3.1 技术因素（T） ………… *155*

6.3.2 组织因素（O） ………… *156*

6.3.3 环境因素（E） ………… *157*

6.3.4 数据分析和模型检验 ………… *159*

6.3.5 企业访谈和定性研究 ………… *164*

6.3.6 研究结论 ………… *167*

## 第7章 云计算产业发展政策建议    *169*

7.1 云计算产业发展相关政策 ………… *170*

7.1.1 国外云计算产业相关政策 ………… *170*

7.1.2 我国云计算产业相关政策 ………… *180*

7.2 我国云计算产业市场特征与主要企业发展状况 ………… *187*

7.2.1　市场特征分析 …………………………………………… *187*
7.2.2　云计算企业发展状况 …………………………………… *189*
7.3　上海推进云计算产业发展的政策建议 …………………… *194*

## 第8章　云计算企业商业模式创新案例　　　　　　　　　　*201*

8.1　"云端"的会展服务业：808街 …………………………… *202*
8.1.1　会展行业背景 …………………………………………… *203*
8.1.2　会展行业的"云服务"模式 …………………………… *207*
8.1.3　云计算对会展行业的价值与意义 ……………………… *210*
8.1.4　云计算在会展行业的发展前景 ………………………… *213*
8.2　"云存储"的推动者：七牛 ……………………………… *213*
8.2.1　"云存储"行业发展与商业机会 ……………………… *215*
8.2.2　"云存储"的七牛服务模式 …………………………… *217*
8.2.3　七牛的优势与"云存储"未来的发展 ………………… *220*
8.3　多元化的"云平台"：盛大云 …………………………… *222*
8.3.1　行业发展及"云平台"的商业机会 …………………… *224*
8.3.2　"云平台"的服务模式 ………………………………… *225*
8.3.3　"云平台"模式的发展前景 …………………………… *229*
8.4　"云原生"的创新先行者：DaoCloud ………………… *230*
8.4.1　行业背景 ………………………………………………… *232*
8.4.2　"尚道"数字原生云平台 ……………………………… *234*

8.4.3 "云原生"带来的社会效益 ················ 238
8.5 校园"上云"新形态：优景智慧云校园 ············ 240
8.5.1 行业背景及发展趋势 ················ 241
8.5.2 "智慧云校园"服务模式 ············· 242
8.5.3 云计算对教育行业的影响 ············ 243
8.5.4 云计算在教育行业的应用展望 ········· 244

# 第9章 总结与展望     245

9.1 研究结论 ···························· 246
9.2 研究局限 ···························· 249
9.3 未来展望 ···························· 251

**参考文献**     260

**附录1 上海云计算产业链关键环节示意图**     272

**附录2 企业采纳云计算服务意愿调查问卷**     274

# 第 1 章

绪　论

云计算产业是一个有实践意义且具备研究价值的主题,是"互联网+"与大数据时代中国创新发展不可或缺的核心元素。作为新一代信息技术的典型代表,云计算引发了世界范围的产业变革,更加适应现代社会移动、灵活、定制的商业环境,可以带动装备制造、物流、商贸等传统产业的转型升级,改变旧式客户关系管理、客户需求响应等服务方式的运作惯例,为创新与变革提供了广阔的舞台。

本章对国内外云计算产业的发展历程进行了回顾,阐明具体的研究目标与分析框架,并给出了采用的研究方法和研究思路。

## 1.1 国内外云计算产业发展历程

进入 21 世纪后,以信息技术(IT)为代表的新技术革命不断推动世界各国社会和经济的发展。信息资源作为生产要素、无形资产和社会财富,与能源、材料资源同等重要,在经济社会资源结构中具有不可替代的地位,成为经济全球化背景下国际竞争的重点。

国家"十二五"战略规划中明确了信息技术作为七大战略性新兴产业之一将被重点推进,其中关于发展"新一代信息技术产业"的主要内容是:"加快建设宽带、泛在、融合、安全的信息网络基础设施,推动新一代移动通信、下一代互联网核心设备和智能终端的研发及产业化,加快推进三网融合,促进物联网、云计算的研发和示范应用。"

作为新一代信息技术的典型代表,云计算已经引发了世界范围的产业变革,受到发达国家政府与知名企业的重视,成为全球产业新的投资亮点与重点。云计算产业的发展不仅将推动包括移动互联网在内的新兴互联网产业、物联网产业,更将改变制造、物流、贸易等传统领域的信息化进程,带动大数据、海量存储等新兴领域的创新,促进智慧城市建设的实现。

从产业发展历程来看,云计算概念于 2008 年成为社会关注的热点,发达国家和地区纷纷推出支持云计算产业发展的政策和中长期规划,知名信息技术企业也投入重金向云计算转型。一时间云计算成为知名杂志与高峰会议的重要话题,不讨论云计算即是不处于信息技术领域的最前沿。风险投资高溢价参股云计算企业,以"云计算"为主题的并购每周都在发生。经过近十年的时间,泡沫才被日渐挤出,云计算服务模式已经开始清晰,产业发展正在回归理性,2016 年仅公有云市场的全球产业规模就超过 2 000 亿美元[1,2],见表 1.1 和图 1.1。

表 1.1 2010—2018 年全球公有云市场规模

| 年份 | 2010 | 2011 | 2012 | 2013 | 2014 | 2015 | 2016 | 2017 | 2018 |
|---|---|---|---|---|---|---|---|---|---|
| 产业规模(亿美元) | 683 | 900 | 1 110 | 1 310 | 1 528 | 1 800 | 2 092 | 2 468 | 2 878 |
| 增长率 | — | 32% | 23% | 18% | 17% | 18% | 19.5% | 18% | 16.6% |

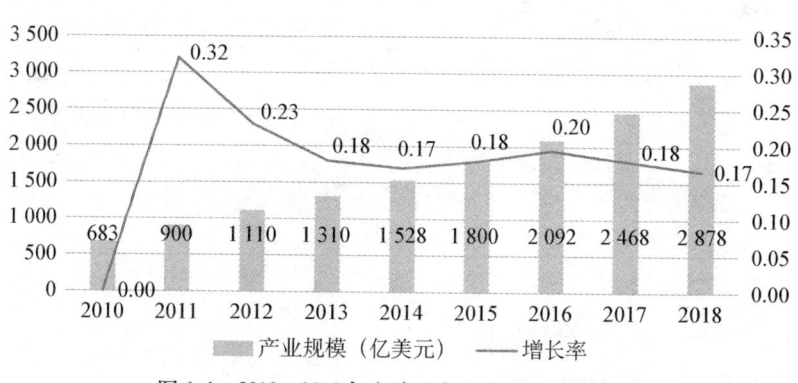

图 1.1 2010—2018 年全球公有云市场规模示意图

截至 2017 年年底,世界上主要发达国家和地区均已推出支持云计算产业发展的中长期规划,国内一些重点城市(如北京、上海)也都提出了产业发展计划,但从国家战略制定和产业发展专项研究层面来看,中国略慢于发达国家和地区,政府层面云计算相关文件见表1.2。

表1.2 2012年以来政府层面主要云计算文件

| 时间 | 部门 | 文件名称 |
| --- | --- | --- |
| 2012年 | 国务院 | "十二五"国家战略性新兴产业发展规划 |
| 2013年 | 工信部[*1] | 关于数据中心建设布局的指导意见 |
| 2013年 | 工信部 | 基于云计算的电子政务公共平台顶层设计指南 |
| 2014年 | 国家发改委[*2] | 深入推进重点领域创新助力高技术产业和战略性新兴产业平稳健康发展 |
| 2015年 | 国务院 | 国务院关于促进云计算创新发展、培育信息产业新业态的意见 |
| 2015年 | 中央网络安全和信息化领导小组办公室 | 关于加强党政部门云计算服务网络安全管理的意见 |
| 2015年 | 国务院 | 国务院关于积极推进"互联网+"行动的指导意见 |
| 2015年 | 国务院 | 促进大数据发展行动纲要 |
| 2016年 | 国务院 | "十三五"国家信息化规划 |
| 2017年 | 工信部 | 云计算发展三年行动计划(2017—2019年) |
| 2018年 | 工信部 | 推动企业上云实施指南(2018—2020年) |

\*1 工业和信息化部简称"工信部"。
\*2 发展和改革委员会简称"发改委"。

2015年1月6日,国务院正式发布《关于促进云计算创新发展、培育信息产业新业态的意见》(以下简称"意见")。意见指出云计算产业是全新业态,是信息化发展的重大变革和必然趋势;发展云计算产业对稳增长、调结构、惠民生和建设创新型国家具有重要意义。意见提出,到2017年,中国将实现云计算在重点领域的深化应用,基本健全产业链条,初步形成安全保障有力,服务创新、技术创新和管理创新协同推进的云计算产业发展格局[4]。2017年2月,工业和信息化部发布的数据显示,"十二五"期间中国云计算产业年均增长率超过30%,仅2015年一年即超过1500亿元,成为全球增速最快的市场之一;2017年中国云计算产业规模达到6000亿元,2018年总规模有望达8000亿元[5,6]。在此背景下,以中国云计算产业为研究对象,关注产业生态系统和相关企业的商业模式,给出相应的对策建议,正当其时。

作为国内最早发布云计算产业政策的城市,上海在2010年就制定了推进云计算发展的中长期发展计划——"云海计划",通过该计划吸引创新型企业加入云计算产业联盟,依靠政策资源优化产业生态系统,形成了"以中长期发展战略为主线,以产业生态环境建设为主要着力点,以企业为主体"的云计算产业融合发展模式。2017年1月,上海正式发布《关于促进云计算创新发展、培育信息产业新业态的实施意见》,这是上海市级层面推出的第三个云计算产业发展专项政策,被业界称为"云海计划3.0",标志着上海云计算产业正式进入了"全面云化,产业升级"的新阶段。截至2017年底,上海先后认定5批超过200家云计算企业,由政府对其在产业链对接、示范项目建设上给予政策、资金支持。2016年全年上海云计算技术和服务收入达到780亿元,预计在2018年突破1000亿元,成为上海又一千亿规模的新兴产业[7];同时,新增云计算技术研发与公共服务企业超过百家,云计算产业带动信息服业新增经营收入超过 1 000 亿元[8]。毫无疑问，上海已成为研究云计算产业创新发展模式的典型区域代表。

单纯从技术视角来看，中国云计算技术水平已逐渐接近国际水平，但产业整体创新和发展能力仍明显落后于发达国家。要改变这一局面，需要了解云计算产业生态系统结构、产业发展演进的基本情况、云计算企业商业模式创新，还需要了解影响企业接受云计算服务的因素，只有这样才能制定出有效的产业发展政策。因此，本书选择中国云计算产业为研究对象，关注其产业生态系统构成、产业链关键环节组成、产业发展演进情况，对国内企业采纳云计算服务展开调研，并给出相应的政策建议，这一系列的研究有着较强的现实需求和理论分析价值。

## 1.2 研究路径

### 1.2.1 研究目标与框架

本书以中国云计算产业及相关企业为研究对象，分析云计算产业生态系统结构、产业链关键环节和产业发展演进情况，探讨云计算为企业提供的商业模式创新，对国内企业采纳云计算服务进行实证分析，并结合上海的实际情况为云计算产业发展提供政策建议。

① 总结云计算产业生态系统总体结构、协调机制、产业特征；以上海为例，分析云计算产业链的各个关键环节及作用。

② 系统阐释云计算产业发展演进情况，对产业发展演进规律进行探讨。

③ 对中小企业应用云计算服务的情况进行调研，并给出影响企业采纳云计算服务的重要因素。

④ 为上海优化云计算产业发展提供有针对性的政策建议。

从全球范围来看,云计算产业界和技术界仍处于"盲人摸象、各说各话"的相对混乱阶段,学术界的理论研究更是滞后于现实应用的需要,这导致了云计算产业发展"无据可依"的现状;同时,云计算产业还存在着生态系统不稳定、产业链发展不均衡、企业商业模式不成熟等诸多问题。

基于上述情况,本书的研究框架由五个具体的研究内容组成,如图1.2所示。

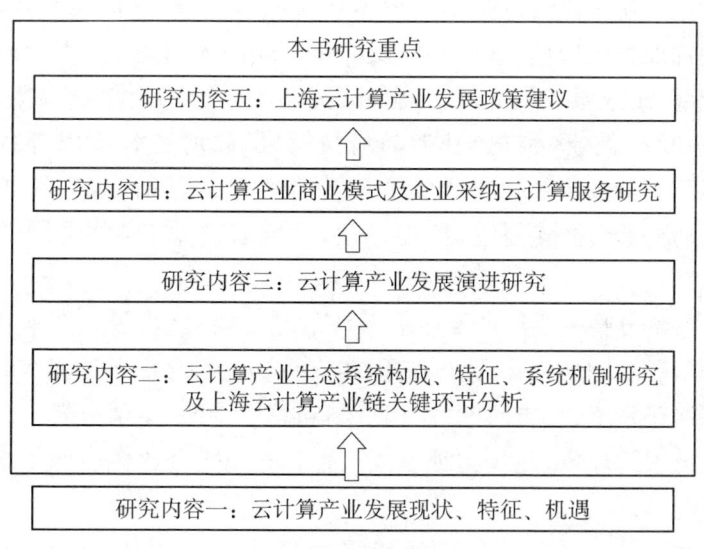

图1.2 本书研究框架

首先,分析中国云计算产业发展现状,比较上海与国内其他云计算产业发展试点城市的情况,指出上海云计算产业发展的特征与机遇;其次,从生态系统视角分析云计算产业结构,给出产业生态系统的机制与特征,并结合上海实际情况深入分析云计算产业链的各个关键环节;第三,构建理论分析框架,对上海云计算产业发展演进情况进行分析,并对未来产业走向进行探讨;第四,系统梳理云计算产业的基本商业模式，对中小企业应用云计算公共服务展开调研，并进行企业采纳云计算服务的实证研究；第五，在对比国内外云计算产业发展政策的基础上，结合上海的现实情境，给出优化云计算产业发展的具体政策建议。其中，云计算产业生态系统、产业发展演进情况、企业采纳云计算服务、政策建议是本书的研究重点。

（1）云计算产业生态系统

作为新一代信息技术的典型代表，云计算产业构成复杂，包括硬件设备供应商、基础软件供应商、应用软件供应商、平台软件供应商、集成服务供应商、云服务运营商、安全管理供应商、用户、行业协会、创业（孵化）基地与科技园区、政府监管部门等各类要素[8]，这些组成部分形成了云计算产业生态系统，它们相互作用，通过产业链创造、传递价值，影响着整个产业的发展方向与状态。

本部分将主要从产业生态系统的基本要素（物种）、基本功能（种群）、在产业中的位置与作用（生态位）入手，分析云计算产业生态系统子系统、系统问题、协调机制和总体特征，绘制上海云计算产业链关键环节，并从物种、种群、生态和龙头企业代表四个维度进行总结。

本部分研究将构建全书的理论框架，主要采用文献研究、基础理论、多案例研究、情境分析法等研究方法。

（2）云计算产业发展演进

当前中国云计算产业存在发展方向不明确、发展速度不稳定、产业发展影响要素与演进规律不清晰的现状[8]。云计算产业既带有传统产业发展的特征，又有着一些独特的发展现象。本部分将引入生物学的"间断—平衡"理论，结合组织变革理论和钻石模型等经典管理学分析方法，构建基本分析框架，解释云计算产业发展过程中的传统与独特现象。研究将从产业发展状态与产业深层结构两个维度，对2008—2018年上海云计算产业发展情况进行系统分析与验证。

（3）企业采纳云计算服务

中国云计算产业发展至今已有八年时间，有必要对企业使用云计算服务的基本情况进行调研，并深入分析影响企业使用云计算服务的关键因素。本部分将对中小企业使用云计算公共服务的情况进行初步调查，建立基本模型和假设，从技术、组织、环境三个方面分析影响相关企业采纳云计算服务的因素，为后续政策建议提供理论支持。

（4）上海云计算产业发展政策建议

云计算产业具有高投入、长周期、高风险、高收益的特点，如何将云计算技术整合到现有国民经济体系中，直接关系到中国社会技术创新、经济转型发展的成败。从宏观视角来看，上海并不缺少针对云计算产业的配套政策与制度性资源扶持，但实际效果并不如预期的出色。宏观政策制定需要从是否与产业生态系统相匹配、是否为产业链的有序演进创造有利条件的角度出发[9—11]，这是本部分研究的重点。从微观视角来看，国内云计算领域中很多基础技术的研发水平与发达国家已十分接近（如云存储等），但在产业化方面的差距却较大。如何从政策上引导、鼓励、扶持云计算产业中的各类企业开展技术创新和商业模式创新，既是政府有关部门的工作核心，也需要引起理论界和实践界的共同重视。

## 1.2.2　研究方法与思路

本书采用文献研究、基础理论、多案例研究、调查研究、情境分析法、解释现象学分析方法等具体研究方法展开分析，相关研究方法的使用将严格遵循规范，对非公开披露信息和访谈记录进行编码和结构化处理，保证相关人士可以真实地还原与分析云计算产业发展历程。本书研究过程中采用的主要研究方法有：

① 文献研究。这种方法主要是对前人研究的总结，从而提炼出有关的研究结论。通过综述相关学科，如应用经济学、公共管理学、管理科学、信息科学等学科关注新一代信息技术（重点是云计算）的学术文献和报告，梳理产业进展和各方面研究成果，为后续研究内容展开打下基础。

② 基础理论。基础理论又称深入理论或扎根理论，是定性研究方法的一种。研究者对感兴趣的现象进行深入分析，通过收集、分析和对比来发掘研究视角，构建出相应的理论。该研究方法通过相关资料的收集和归纳来进行分析，凸显研究现象的特质。此特质经过比较，若发现有相同的特质，则归纳到抽象层次的概念；若发现有不同特质，则可探究造成差异的情境或结构因素。本书选择基础理论研究方法，目的是通过不断的资料收集与理论探讨，界定研究的概念、问题及特征，形成理论分析与实证研究的基本框架，为后续的调查研究和案例研究提供理论模型。

③ 调查研究。调查研究往往被用来研究发现复杂现象中起关键作用的变量及变量之间的关系。在本书中，使用调查研究方法对云计算产业的技术专家、政府管理部门人员、企业管理者等三个不同的人群进行了调研与访谈。重点对上海云计算产业专家进行专项调研，了解上海云计算技术发展历程、现状与未来趋势，收集专家在产业发展制约因素、产业发展路径、产业发展创新点等方面的观点，总结上海云计算产业发展存在的主观问题、客观约束条件，以及影响制度推进、商业模式创新、服务采纳的关键因素，为全书理论模型的构建提供参考依据。对政府相关管理部门人员进行

调研，重点了解上海在云计算产业形成、发展过程中的规划、政策和工作举措，探讨未来上海云计算产业战略发展的愿景，为本书政策建议部分的分析提供素材。此外，对上海市云计算相关企业、行业协会、企业家俱乐部的成员进行调研，从实践角度了解上海云计算产业链、价值链形成过程中的关键影响因素、业态布局满意度、发展需求等内容。

④ 多案例研究。该方法适用于研究最新出现的、复杂的现象，研究者可以在具体的环境中发现问题，通过实践进行总结，回答"为什么"和"怎么样"的问题。它帮助研究者全面了解复杂的社会现象，常被用于分析特定环境中社会或组织的具体情况，并帮助研究者验证理论的合理性或构造出相应的理论框架。针对云计算产业，多案例研究主要用于对中国云计算产业规划实施、典型行业应用、政策制定执行等重要案例进行探讨，深度分析上海云计算产业生态布局的形成原因、生态系统结构、政策激励效果等内容。

⑤ 情景分析法。情景分析法是在对经济、产业或技术的重大演变提出各种关键假设的基础上，通过对未来详细的、严格的推理和描述来构想各种可能的方案。情景分析法的最大优势是能发现未来变化的某些趋势和避免两个最常见的决策错误，即过高或过低估计未来的变化及影响。

⑥ 解释现象学分析方法。解释现象学分析方法由英国伦敦大学的心理学教授乔纳森.A.史密斯(J. A. Smith)提出，是分析受访对象心理经验和感受的理论框架，适合在研究企业管理现象时与高级管理者的访谈活动中使用。

结合前述研究目标与研究内容，本书将采用图1.3的技术路线图进行研究方案设计。

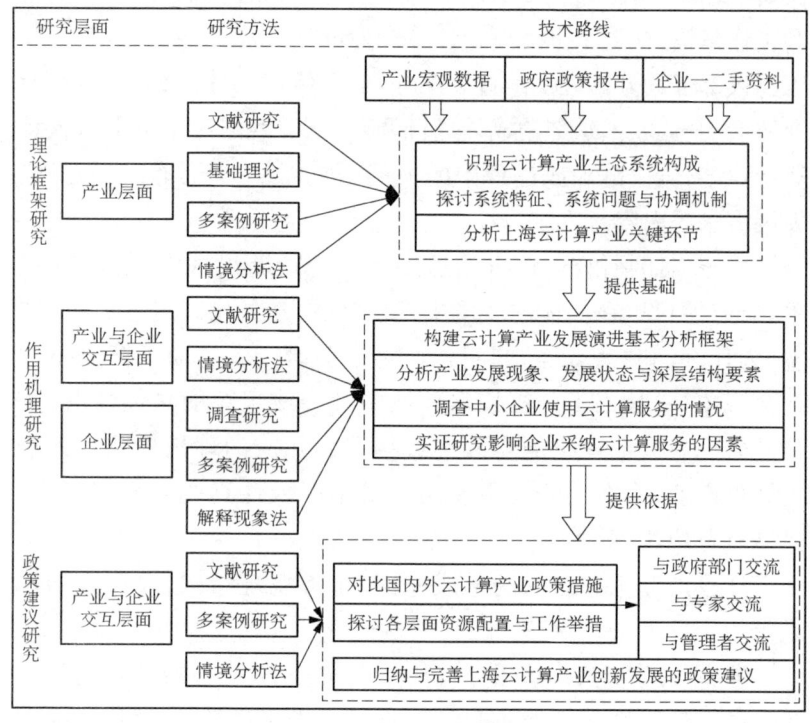

图 1.3 本书的技术路线图

### 1.2.3 可行性分析

(1) 研究问题的明确性

从研究技术路线图可见,本书根据研究目标提出了各部分内容的研究思路,架构清楚、各部分逻辑性强、研究问题明确、研究对象资料丰富,技术层面具备可操作性。

(2) 理论基础和研究方法的规范性

在对大量相关文献进行理论研究和分析的基础上,本书选择合适的研究视角和研究方法开展研究工作。相关研究范式在各自学科领域得到认可,在引入研究前进行充分论证,确保研究工作的有序实施。

(3) 研究素材与资料的可获得性

研究素材与资料方面,本书重点立足上海云计算产业具体情境,与上海市经济和信息化委员会(简称"经信委")、上海市软件产业促进中心、上海市云计算产业联盟、静安区和杨浦区云计算产业基地等直接相关单位建立联系,取得了大量一手资料,并完成了十余家企业的多案例研究。充足的研究资料和积极的配合工作为本书的完成提供了坚实的保障。

# 第 2 章

## 云计算与云计算产业

在管理学、经济学和信息技术的研究中,相近的概念和名词众多,为方便研究的理论分析,有必要对本书所涉及的主要概念进行界定,对已有的成果进行总结和述评,作为后续研究展开的基础。

本章将对研究涉及的概念(云计算与云计算产业、信息技术产业竞争力、云计算产业生态系统、云计算商业模式)进行区分和界定,并对国内外云计算产业相关研究成果进行简要回顾和评述,指出在云计算产业生态系统结构、产业发展演进规律、结合区域实际发展情境等方面仍有较大的研究价值与空间,说明本书后续研究的基本内容。

## 2.1 云计算与云计算产业概述

### 2.1.1 相关概念

在互联网环境下,云计算将分散的计算能力、存储空间、软件服务等资源进行集中管理和动态分配,使信息技术能力如同水和电一样实现按需供给,具有快速弹性、可扩展、资源池化、广泛网络接入和多租户等特征,是信息技术服务模式的重大创新[14]。

云计算产业是以云计算技术为基础,整合信息资源和信息服务要素,提供全方位信息服务的新型产业。国务院《关于促进云计算创新发展、培育信息产业新业态的意见》中明确指出,云计算是中国战略性新兴产业的重要组成部分[4]。从经济学视角来看,云计算产业是推动信息技术能力实现按需供给、促进信息技术和数据资源充分利用的全新业态,是信息化发展的重大变革和必然趋势。发展云计算产业,有利于分享信息知识和创新资源,降低全社会创业成本,培育形成新产业和新消费热点,对稳增长、调结构、惠民生和建设创新型国家具有重要意义[14]。

近三年,基于云计算的新模式、新业态蓬勃涌现,如移动互联网、电子商务、互联网金融等,有力地促进了新一代信息技术在经济社会各个领域的融合创新,加速推动传统产业转型升级和生产方式变革,成为中国实施创新驱动发展战略的有效手段[15,16]。

受巨大的市场需求驱动,在政府、企业等各方面的共同努力下,中国云计算产业实现了快速发展。比如,在公共云服务能力方面,阿里巴巴、百度、腾讯等互联网企业的云平台服务了数百万中小企业和数亿用户。百度公司的云平台已集聚了近 1 艾字节*的海量数据,相当于 5 万个国家图书馆的信息量总和,极大地提升了国家对信息资源的掌控能力。2018 年 11 月 11 日的"双 11"购物节,阿里巴巴旗下各平台一天的总交易额达到 2 135 亿元人民币,其中移动端占比超过 90%。所有交易的信息处理、流程管理完全依赖于阿里云平台服务支撑,做到了零故障、零遗漏,创造了中国云计算产业的一个奇迹。

在技术突破方面,中国已逐步掌握了云计算的核心技术,主要云计算平台的计算能力和数据处理能力已跻身世界前列;浪潮、曙光、华为等国内自主云计算服务器已比较成熟,具有一定国际竞争力。同时,云计算在促进大众创业、万众创新方面成效明显。如百度开放云平台就聚集了 100 多万开发者,利用百度云的计算能力、数据资源、应用软件等,开发位置导航、影音娱乐、健康管理、信息安全等各类创新应用。至 2016 年年底,百度云已累计为开发者节约了超过 25 亿元的研发成本。阿里小贷依托阿里云生态体系,掌握小微企业第一手的信用信息,已累计为 90 万家小微企业发放贷款 2 300 亿元,为缓解小微企业融资难问题做出了积极贡献[17]。

可以说,云计算技术和云计算产业已经成为中国社会、经济创

---

\* 艾字节(exabytes)是计算机存储容量单位,也常用 EB 来表示,1 EB 约等于 2 的 60 次方字节(bytes)。

新转型的重要基础,应用市场需求旺盛,发展前景广阔[15,16]。

### 2.1.2 云计算的演进历史、特征与服务模式

"云计算"一词最早出现于 2006 年 8 月在美国举办的"搜索引擎战略"大会,谷歌公司 CEO 施密特(Eric Schmidt)指出:"可以利用现有的网络和数据计算资源,搭建起一个在网络上进行计算的虚拟服务架构,这个架构可以称为'云计算(Cloud Computing)',人们可以通过合适的终端与介入方式,访问数据资源、实现数据计算、享受信息服务。"[18,19]同年,亚马逊公司推出了动态计算云 EC2 (Elastic Computing Cloud)产品,并创立了基于云计算的商业模式。随后,戴尔公司、IBM 公司相继推出了云计算产品。至 2008 年,云计算的概念正式确定,并被引入中国。直到 2010 年,云计算的概念、特征和分类才开始相对稳定下来,学术界也展开了相应的学术研究工作。

云计算概念的演进历史充分体现了信息技术领域的快速发展,各个子行业、各家企业、各类组织积极参与创建全新的云计算产业,再次印证了信息技术实践界创新的脚步远远快于理论界。云计算的特别之处在于创造性地给出了一种灵活可靠的组织机制,通过将各种信息资源进行快速调配与组合,满足不同业务应用的需求,重新定义了计算资源的使用方式、服务的提供方式、社会化大生产的协作过程,实现了"组织资源提供服务、组织技术保证实现、组织流程应对变化"[18]。

对于云计算的特征,业界表述也是百花齐放。美国学者韦曼曾形象地用"Cloud"的五个字母来表述云计算的五个显著特点:C 指公共基础社会(Common infrastructure),表明了云计算的公共属性,使用动态的资源池和共享的基础设施;L 指位置独立性(Location independence),表明了云计算服务的位置独立性;O 指

可在线访问(Online accessibility),表明了云计算是在线的,可以通过网络访问;U 指按效用定价(Utility pricing),表明了云计算是有效用的,可以创造价值并按使用量进行收费;D 指按需提供资源(on Demand resources),表明了云计算是按照需求提供适量的资源[20]。国内信息化专家杨青峰则从实践视角将云计算特征总结为五点,得到了业界的普遍认可,如图 2.1 所示。

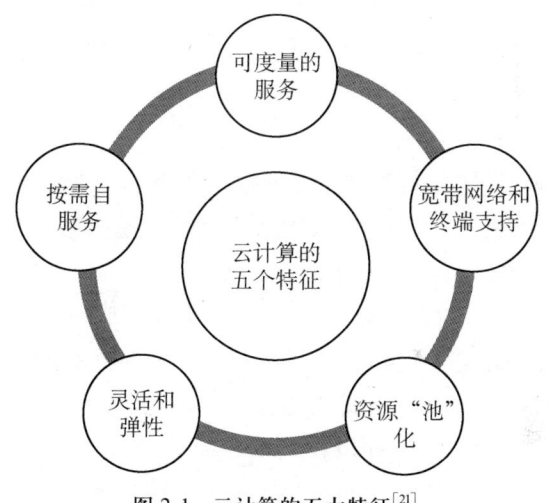

图 2.1　云计算的五大特征[21]

(1) 宽带网络和终端支持

云计算提供基于网络的复杂信息服务,因此需要足够的网络带宽和出色性能的终端支持,而建设宽带网络和研发终端设备的成本较高,直接限制了云计算的应用深度与广度。

(2) 资源池化

云计算的"资源池化"特征为弹性和按需供应提供了基础。云计算平台能够根据用户个性化需要,自动分配计算资源,包括存储、服务器、网络、内存,甚至是虚拟机,从而实现资源的有效利用。

(3) 灵活和弹性

借助自动化的管理工具,云计算的服务能力可以灵活、弹性地提供给客户;客户也可以根据具体情境,选择符合自身需要、成本预算的服务。

(4) 按需自服务

云计算面对的是海量用户需求,服务供应商不可能聘用海量的员工去进行匹配。当用户在网络上提出服务请求时,云计算平台无须人工交流就可以响应。这一特性保证了云计算的客户满意度高、服务效率高。

(5) 可度量的服务

云计算提供的所有服务,可以根据服务水平、服务时间、服务量进行有效度量,一方面实现对资源的优化配置,另一方面也能够减少商业活动中的纠纷,便于向客户计费。

在服务模式方面,业界公认的云计算三大服务模式为[13]软件即服务(Software-as-a-Service,SaaS)、平台即服务(Platform-as-a-Service,PaaS)、基础设施即服务(Infrastructure-as-a-Service,IaaS)。SaaS指提供给客户的服务是特定功能的应用程序(软件),可以在各种客户端设备上进行访问,如浏览器、手机。客户不需要管理和控制底层的计算资源基础设施(包括网络、服务器、操作系统、存储单元等),其服务对象通常是普通用户;PaaS指提供给客户的服务是特定功能的信息技术平台,这个平台提供开发语言、开发工具和解决方案,客户不需要管理和控制底层的计算资源基础设施,但可以控制部署在平台上的应用程序,并调整平台的运行环境,其服务对象通常是软件开发人员;IaaS指提供给客户的服务是部署计算、存储、网络和其他基本计算资源的基础设施能力,客户可以控制操作系统、存储资源和网络资源,可以部署和运行任意软件,其服务对象通常是信息技术管理人员。云计算的三种服务模式及构成如图 2.2 所示。

| | | | | |
|---|---|---|---|---|
| 软件即服务 SaaS | 服务门户（自主服务、远程安全访问、调度策略） | | 云服务平台（容量规划、计费、打包服务等） | 云安全平台（身份认证、授权、审计等） |
| | 工具类企业应用组件<br>(实时通信、邮件、存储等) | 管理类应用组件<br>(财务、生产、客户关系管理等) | | |
| 平台即服务 PaaS | 服务门户（自主服务、远程安全访问、调度策略） | | | |
| | 应用基础平台 \| 流程管理平台 \| 开发测试平台 | | | |
| | 分布式计算平台 | | | |
| | 数据管理平台 | | | |
| 基础设施即服务 IaaS | 服务门户（自主服务、远程安全访问、调度策略） | | | |
| | 自动化管理（资源配置、IT运维管理） | | | |
| | 动态数据中心管理（业务资源池、测试资源池、开发资源池） | | | |
| | 虚拟化平台 | | | |
| | 存储资源池 \| 计算资源池 \| 网络资源池 | | | |
| | 服务器 \| 存储 \| 网络 | | | |

图 2.2　云计算的三种服务模式及构成[21]

在应用分类方面，云计算又可以分为私有云、社区云、公有云和混合云四种。私有云是指云计算基础设施由一个单一的组织进行部署并独占使用，如某公司购买了私有云服务后，公司中所有的部门和员工都可以享受云计算提供的服务；社区云是指云计算基础设施由具有共同关注点的社区用户部署和使用，用户中可能包含多个组织，但它们应用云计算服务有着共同的需求；公有云是指云计算基础设施被部署给公众，并开放使用，如政府机构、研究机构、公益组织等将云计算服务提供给大众使用,不区分特定的用户或群体;混合云是指包含两种及以上云服务的部署模式,为实现特定服务目的,将不同服务类型组合起来提供给客户[21],如图 2.3 所示。

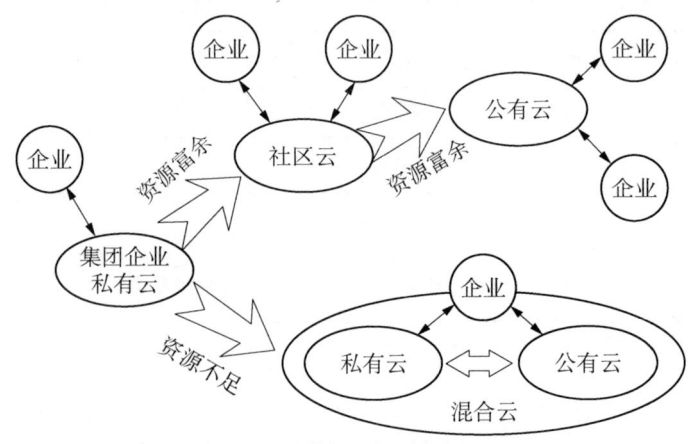

图 2.3　云计算的四种应用分类[21]

### 2.1.3　云计算相关研究综述

云计算与云计算产业在过去几年中得到学术界越来越广泛的重视,计算机科学、信息科学、经济学和管理学领域的学者从不同的方面展开研究。但到目前为止,大部分研究还是集中在云计算技术领域和业态功能的规范定义上,缺少针对产业发展、企业商业模式创新等领域的系统性研究。

国外针对云计算的研究主要分为概念和历程、商业模式、实际和潜在问题、管理策略四大方向。

概念和历程方向主要关注云计算的发展历程,探讨产业未来前进方向。Campbell-Kelly 回顾和介绍了云计算技术的发展历史[22]；Mell 和 Grance 对云计算的概念、类型和模式进行了阐述，重点介绍了公共云、私有云和混合云服务模式[13]；Louridas 对 SaaS、IaaS、PaaS 三种云计算类型和应用进行了比较[23]。

商业模式方向主要关注云计算的商业模式创新与行业应用，探讨产业带来的绩效改进。Ojala 和 Tyrvainen 提出基于云计算的游戏商业模型，并对其系统结构进行了描述[24]；Greengard 指出云计算作为一种简便快捷和低成本的信息技术解决方案，为发展中国家提供了更大的效益，可以借助云计算方式提高企业的信息技术应用水平，缩小同发达国家的差距[25]；Han 对主要的云计算服务提供商进行了介绍，并从成本的角度对云计算和传统的信息技术模式进行了对比[26]；Shivakumar 和 Raju 重点讨论了云计算在商业应用中的优势，包括低成本、易实现、响应迅速、业务自动化、一次性投入低、易扩展等，并介绍了云计算提供商的工作模式[27]；Sultan 对云计算在教育中的应用机会和前景进行了分析，指出云计算可以为教学、科研及教育管理提供更为高效和低成本的服务与平台[28]。

实际和潜在问题方向主要关注影响云计算产业发展的问题，其中安全性、兼容性和控制性是重点。Sultan 指出云计算由于具备低成本、灵活性被中小企业青睐，但系统控制、安全和隐私、可靠性等问题阻碍了中小企业对云计算的实际采纳[29]；Armbrust 等学者等指出影响云计算产业发展的 10 个主要问题，包括可用性和持续性、数据嵌入、数据保密、数据转移瓶颈、不可预测性、可扩展存储、系统缺陷、快速扩展、事故责任认定、软件使用权等[30]；Brynjolfsson 等人提出不能简单地将云计算理解为基础服务产业，因其涉及系统兼容、安全性等问题，对信息技术管理提出了新的要求[31]；Anthes 也指出安全性问题是云计算产业未来发展要面对的主要问题[32]；Gatewood 指出使用云计算会使企业失去对数据的管理和控制[33]；国际知名学术期刊（*Information Management*）对247家Fortune 1 000公司进行了调研，发现只有不到10%的企业愿意采用公共云，大多数公司倾向于私有云，主要原因仍是对安全性和系统控制方面的担心[34]。

管理策略方向主要关注云计算产业的管理和法律问题，给出企业层面的具体建议。McAfee在介绍云计算特点和优势的基础上，讨论企业转向云计算时需要考虑的问题和步骤[35]；Marston通过对云计算商业应用的"优势—劣势—机会—威胁"（Strengths Weaknesses Opportunities Threats，SWOT）分析，发现影响云计算供应商和使用方的因素，提出应加强云计算产业中的商业管理问题[36]；Cusumano指出云计算供应商应为软件商提供接口和平台，借助网络效应扩大云计算的应用和市场[37]；Durkee提出云计算产业中供应商的商业策略应从价格竞争转到以服务为中心[38]；Ward和Sipior讨论了云计算实施中的法律问题和风险，并提出企业规避法律风险的建议措施[39]。

近几年，国际信息管理与信息系统领域的顶级学术期刊MIS Quarterly及其子刊MIS Quarterly Executive相继发表多篇涉及云计算的研究论文，指出发展战略规划、生态系统合理构成、商业模式创新是未来云计算领域的突破口，需要引起学术界和实践界的特别关注[40-43]，相关建议为本书提供了重要启示。

从整体上看，国外云计算产业研究初具规模，但已有成果更多关注云计算对其他产业的促进作用，分析产业自身演进路径的研究并不多见；同时探讨主要在企业层面展开，产业发展层面的对策研究较少。

从2010年起，国内学者开始对云计算产业进行研究。截至2015年12月，在知网核心期刊数据库上以"云计算"和"产业"（或"战略""路径""对策"等）为关键词组合进行检索，可以析出32篇重要文献,集中在云计算产业建设、产业战略制定、问题与对策三大领域。

云计算产业建设领域主要关注产业规模、产业构建、商业模式等内容,指出与国外相比,国内云计算产业尚处于起步阶段,产业结构的调整需要整合信息服务要素、信息服务资源、信息服务全生命周期,从规模经济、网络效应、技术、用户黏性、商业模式创新等多角度进行分析,构建适合中国的云计算产业生态系统[44-50]。

云计算产业战略制定领域主要关注产业如何创造积极的宏观经济效应,指出中国应从基础设施、技术、标准等方向形成云计算产业的规模化发展[51-53]。相关研究还发现,技术虚拟化、开发模式智慧化、功能应用服务化是未来云计算发展的大方向[54],将云计算技术应用于电子政务领域可以大大提升政府公共服务能力[55],搭建基于云计算技术的公共信息服务平台将解决产业发展资金匮乏、专业人员缺乏的难题[56]。

云计算产业问题与对策领域主要关注产业的统筹规划、环境、体制、产业链协作、信息安全等问题,相关成果指出发展中国家需要特别重视云计算产业的演进路径,从政府顶层设计、产业链开放协作、个体用户采纳等多个角度创新产业发展体系[47,48,57]。诸如,杨美娟指出信息安全是云计算产业成功与否的关键[58];金鑫和赵维通过文献内容分析方法,以云计算为实证对象探索信息技术创新概念扩散流行度的影响因素和关联关系,发现安全、标准问题和企业总体拥有成本是影响云计算产业发展的关键[59];王燕和王煦指出信息安全是云计算产业发展最大的威胁,应从国家层面加强云计算产业的信息安全保障工作[60]。

与国外相比,国内云计算产业的研究成果还不够丰富,但这些研究聚焦中国发展实际情况,给出了有利于产业发展的具体建议。已有研究主要基于传统产业理论展开分析,从多个方面指出影响云计算产业发展的重要因素,但缺少基于产业整体视角的分析,特别是生态系统、产业链构成[15,16]。同时,已有研究无法解释一些国内云计算产业发展的实际现象,如一些曾被普遍看好的云计算产品和服务最终走向失败,一些曾被认为是副产品的应用与服务却异军突起,成为引领云产业发展的主力军。这些不足与独特现象提示研究者从生态系统的视角重新审视云计算产业发展演进规律和相应对策。

## 2.2 信息技术产业竞争力

作为战略性新兴产业,云计算引发了信息技术产业的重大变革。对云计算产业展开分析,需要借鉴信息技术产业竞争力的已有理论成果。信息技术产业竞争力的研究主要分为两大方向:一是应用一般产业竞争力理论和方法在信息技术产业进行拓展研究;二是对信息技术产业竞争力的实际探讨。云计算自诞生至今仅仅十几年,产业发展呈现出快速、非线性等全新特征,因此在传统产业竞争力理论基础上,以信息技术产业竞争力体系为框架进行分析较为合适。

产业竞争力是指某国或某一地区的某个特定产业相对于其他国家或地区同一产业在生产效率、满足市场需求、持续获利等方面所体现的竞争能力[61,62]。产业竞争力既和企业竞争力紧密相连,又和国家竞争力有着密不可分的联系,是联系企业竞争力和国家竞争力的纽带。竞争力是参与者双方或多方的一种角逐或比较而体现出来的综合能力,它是一种相对指标,必须通过竞争才能表现出来。关于产业竞争力的理论主要分为两大类[62-65]:第一类是产业竞争力成因理论,关注生产要素、需求条件、支持性产业、企业战略及其结构、同业竞争、机会、政府支持等竞争力构成因素;第二类是产业竞争力的计量分析理论,使用计量经济学分析方法来评价具体产业的竞争力。

信息技术产业是运用信息手段和技术,收集、整理、储存、传递信息情报,并提供信息服务的产业。近几年,国内学者使用竞争力成因理论和计量分析理论对信息技术产业进行了探索性研究。何亚琼、于立勇、黄梯云等学者提出决定信息技术产业竞争力的四大支撑体系,构建了较为客观的产业竞争力评价指标体系,并对中美两国进行数据实证分析,给出符合中国国情的信息技术产业发展建议[66]。贺静基于国内信息技术产业发展实际情况,建立了区域信息技术产业竞争力评价指标体系,并对长三角信息技术产业竞争力进行评价[67]。谢强通过层次分析法,对上海、深圳、成都三个城市的信息产业竞争力进行比较,指出与上海和深圳相比,成都信息产业发展程度不够深入,在产业规模、集群规模、金融支持、人才吸引、研发投入,以及对外开放程度上都存在明显差距,竞争力偏弱[68]。相关研究成果为本书分析上海云计算产业竞争力提供了思路。

## 2.3 云计算产业生态系统

生态系统是目前宏观层面研究特定产业系统构成与产业发展演进情况主要使用的理论框架之一。生态系统一方面为本书分析云计算产业生态系统构成提供了理论依据,另一方面为探讨国内云计算产业发展问题奠定了基础。

生态系统是生态学研究领域的一个主要结构和功能单位,属于生态学研究的最高层次。Tansley 于 1935 年首先提出了生态系统的概念,是"在一定的空间和时间内,在各种生物之间以及生物与无机环境之间,通过物质循环和能量流动而相互作用的一个自然系统"[69]。简单地说,生态系统包括"无机环境"和"生物群落"两部分。无机环境是生态系统的非生物组成部分,而生物群落按其不同特点可分为生产者、分解者和消费者[70]。20世纪中期,社会学领域首先引入生态系统相关概念,认为社会生态系统通过整体成员的互相依赖形成,进而形成对环境的适应,并且持续发展;如果能引入新的信息并增加系统中物质、人员和信息的流动能力,则系统的发展就会恢复,并一直持续到既有能力的最大限度[71]。

在此基础上,Moore于1993年提出了商业生态系统的概念,指出商业生态系统是以组织和个人的相互作用为基础的经济联合,其成员除企业自身外,还包括客户群、供应商群、产业领导者群、投资商、金融商、贸易合作伙伴、标准制订者、工会、政府与具有政府职能的单位,以及其他利益共同体单位。这些单位通过利益共享、自组织甚至有些偶然的方式聚集在一起,而每个参与者依靠其他的参与者,取得各自的生存能力和效果。作为一个复杂的开放系统,生态系统内部要素之间呈现非线性关系,系统不是完全被动地接受环境的影响。在正常情况下的一定限度内,其本身具有反馈机能,使它能够自动调节,逐渐修复与调整因外界干扰而受到的损伤,维持正常的结构与功能,保持其相对平衡状态[72]。Peltoniemi和Vuori更进一步指出商业生态系统兼有生物生态系统、经济系统、复杂适应系统的特点,由占据不同"生态位"的企业组成[73]。这些企业的生态位相互关联,一旦其中的一个发生变化,其他相关者包括竞争者、合作者和补充者均发生变化。

与生物生态系统类似,云计算产业生态系统具有大量松散联结的参与者,每个参与者都依靠其他的参与者取得各自的生存能力和效果,是一个复杂的开放系统,既带有鲜明的信息技术发展特征,又呈现出颠覆性、自适应等不同于传统技术产业的特色。产业生态系统中的各参与者彼此命运攸关:如果生态系统健康,那么所有参与者都能够繁衍生息；如果不健康，所有参与者都会深受其害。云计算产业生态系统与自然生态系统最大的不同在于其主体具备做出有意识决策的能力，不同种类的物种主体（企业或组织）在产业生态系统中担当不同的角色和职责，发挥自觉性和主动性，能够改变外部环境。

从产业生态系统的基本结构来看，云计算产业囊括了所有生态系统的要素，包含核心型企业（调控整体系统）、支配主宰型企业（管控纵向或横向产业链条）、缝隙型企业（弥补系统的空位与不足）。这些企业对应于不同的生态系统物种，通过完成好各自的职责维护系统的良好运行、发展。当产业生态系统出现问题时，不同物种依靠协调机制，自发地调节系统状态，实现平衡、有序发展的效果。

从产业生态系统的物理空间结构来看，云计算产业自身呈现出空间集聚特征，这与生物系统、传统产业系统通过物理空间聚集实现规模效应一致。云计算产业的空间集聚有助于形成区域品牌效应，带动区域科技服务产业的发展，进一步促进云计算企业创新，最终由空间集聚走向具有积极效应的产业集聚，产业生态系统实现更新和升级。

从产业生态系统的演进规律来看，云计算产业呈现出鲜明的"间断—平衡"特征，这是新一代信息技术区别于传统技术的核心。以制造业为例，传统技术生态系统通过阶段性的技术更新实现进化，不同物种、不同生态位的企业不断优化自身技术效率，层层传导，表现为产业生态系统的持续性、渐进式发展。而以云计算为代表的新一代信息技术生态系统侧重于"颠覆"，处在特定种群、特定生态位的企业不断通过云计算技术创新打破原有发展范式，一项技术突破或软件应用就可以实现整体生态系统的跃升（当然也有可能造成生态系统的加速崩溃），生态系统的演进发展呈现出颠覆性、间断性,对生态系统的协调机制和企业的自适应能力要求也更高。

目前,针对产业生态系统的研究主要分为三个方面[69]:一是基本概念框架研究,关注生态系统中的组成部分和分析框架;二是基本特征和规律研究,从产业经济层面分析生态系统的发展演进规律;三是应用研究,将生态系统理论应用于竞争力评估、诊断、构建等方面的研究。产业生态系统理论强调系统发展的动态性、适应与改善性,关注系统内部组成部分之间的关系,聚焦系统演进的内部影响因素与外部激发因素,因此较之于传统的供应链、战略联盟、组织生态学等理论,生态系统理论更适用于产业发展领域的研究与分析,是当前学术研究使用的前沿理论之一。

## 2.4 云计算商业模式

作为企业"基于资源和能力投入、通过构建价值链和外部网络来实现价值创造和价值获取"的方式,商业模式在微观层面被广泛用于分析新兴产业中的企业竞争力相关问题。本书借助商业模式已有研究成果,分析处于云计算产业中不同功能位置的企业的商业模式创新行为,探讨其在产业生态系统中的角色与作用,为后续优化产业发展的政策制定提供依据。

自电子商务带来新型产业变革以来,商业模式一直是学术界关注的热点。西班牙 IESE 商学院的学者 Zott 等人对商业模式研究现状进行了系统梳理,相关成果于 2011 年发表在期刊 *Journal of Management* 上。这项研究检索了 1975—2009 年在国际顶级学术刊物发表的 103 篇商业模式学术文献,研究发现商业模式并非一个概念,而是许多概念的集合,是一种创新机制,其影响将通过位于核心地位的企业传递给整个产业。研究指出未来商业模式研究属于产业研究的一种全新的分析单元,需要关注企业(由核心企业或其他主体构成)的边界扩展行为,需要关注产业系统的价值创造和价值获得[74]。上述结论为本书分析云计算产业生态系统构成与云计算商业模式创新提供了重要参考。

国内学者龚丽敏、魏江等人于2013年在《管理评论》上发表了题为《商业模式研究现状和流派识别:基于1997—2010年SSCI引用情况的分析》的论文,该研究是国内学术界对"商业模式"主题所做的较为完整、全面的评述文献之一。研究检索了SSCI自1997—2010年以商业模式为主题的255篇学术论文,指出商业模式具有系统性,描述了企业是如何像一个系统一样工作;未来研究应关注"商业模式本身如何实现价值创造"和"通过商业模式创新实现企业新竞争优势的获取"。国内还有其他文献对商业模式研究现状进行了综述,研究结论较为接近[75-78]。

云计算商业模式的出现源于宏观经济环境的变化。以中国经济为例,2008年以来,GDP整体呈快速上升趋势,但增速逐步放缓,利用新一代信息技术实现供给侧结构性改革、产业链协同发展、企业精细化运营成为商业模式创新的重点。在成本管控方面,传统行业的商业模式普遍存在IT结构拓展性差、运维成本高、信息孤岛、应用碎片化、商业决策缺乏数据支撑、产业数据标准不同、数据安全性差等问题。在价值实现方面,传统行业的商业模式需要实现广泛、有效的用户获取和接触,需要更有效率地完成业务规模化,需要新产品和新服务快速孵化、落地。对传统企业来说,将业务搭载在云端,随时接入云服务,不仅省去了本地部署的前期投入和后续运维费用,还可以根据业务需要按需付费,甚至实现在负载峰值时及时召集资源、在低谷时及时释放资源,帮助企业实现商业模式的成本节流。更进一步,云平台搭载的新型信息技术应用与软件,可以帮助企业从无到有快速拥有信息技术能力,促进其业务以较低的成本迅速开展。

从商业模式最新的研究成果来看,新兴产业中企业的商业模式概念、商业模式与产业生态系统构成之间的关系、商业模式创新对产业发展的影响等问题仍是有待深入挖掘的课题。结合云计算应用情境,本书重点关注企业(特别是中小企业)的真实需求,探讨企业应用云计算技术对降本增效、价值实现的作用,希望能对企业商业模式创业提供参考。

## 2.5 现有研究述评

现有研究对新一代信息技术产业和云计算的发展问题做了非常有价值的探索,"生态系统""商业模式"等理论为本书研究的深入展开提供了理论基础。通过对目前国内外相关研究的回顾与综述,不难发现学术界对云计算的研究还处于起步阶段,主要是对云计算的概念进行讨论,对云计算技术的应用方式进行分析,而如何推进云计算产业发展的研究文献相对缺乏。

综合前人研究,仍存在一些不足需要重点加以关注,主要体现在以下三个方面:

第一,尚缺少统一、规范的理论基础,已有产业相关理论无法完全解释云计算产业发展的实际情况。一方面,现有研究多是从技术或应用的单一方面进行论述和探讨,缺少综合考虑产业生态系统、企业商业模式和政府政策推进等多维度的研究;另一方面,云计算产业发展呈现出一定的非线性特征,产业演进情况、产业生态系统构成都与传统产业有所不同,需要在理论上实现突破,以全新的视角来探索云计算产业的发展规律。

第二,尚缺少结合区域发展情境的针对性分析。目前,针对云计算的研究多是从某一具体问题出发,或是对某一领域应用情况的分析,缺乏基于产业整体视角、结合特定区域特色与需求的系统研究。后续研究可以在现有研究基础上,结合特定区域产业发展特征,选择云计算生态系统的不同层面来展开分析,探讨产业生态系统优化、资源配置、制度保障等方面的内容。

第三,尚未对云计算产业的发展目标形成统一认识,也未提出操作性较强的策略建议。随着研究的深入,未来研究将会趋于在统一的发展目标基础上,不断出现可操作性较强的云计算产业发展策略。

# 第 3 章

## 云计算产业发展现状

2010年以后,中国云计算产业规模保持高速增长,年均增速超过30%。在综合多家机构市场研究报告的基础上,本书对2018年国内云计算产业市场进行了粗略测算,包含软件、硬件、咨询等子行业的整体产业规模超过6 000亿元人民币,云计算产业已成为国内信息产业的领头羊。

基于上述背景,本章首先重点介绍上海云计算产业概况、产业政策,归纳其发展特征与面对的机遇。其次,系统介绍我国云计算产业发展情况,对北京、深圳、杭州、无锡等直辖市和城市(以下将上述试点地区统称为"试点城市")的相关政策进行比较,总结我国云计算产业的整体特征。

## 3.1 上海云计算产业发展现状

上海是国内"云计算服务创新发展"五座试点示范城市之一,各级政府部门一直非常重视云计算技术创新与产业发展,先后于2010年推出"云海计划",2013年推出"云海计划2.0"。至2015年年底,上海如期完成"云海计划2.0"的全部预订目标。2016—2018年,上海云计算产业进入"深化应用、产业升级"的"云海计划3.0"阶段,云计算服务已成为上海信息化的标准范式,云计算产业体系和生态系统日臻完善,带动相关产业能级显著提升。

截至2017年年底,上海已累计投入超过5亿元支持云计算产业化,4个云计算应用示范项目被列为国家重点支持的云平台,约占15项国家级云平台的四分之一,获批资金达3.2亿元。可以说,上海是研究中国云计算产业发展最具典型性的城市[*]。

---

[*] 部分内容选自研究者参与的上海市经济和信息化委员会、上海市软件产业促进中心"上海市云计算应用案例研究"项目报告。

### 3.1.1 产业发展概况

上海是国内最早发布云计算产业政策的城市。2010年8月17日,上海市发布《推进云计算产业行动方案(2010—2012年)》(即"云海计划"),正式设立国内首个云计算产业基地。"云海计划"指出,上海将启动首批总投资30亿元,致力于打造"亚太云计算中心",培育10家年销售额超亿元的云计算技术与服务企业,建成10个云计算示范平台,推动百家软件和信息服务企业向云服务转型,带动信息服务业新增经营收入千亿元,培养和引进千名云计算产业高端人才。上述方案又被称为上海云计算产业的"十百千"发展目标。

至2013年年初,上海基本实现了"云海计划"的既定目标,形成了"以自主创新为主体,以云海产业联盟为支撑,以闸北(静安)、杨浦产业基地为载体,以应用示范工程为核心"的产业发展格局。上海已拥有4个国家级云计算应用示范项目,约占国家级云平台的四分之一。在虚拟化、管理服务平台、海量数据处理、云安全等关键技术领域形成了产业集聚,涌现出睿云在线、优刻得、汇智在线等一批云计算公共服务平台,华东电脑、宝信软件、万达信息、中国银联等上海软件和信息服务业企业成功向云计算模式转型;宝钢集团、中远集运、公安高专、市北医院、青浦电子政务等组织成功构建基于云计算模式信息化系统;复旦大学、上海交通大学开设云计算工程硕士,培养云计算高端人才;上海云计算产业基地、创新基地集聚了一批创新型云计算企业,构建了产学研用一体化的云海产业联盟,营造了适合产业发展的生态环境。

根据上海市"十二五"发展规划,2013—2015年是全市推进云计算产业发展的第二阶段,又被称为"云海计划2.0",其工作重点体现在三个方面:

一是以云计算服务示范为核心,培育全新商业模式和业态。鼓励个人、企业与政府采购公有云服务,构建基于云计算模式的信息化系统，建设满足城市信息化需要的新型云计算数据中心。

二是持续推进自主创新的云计算关键技术研发。继续支持虚拟化、管理平台等云计算关键技术研发，推进国产中央处理器（Central Processing Unit，CPU）、服务器、操作系统、数据库等与云计算密切相关的产业链关键技术研发与产业化。

三是以建设云计算展示体验和检测中心为基础，健全云计算产业发展环境。面向全国，高起点规划建设云计算展示体验中心和云计算检验检测中心，构建云计算安全架构和标准体系，积极发挥云海产业联盟和两个基地的作用，吸引龙头企业，聚集领军人才，形成良好产业发展环境。

在"云海计划2.0"的推动下，上海云计算产业聚焦服务市场，取得了突出的成绩。以企业为例：2012年成立的优刻得，短短4年多时间，估值超过60亿元，为4万家企业级客户提供服务，间接服务用户数量超过8亿，部署在UCloud平台上的客户业务总产值达400亿元人民币；网宿科技深耕网络分发市场，市场占有率近七成，2016年盈利超过13亿元，净利润增长近六成；传统软件企业宝信软件积极向云计算转型，相继建设了宝之云IDC1期及2期项目，机架规模约8 000架，加上宝之云IDC3期建设的9 500个机架，共计拥有17 500个机架资源，在基础资源数量决定竞争优势的IDC市场中已经取得先机[7]。

至2017年年底，上海云计算产业已呈现出"产业政策促进发展、基地载体联动发展、产业主体有序发展、龙头企业抢位发展、商业模式创新发展、示范应用带动发展、产业环境协调发展、自主创新领先发展"的格局。

### 3.1.2 产业政策促进发展

上海于2010年推出的"云海计划"，从组织协调、配套政策、资金支持、融资渠道、合作交流等多方面给予云计算产业发展全面保障，形成技术创新、应用方案创新和商业模式创新的合力。2012年，上海市通过战略性新兴产业扶持政策、促进软件和集成电路发展专项资金、信息化专项资金、科技创新专项资金、中小企业发展专项资金等政府扶持渠道，在技术研发、平台建设、服务模式创新、应用推进、环境营造等方面支持一批云计算项目。云计算产业基地与创新基地提供从核心技术研发、解决方案提供、基础设施保障到对落地企业开展云计算企业认定的全套服务，通过保障和认定工作强化上海云计算企业品牌，塑造区域云计算发展的新模式。在全面推进战略性新兴产业的框架下，"云海计划2.0"调整重心，从研发支撑、应用推进、云数据中心建设、产业环境营造等多个方面推进上海云计算产业的发展。

上海云计算产业一系列政策的激励效果明显。2010年，中国电信、中国移动、中国联通三大国内电信运营商纷纷将云服务的重心落户上海。中国电信中小企业云服务项目落户上海，同时在新成立的云计算集团中，把上海、广东、四川列为云计算主要支撑城市。上海移动将云计算列为新的业务增长点。2011年，华为云计算基地、腾讯华东云计算中心落户上海。2012年5月17日，联通在上海正式发布了最新的、主要面向个人的"云"产品——智慧云。微软与世纪互联宽带数据中心于2012年11月1日宣布携手微软，将Office 365和Windows Azure服务扩展至中国。为确保上述服务在国内的正常运行，根据微软与上海市及浦东新区的合作，世纪互联将在上海浦东运营一个互联网数据中心并提供服务。截至2017年年底，国内外云计算领先企业IBM、微软、华为、腾讯、百度、盛大等云计算项目先后落户上海。

### 3.1.3 基地载体联动发展

在贯彻落实"云海计划"进程中，为创造良好的产业环境，集聚和培育云计算领域企业，形成云计算产业链，上海先后在产业基础较好、政策资源集聚的重点区域，布局云计算产业基地。上海市经济和信息化委员会先后授予闸北（现为静安）市北高技术服务业园区"上海市云计算产业基地"称号，授予杨浦创智天地园区、杨浦科技创业中心、复旦科技园三园一体建设"上海市云计算创新基地"，支持浦东新区建设"上海市云计算应用示范区"。

上述云计算产业基地先后吸引央视网南方基地、微软云计算孵化中心、易睦网络、天脉聚源、东方通泰、数据港投资等超过百家云计算企业入驻，对区域战略性新兴产业的发展与腾飞起到了龙头作用，有力地支撑了区域的移动互联网、手机游戏、物联网、大数据等战略性新兴产业的发展。云计算创新基地通过"基金＋基地"的模式，构建集中式的楼宇，吸引了七牛云存储、优刻得、易招网、808街等一批商业模式创新企业。浦东新区作为云计算创新服务试点示范区，在卫生、金融、物流、教育等领域（行业）率先实现云计算应用，带动一批自主创新云计算企业产品应用，推动云计算产业发展。云计算产业载体通过政策、资金等吸引、服务于云计算企业，集聚作用日趋凸显。

在政策方面，仅"云海计划"一期，云计算基地就先后认定了5批超过200家云计算企业，政府有关部门、上海软件促进中心、基地携手对认定的云计算企业在产业链对接、示范项目建设给予支持。同时，云计算基地出台专项政策扶持云计算企业，对需要融资的企业优先对接云海创投资金。通过云计算基地的载体作用，上海创造了良好的产业发展环境，云计算相关企业已覆盖关键技术研发、公共服务运营、解决方案提供、云计算咨询服务等产业链关键环节。

### 3.1.4　龙头企业抢位发展

在上海云计算产业发展过程中，龙头企业发挥的作用十分重要,不仅是领路人,更是产业爆发的催化剂。"云海计划"设立后,上海云计算产业以"产学研用"为具体标准,大力支持云计算平台类企业进行专项创新,申请国家重大项目,尽早参与云计算产业链的建立。在国家发改委、工信部、财政部共同设立的国家云计算重大专项计划中,上海的四家企业脱颖而出,成为国家级的云计算企业,获批资金 3.2 亿元,约占国家总资金的五分之一。其中,盛大网络推出的"文化云平台"关注文化传播行业与云计算的整合,不仅是今天"盛大云"的产品雏形,更带动了一批从事云主机、云存储、云监控的上海创新型企业。同样,中国银联"移动支付云平台"、华东电脑"华云云计算平台"、上海交通大学"云计算联合实验室"三个重点项目也在各自的行业中树立标准,为上海云计算产业链的形成打下了基础。

上海通过鼓励龙头企业承担国家云计算专项计划的举措取得明显成效,宝信软件、万达信息、普元软件、天玑科技、银联数据、银商资讯、普华基础软件等一批上海软件和信息服务业龙头企业成功向云计算转型。据不完全统计,仅 2012 年一年,上海就有超过 10 家云计算服务龙头企业实现销售额过亿,新增云计算技术研发与公共服务企业过百家,涌现出优刻得、云巅软件、808 街、七牛、易招网等一批云计算商业模式创新型企业。

### 3.1.5 商业模式创新发展

在企业层面,商业模式创新是云计算为上海企业带来的重大发展契机。上海云计算产业抓住互联网公共服务需求快速增长的有利时机,重点鼓励企业推出面向行业领域的垂直服务与面向业务的综合服务两大类公有云服务,带动一大批企业实现商业模式创新,在金融、教育、电子政务、物流、生活服务等领域取得丰硕成果。

在面向行业领域的垂直服务方面,银联数据以 SaaS 服务的模式,为超过 90 家银行贷(借)记卡、石化加油卡、城市社保卡的发卡、结算、清分等提供实时在线云服务。汇合信息改变传统单一式在线教育模式,推出针对各类主题的在线教育云平台,提供跨越多省市的资质教育、职业教育、继续教育等个性化服务,抢占了在线教育市场的先机。万达信息改变过去为每家企业搭建物流信息系统的做法,通过基于云计算的第四方物流综合服务平台,为 600 多家物流企业提供服务,实现物流资源有效对接。大众点评网则依靠云计算平台,实现面向个人的全面生活服务对接,开创了国内口碑类平台运作的全新商业模式。

在面向业务的综合服务方面,优刻得的 IaaS 服务平台、和辰信息的睿云在线、有孚计算机的阳光云平台、动量软件的 PaaS 服务平台、引跑信息的云应用平台 AppOne、浦软汇智的汇智在线等云平台在中小企业服务领域的虚拟主机租赁、邮件提供、客户关系管理服务、电子商务服务等企业信息化服务方面均取得不俗的业绩,上述云计算企业的商业模式也成为国内同行竞相学习的热点。

### 3.1.6 示范应用带动发展

采用云计算模式改造现有的信息系统是"云海计划"指导产业发展的重要内容。2011 年以来,上海市经济和信息化委员会通过甄选,先后评选出十五个市级云计算应用培育项目和十个市级云计算应用示范项目。其中,盛大云、青浦区电子政务云、中远集运数据中心、第七人民医院医疗信息化云计算改造、中国浦东干部学院信息系统云计算改造等十个应用示范项目带动了云计算技术在大型商业企业、电子政务、大型物流、公共医疗、干部培训等领域的深度应用,使云计算技术更加贴近人们的生活。这十大示范项目所在的行业都是传统行业,较为依赖原有的信息系统和信息技术,采用云计算技术的意愿并不强。通过示范项目的实施和推广,不仅使新兴信息技术很快渗入到相关行业,还进一步激发了这些相对"保守"行业对云计算技术的使用热情,带动行业中各类企业踏足云计算产业,适应新环境,努力形成具有行业特色的云计算服务模式。

### 3.1.7 产业环境协调发展

云海产业联盟(以下简称"联盟")是上海促进云计算产业环境协调发展的重要工作举措。联盟由上海软件产业促进中心等50余家单位发起成立,是云计算企业自发形成的以产业链建设与产业环境营造为目的的企业联合体。在云计算产业链对接方面,联盟充分对接产业链上下游、企业与用户间的信息,对上海市级委办局、区县政府、大型企业的云计算需求与自主创新的解决方案供应商进行信息匹配,推广云计算应用试点示范与自主创新解决方案,起到桥梁与枢纽的作用。在对外交流合作方面,联盟广泛开展与美国、加拿大、英国、新加坡及港澳台地区的云计算产业组织的交流与合作,仅2013年联盟就开展国际交流与合作十余次,召集云计算企业家参与国际云计算峰会,与美国、加拿大、新加坡、中国台湾地区的云计算企业代表进行交流与项目对接,起到了产业联盟搭建国际合作平台的重要作用。在高端人才培养方面,联盟与复旦大学、上海交通大学联合培养云计算高端人才,培养上海地区云计算方向的硕士研究生超过300人。在云计算高端会议方面,联盟先后主办上海市云计算应用推进大会,与国际云安全联盟、英国标准协会在上海举办云安全标准全球峰会,与电气和电子工程师协会(Institute of Electrical and Electronics Engineer,IEEE)共同举办云存储大数据国际峰会。此外,联盟还常态化举办"云海沙龙",由云计算企业管理者、政府部门工作人员、科研院所专家交流上海云计算产业发展的经验与建议,至今已举办超过 100 期[*]。在上海市云计算创新基地的创建方面,联盟携手云基地共同建设云计算展示体验中心,向各界人士精准诠释云计算的概念与发展趋势,梳理云计算产业发展轨迹,展示上海云计算企业的研发成果,推荐上海云计算服务品牌。联盟还联合知名高等院校与研究机构,成立"云计算联合实验室",研究云计算产业发展过程中的关键技术环节,开展云计算人才培养。

通过云海产业联盟的持续工作,上海云计算产业环境不断改进,云计算产业链上各方的沟通、合作日臻完善。

### 3.1.8 自主创新领先发展

与国内其他省份相比,上海云计算产业关键技术具备比较大的优势,产业标准的建设工作已经开始起步。通过云计算专项课题和国家重大专项计划,上海已累计投入超过 5 亿元支持云计算技术的研发与产业化,在跨平台、支持多操作系统的虚拟化技术、具有资源管理、资源调度、计费等功能的云计算管理平台、研发软硬件一体化的云存储平台、云中间件、云安全、基于云计算平台的软件产品等关键技术上取得一定突破。普华基础软件、东方通泰、中标软件、达梦数据库、运软网络、华存数据、颐东网络、格尔软件、优刻得、华东电脑等一批云计算创新型企业,在虚拟化技术、云存储技术、云计算管理平台、云安全管理、海量数据处理等方面取得重要突破,已面向市场推出了一大批自主创新、具备知识产权的云计算产品,在云计算国产化平台市场应用方面取得了令人瞩目的成绩。

上海云计算产业形成了"以自主创新为主体,以云海产业联盟

---

[*] 包括各类讲座、论坛和沙龙活动。

为支撑，以静安、杨浦产业基地为载体，以应用示范工程为核心"的发展格局，顺利实现了"云海计划"和"云海计划 2.0"的各项既定目标。

### 3.1.9 产业发展特征

与其他云计算试点城市进行比较，可以发现上海云计算产业整体发展具有四个鲜明特征：

① 云计算公共服务平台数量比较多，提供服务种类和内容比较全面。目前，上海的云计算公共服务涵盖云服务的三个层次（IaaS、PaaS、SaaS），在内容上包括政务云、金融云、医疗云、教育云、电力云、交通云、中小企业云等多种行业。云计算产业正在形成面向全社会的服务模式。

② 云计算产业拥有数量较多、相对稳定的客户群。信息技术产业的一个特征就是获得用户的速度快，流失用户的速度也很快。上海云计算产业发展仅八年多时间，已经拥有数量较多、相对稳定的客户群。从大型企业、中小型企业到普通百姓，都开始接受并选择云计算服务，这为云计算产业发展提供了扎实的基础。

③ 云计算产业链初步形成。截至 2017 年年初，上海已形成云计算产业链，涵盖器件、硬件设备、基础软件、平台与应用软件、集成服务、网络支撑、云服务、安全管理、用户等所有关键环节，信息服务业收入已连续多年实现近 20% 的增长。完整的产业链支持云计算产业的良性循环与发展，也使上海成为 5 个试点城市中云计算带动信息产业经济总量最高的城市。

④ 云计算相关企业类型丰富、应用情境丰富、服务提供形式丰富。从类型上看，上海云计算相关企业既有从事技术、终端设备的研发型企业，也有提供平台软件、应用软件的软件类企业，还有提供云服务全面解决方案的运营型企业，是国内云计算相关企业类

型最为丰富的城市。在云计算服务的应用情境和服务提供形式上,上海同样保持领先优势。目前国内外出现过的各类云计算服务模式在上海都有落地和应用,商业模式具备创新性和灵活性。

## 3.2 我国云计算产业发展概况

中国政府推动云计算产业发展的工作始于2010年10月,国家发改委联合工信部发布《关于做好云计算服务创新发展试点示范工作的通知》,在北京、上海、深圳、杭州、无锡五个试点城市先行开展云计算服务创新发展试点示范工作。五个试点城市根据各自的经济、产业特征,有针对性地开展了云计算产业的推进工作,其中云计算公共服务平台是重点。

### 3.2.1 北京

北京与上海是国内最早发布省级层面云计算产业发展规划的地区。与上海市提出云计算产业发展的"云海计划"相呼应,北京市发改委和经信委于2010年10月共同发布了《北京"祥云工程"行动计划》,提出到2015年,北京要在云计算的三类典型服务(IaaS、PaaS及SaaS)上形成500亿元的产业规模,带动云计算产业链形成2 000亿元产值,从而成为世界级的云计算产业基地。

与上海的"云海计划"相比,北京的"祥云工程"更加具体,其明确指出整合云计算产业的高端人才、风险投资、产业基地、创新型企业四类发展要素,推动云计算产业早起步、快发展、上规模,在新一轮信息技术的国际竞争中抢占先机[79]。"祥云工程"选择了五大领域作为云计算产业的发展重点:

① 云计算专用的芯片和软件平台:为云计算发展提供产业基础支持,形成十余家掌握云计算核心技术的骨干企业群体,以及云

计算适用的芯片、软件平台。

② 云计算服务产品：促进现有电信运营商、软件提供商、信息服务供应商、内容供应商向云计算转型，推出云计算服务产品。

③ 云计算解决方案：打造云计算解决方案，继续保持云计算服务主力供应商的地位。

④ 云计算网络产品：构建云计算网络产品体系，创建十余个新的优势品牌。

⑤ 云计算终端产品：积极研发下一代移动通信终端、移动互联网智能设备、平板电脑、电子书、感知终端等设备。

在五大领域基础之上，"祥云工程"选择电子政务、金融行业、互联网服务及电子商务等行业进行试点与示范，并在中关村核心区规划建设北京云计算产业基地。同时，北京市还出台了多项优惠措施支持云计算产业发展，包括资本金注入、贷款贴息、投资补助等方式，支持云计算的技术改造、成果产业化、产业基地建设。

同时，北京还充分发挥了首都政治中心的优势，"祥云工程"同中央组织部的"千人计划"、北京市的"海聚工程"相结合，在国际上引进 30 名云计算专业领军人才，提高了北京云计算产业的知名度和人才优势。

截至 2015 年年底，北京"祥云工程"接近尾声，取得了一系列的成绩，全市云计算产业总值超过 400 亿元，形成涵盖软硬件、基础设施、云计算平台、云计算应用支持服务等主要环节的产业链。

比如，中国电信北京公司（北京电信）推出了运营商级的云计算服务，向政企用户和公众用户推出"云呼叫中心""创业云"服务等，同时提供云防火墙、云电脑等六种云产品。北京电信云计算平台目前已具备包括云主机、云存储、云备份、云防火墙、云邮箱和云电脑在内的六大云产品服务功能，还面向公众客户推出了"云手机"和"云家庭"服务、面向中小企业推出"云呼叫中心"服务、面向初创企业推出"创业云"服务、面向餐饮行业推出"云点餐"服务。

作为北京市首批典型云服务平台之一,百度云计算中心参与完成了北京公有云服务体系。通过云计算服务中心,百度可以在全面支撑自身互联网搜索业务的同时,为"北京云计算产业联盟"成员企业提供平台服务,促进联盟业务快速发展。通过整合信息技术资源、创新服务手段,百度公司面向社会提供多种类型的云服务,发挥基础设施的综合效益,降低信息化发展总成本。

作为公共计算资源服务机构,北京市计算中心和加拿大Platform公司共同设计开发了北京公共云计算平台,以IaaS和SaaS两种方式为政府单位和广大中小企业提供最新的硬件和软件设施、虚拟原型制作、可视化技术、网络技术、数据挖掘等服务,降低政府单位及中小型企业的运营成本,提高工业企业的产品研发能力,该平台已成为北京创业企业广泛使用的云计算资源。

### 3.2.2 深圳

深圳的云计算产业发展计划侧重于云计算技术的研发与实现,建立技术研发实验平台、成立拥有自主知识产权的研发机构是计划的核心工作。

2011年4月,深圳云计算国际联合实验室正式揭牌,该实验室是深圳云计算行业协会联合英特尔、IBM、金蝶等国内外知名企业共同创建的非营利性云计算实验平台,对全社会进行开放。用户可以通过台式电脑、笔记本、手机等方式接入实验室的数据中心,体验每秒超10万亿次的运算能力。2011年8月3日,深圳市云计算产学研联盟宣布成立,推动深圳云计算产业发展的"鲲云计划"启动。2012年1月,深圳云计算中心正式成立,该中心配备了中国首台实测性能超千万亿次的超级计算机曙光"星云",最大存储量达 20 PB*，相当于 80 个国家图书馆藏书量之和。中心主要为深圳云计算产业提供高性能的计算服务，助力中小型云计算企业的成长与创新。深圳市政府以云计算国际联合实验室、云计算中心为依托，选择教育云、电子政务云两个重点行业进行云计算应用示范，选择移动云、电子商务云、医疗卫生云、环保云、物联网作为云计算应用重要试点方向，努力创建华南地区的云计算产业聚集地。

在支持龙头企业发展方面，深圳选择与太平洋电信合作共建云计算产业。太平洋电信拥有强大的云计算技术资源、世界级数据中心、云计算人才资源与国际项目，与深圳云计算中心、深圳市云计算产业协会共同推出了云计算战略"臻云计划"，深度参与深圳云计算产业建设，为企业提供弹性云主机、私有云平台等创新产品和解决方案。目前，深圳云计算产业正呈现爆发式的增长态势，云集了华为、中兴、腾讯、金蝶、迅雷、宝德、卓望等一批云计算龙头企业，未来发展重点在产业建设方面，努力构筑完整的云计算产业链，打造华南地区最大的云计算产业基地。

到 2017 年年底，深圳云服务产业规模超过 400 亿元，云计算企业超过 500 家[80]，成为国内云计算产业最发达的城市之一。

### 3.2.3 杭州

作为阿里巴巴集团的所在地，杭州市的云计算产业发展计划选择为电子商务领域搭建公共服务平台。2010 年 11 月，西湖云计算公共服务平台在杭州正式上线，该平台与用友软件、IBM、德国爱普兰、华数网通信息港等平台软件供应商合作，专门为电子商务领域的各类企业提供云计算服务支持。电商企业只需安装好宽带，采购一批显示器和终端就能轻松享受包括存储、计算、信息处理等在内的云服

---

\* PB 指 petabyte，是较高容量的计算机存储单位，1 PB=1 024 TB。

务。通过西湖云计算公共服务平台,从事电子商务活动的企业(特别是中小型企业)可以节省非常可观的运营成本,这也进一步奠定了杭州作为中国电子商务之都的地位。2011年10月20日,杭州云计算产业园正式开园,杭州云计算产业进入高速发展期。

在公共服务云平台和产业园的基础上,许多知名云计算企业\*开始进入杭州云计算产业,如网易、腾讯、盛大等。杭州本土的"云企业",如阿里巴巴、银江股份等,在云计算服务上也已达到比较成熟的水平。2013年以来,杭州充分利用云计算公共服务平台,致力于服务社会信息化,在云计算产业发展布局中侧重支持创建中小型云计算企业。

从公开发布的数据来看,仅2016年上半年,杭州云计算与大数据产业增加值同比增长就高达35.4%,增加值419.84亿元,占杭州市GDP的8.4%[81]。云计算产业已成为这个"互联网城市"最有力的发动机。

### 3.2.4 无锡

无锡的云计算产业布局工作开展得比较早,2008年就与IBM公司合作建立了全球首个商用云计算中心,又于2009年7月创建了"盘古天地"软件服务创新孵化平台,为无锡软件园区的企业提供云计算服务,并被列为国家级云计算服务平台。无锡的云计算产业发展聚焦于"两个服务":服务软件园、服务物联网,市政府与曙光公司、中科院计算所合作搭建城市级区域性云计算中心,突出云计算基础设施的服务职能,为无锡各类企业用户、各类商业软件应用提供支持。

同时,无锡特别强调云计算产业同物联网的协同发展,希望形

---

\* 本章在文中表述时均选择了国内知名企业的简称,如阿里巴巴网络技术有限公司简称为"阿里巴巴"。

成从"云端"到"物端"的一体化式服务体系,力争在 3～5 年内成为华东地区云计算产业的核心集聚区。截至 2016 年年底,作为唯一列入全国五个"云计算试点城市"的地级市,无锡拥有的物联网企业超过 2 000 家,产业规模超过 2 000 亿元,占全国物联网产值超过四分之一,成为中国物联网产业的高地。

### 3.2.5　各试点城市云计算产业发展情况对比

国家发改委与工信部联合发布的《关于做好云计算服务创新发展试点示范工作的通知》实施已有 9 年时间,五个试点示范城市在云计算产业发展过程中各有特色,基本情况对比见表 3.1。

表 3.1　五个试点城市云计算产业发展情况对比表

| 城市 | 特色 | 不足 | 效果 |
| --- | --- | --- | --- |
| 上海 | 云海计划(2010—2012 年):自主研发、试点示范;<br>云海计划 2.0(2013—2015 年):优化环境、示范推广;产业联盟号召能力强,产业基地成长迅速,拥有丰富云计算应用情境,云计算产业链初步形成<br>云海计划 3.0(2016—2018 年):以建设国家云计算创新服务试点城市为契机,大力培育扶持云计算骨干企业,形成产业生态,全面支持移动互联网、大数据和"互联网+"行动计划,推动云端创新融合、"两化"深度融合,不断培育信息产业新业态,努力将云计算产业打造成为新常态下上海建设具有全球影响力科技创造中心的重要引擎 | 云计算企业尚缺乏成熟的商业模式;<br>云计算业务盈利能力不足;<br>云计算企业资源整合能力待提高,龙头企业的产业带动能力有待提高;<br>云计算专业人才不足;<br>关键技术产业化程度仍需提高 | 云海计划 2.0 基本实现,云计算带动信息产业经济总量达到 2 400 亿元;2016 年全市云计算技术和服务收入达到 780 亿元;2017 年年初,云海计划 3.0 正式启动 |

(续表)

| 城市 | 特色 | 不足 | 效果 |
|---|---|---|---|
| 北京 | "祥云工程"：整合云计算产业发展关键要素；<br>云计算产业链初步形成，云计算专业人才充足，云计算服务需求旺盛 | 应用情境不够丰富；<br>缺少产业龙头企业；<br>云计算产业链缺乏特色与亮点 | 云计算产业总量超过2 000亿元 |
| 深圳 | "鲲云计划"：研发能力增强，突出自主知识产权管理；<br>侧重于云计算技术的研发与实现；<br>强调云计算的基础设施建设；<br>创新推出国际联合实验室模式 | 云计算产业链尚未形成；<br>过于强调技术研发；<br>云计算商业模式管理人才缺乏 | 培育十家年收入过亿、过十亿的云计算企业 |
| 杭州 | 健全的云计算公共服务平台；<br>突出云计算在电子商务领域的创新应用 | 云计算产业链尚未形成；<br>云计算专业人才不足；<br>过分侧重于电子商务领域的应用 | 至2017年培育2~3家国际知名百亿级云计算龙头企业，打造200家中小型云计算企业，实现产业总量超过1 000亿元 |
| 无锡 | 产业布局较早；<br>云计算产业同物联网协同发展 | 云计算产业链尚未形成；<br>缺少产业龙头企业；<br>过于倚重软件园区；<br>过于倚重IBM公司的云计算商业模式 | 预计到2020年建设10个云计算技术创新中心、10个云计算应用示范重点工程、10个云计算服务平台，培育50家年收入上亿元骨干企业和1 000家云计算中小企业，实现产业总量达到1 000亿元 |

### 3.2.6 云计算产业发展机遇

结合试点城市和整体市场的情况进行判断,目前我国云计算产业发展正处于重要机遇期。

首先,从国务院、国家部委到省(直辖市、特别行政区)、市(区),均为云计算产业的培育和优化提供了政策保障,这种政策的机遇体现在园区土地、企业税收、资金支持等制度性资源上,体现在信息化基础设施、云计算专项基础设施的建设上,体现在专业人才培养、引入机制上,还体现在完善云计算"产学研用"产业链的构建上。根据各地公开发布的统计数据,2010 至 2018 年年底,国内已有超过 30 个省(直辖市、特别行政区)、市(区)公布了云计算产业发展举措(表 3.2),通过示范、试点、龙头企业拉动、中小企业创新等具体政策,为云计算产业的兴起与良性发展提供保障。在此背景下,用好政策红利、踏准各地的产业发展节奏,将为实现云计算产业区域布局,形成全国性云计算产业链提供重要机遇。

表 3.2　各省(直辖市、特别行政区)、市(区)云计算产业发展举措

| 省(直辖市、特别行政区) | 省级、市(区)级 | 项目 |
| --- | --- | --- |
| 黑龙江 | 哈尔滨 | 中国云谷 |
| | | 云计算产业基地 |
| | | 国裕金融行业数据中心 |
| | | 中金数据东北云计算中心 |
| | | 万国哈尔滨数据中心生态产业园 |
| | | 神州数码思特奇云计算产业园 |
| | | 曙光哈尔滨云计算中心 |
| | | 中国移动通讯集团北方 IDC 中心 |

（续表）

| 省（直辖市、特别行政区） | 省级、市（区）级 | 项　　目 |
|---|---|---|
| 吉林 | 长春 | 长春云计算中心 |
| | 吉林 | 云数据基地 |
| | | 云计算服务及存储备份项目 |
| | | 大数据云计算存储系统建设项目 |
| 内蒙古 | 呼和浩特 | 云计算基地 |
| | 锡林郭勒盟 | 云计算数据中心 |
| | 鄂尔多斯 | "草原硅谷"云计算产业园区 |
| | 乌兰察布 | 阿里巴巴内蒙古云计算数据中心 |
| 北京 | 密云 | 世界云谷北京数字信息产业基地 |
| | 中关村 | 亚洲最大超云服务器生产基地 |
| | 亦庄 | 中国云产业园 |
| | 房山 | 京津冀大数据创新应用示范区 |
| | 京冀两地 | 云联数据中心、云计算产业园、云谷大数据基地 |
| 天津 | 滨海 | 云计算服务平台"翔云" |
| | | 天津国家数字出版基地云计算中心 |
| 山东 | 青岛 | 中国电信北方信息服务基地 |
| | | 青岛国际云服务基地 |
| | | 中国联通云计算中心 |
| | 滨州 | 滨州云计算中心、云计算大数据产业基地 |
| | 聊城 | 智汇谷·阿里云创新中心、云计算和大数据中心 |
| 河北 | 廊坊 | 企业级云计算中心 |
| | 定兴 | 云计算应用和大数据分析示范基地 |
| | 沧州 | 华为云计算大数据中心 |

(续表)

| 省(直辖市、特别行政区) | 省级、市(区)级 | 项目 |
|---|---|---|
| 河北 | 张北 | 张北云计算产业园 |
| | 安次 | 韵达北方总部基地云计算中心 |
| 河南 | 洛阳 | 云计算和互联网数据中心产业园(景安云计算和互联网数据中心) |
| | 许昌 | 中原云都大数据云计算中心 |
| | 郑州 | 云海科技园云计算产业基地 |
| 新疆 | 乌鲁木齐 | "天山云"计划、云计算中心 |
| 宁夏 | 银川 | "凌云"计划 |
| | 中卫 | 中关村科技产业园西部云基地 |
| 山西 | 太原 | 山西云计算产业园区 |
| | | 山西云计算中心 |
| 陕西 | 西安 | 陕西省云计算产业示范基地 |
| | | 陕西动漫产业平台数据中心 |
| | | 城市运营大数据中心 |
| 湖北 | 武汉 | 云计算产业联盟、武汉超算暨云计算(数据)中心 |
| | 襄阳 | 襄阳云谷 |
| 江苏 | 南京 | 南京云计算中心/曙光云计算产业基地项目 |
| | 南通 | 南通苏通科技产业园、阿里巴巴江苏云计算数据中心 |
| | 无锡 | 云海创想云存储产业基地和无锡城市云计算中心 |
| | 昆山 | "两岸三地"云计算中心 |
| 浙江 | 宁波 | "星云"计划 |
| | 杭州 | 西湖云计算公共服务平台、阿里巴巴云计算数据中心余杭开发区项目 |

(续表)

| 省(直辖市、特别行政区) | 省级、市(区)级 | 项　　目 |
|---|---|---|
| 上海 | 上海 | "云海"计划、钢联物流云平台 |
| | 青浦 | 腾讯华东云计算中心和电子商务基地 |
| | 杨浦 | 云计算创新基地 |
| 安徽 | 宿州 | 智慧云计算产业园 |
| | 淮南 | 淮南云谷大数据产业园 |
| | 亳州 | 亳州云计算中心 |
| 四川 | 成都 | 中国电信西部云计算基地 |
| | | 中国移动西部数据中心 |
| | | 中国联通IDC(成都)基地 |
| | | 智慧广电云计算研发创新中心 |
| | | 西南云计算智慧产业基地 |
| | 四川 | 四川省地方税务局数据中心云计算平台 |
| 重庆 | 两江新区 | 中国联通西部数据中心 |
| | | 两江国际云计算中心 |
| | | 两江国际云计算产业园 |
| | | 中国电信云计算重庆基地 |
| | 巴南 | 云计算产业园 |
| | 高新区 | 重庆云计算应用走廊、重庆腾讯云计算数据中心、浪潮(重庆)云计算中心 |
| 广东 | 广州南沙 | 云服务数据中心 |
| | 广州 | "天云"计划 |
| | 深圳 | 云计算国际联合实验室、鲲云计划 |
| | 惠州 | 东江高新区园区云计算中心 |
| | 清远 | 腾讯清远清新云计算数据中心项目 |

(续表)

| 省(直辖市、特别行政区) | 省级、市(区)级 | 项目 |
|---|---|---|
| 广东 | 河源 | 阿里巴巴广东云计算数据中心 |
| 福建 | 平潭 | "智慧岛"离岸云数据中心 |
| | 马尾 | 云计算基地 |
| | 福州 | 数字福建云计算中心 |
| 海南 | 海口 | "全生态"云计算产业基地 |
| | 三亚 | 华为云计算数据中心 |
| 香港 | 香港 | 政府云端平台 |
| 贵州 | 贵安新区 | 超级计算机中心 |
| | | 中国电信云计算贵州信息园 |

其次,伴随着国民经济和社会发展第十三个五年规划的推出,中国社会对于云计算服务和应用需求的集中爆发,云计算不仅已成为政府公共机构优化城市管理的重要支撑手段,还将深度渗入农业、制造业、服务业、金融业、百姓民生等多个领域。从信息化建设角度来看,中国将经历两化(信息化和工业化)融合、两化深度融合、智能制造、互联网+、中国制造 2025 等多个发展阶段,新一代信息技术在基础设施建设、元器件研发设计、生产资料生产、流通、运营等关键环节的应用愈加重要,这为云计算产业的整体发展带来更多的需求和更高的要求。将分散的信息技术、信息资源整合,根据使用者的实际需求进行调配,灵活管控,这些都是云计算天然的优势,未来辅之以物联网、移动互联网等新一代信息技术,将彻底改变中国的产业结构。根据赛迪智库发布的中国云计算产业需求预测,我国云计算产业将在 2020 年实现万亿元的经济总量突破,云计算将在各行各业迎来重要发展机遇[3],见表 3.3。

表 3.3 云计算市场发展机遇[3]

| 行业 | "十三五"发展趋势 | 机遇 |
|---|---|---|
| 政府 | 服务型政府<br>经济结构调整<br>城市及行业规划与管理 | 优化社会治理能力,转变政府治理职能<br>战略新兴产业的建设机会<br>智慧城市基础设施建设及区域规划 |
| 电力 | 智能电网逐步普及<br>新能源占比逐渐增大<br>智能家庭网络启动 | 智能电网基础设施建设<br>传统信息系统升级<br>建设智能电网管理系统 |
| 医疗 | 医疗改革稳步推进<br>社区医疗的建设和普及<br>电子病历的试点与推进 | 医疗基础设施及综合管理系统建设<br>社区与农村医疗的信息化基础设施建设<br>电子医疗信息系统的升级 |
| 交通 | 高铁与地铁建设加速<br>支线机场稳步发展<br>高速公路联网与管理逐步统一 | 高速铁路与地铁管理系统<br>飞机与机场信息控制系统<br>优化电子不停车收费系统(ETC) |
| 金融 | 强化中间业务与全业务管控<br>加强风险管理<br>拓展多种渠道 | 中间业务、城市商业银行的数据集中、整合与系统升级<br>风险管理、审计与稽核系统的整合<br>手机银行与数据挖掘系统的优化 |
| 电信 | "管道"平台化、增值化<br>"应用"行业化、新兴化<br>"营销"网格化、个性化 | 网络数据中心的优化升级<br>利用云计算技术提供应用服务平台<br>营销平台与数据挖掘系统的建设 |
| 能源 | 采用新技术提高勘探水平与产量<br>加强海外扩容<br>开发清洁能源<br>强化营销网络 | 数据集中与信息系统升级<br>推出统一通信与协作类解决方案<br>推出基于新一代信息技术的研发方案<br>推出营销管理解决方案 |
| 制造 | 制造业升级与两化融合<br>制造业向中西部转移<br>汽车仍是制造业中的亮点<br>绿色与环保仍是主流 | 新兴制造业智能化加强<br>制造业基础设施的规划和建设<br>汽车产品全生命周期解决方案<br>支持电动、油电混合汽车的研发和制造 |

(续表)

| 行业 | "十三五"发展趋势 | 机遇 |
|---|---|---|
| 零售 | 整合与并购仍将持续<br>网络购物仍保持快速成长<br>提升供应链效率是关键 | 产销链信息系统的升级与新部署<br>供应链管理系统的优化升级<br>整合通信与电子商务平台资源 |
| 互联网 | 高速成长、融合<br>管理水平有待提高 | 公共云计算服务<br>智能化管控解决方案 |

最后，云计算产业联盟、产业园区、产业基地的创立为产业发展整合了资源，提供了动力。据不完全统计，至2018年年底，全国90%以上的省（直辖市、特别行政区）都设立了云计算产业联盟或行业组织，部分机构创立时间见表3.4。作为云计算产业的第三方，产业联盟和行业组织承担了政策解读、专业人才引进、培养、基础技术研发、创新型企业孵化、投融资、企业牵线搭桥、行业互动交流等重要职责，云计算产业中的企业还可以通过它们向政府反馈意见建议。从实际运行效果来看，国内云计算示范、试点项目的实施与落地都离不开产业联盟的支持，未来产业联盟形成合力，将为云计算产业带来更多的发展机遇。

表3.4 部分云计算产业联盟创立时间表

| 名称 | 成立时间 |
|---|---|
| 中卫市云计算产业联盟 | 2018年7月6日 |
| 中国云安全与新兴技术安全创新联盟 | 2017年11月1日 |
| 河南云计算大数据产业联盟 | 2016年11月9日 |
| 中国生物信息云计算产业联盟 | 2016年4月12日 |
| 云计算资源产业联盟（北京） | 2016年4月11日 |
| 云计算开源产业联盟（OSCAR） | 2016年3月9日 |

(续表)

| 名　　称 | 成立时间 |
|---|---|
| 陕西省大数据与云计算产业技术创新战略联盟 | 2014年10月22日 |
| 四川省云计算产业联盟 | 2014年8月25日 |
| 中国云体系产业创新战略联盟 | 2013年11月13日 |
| 中国云计算市场与应用联盟 | 2013年5月9日 |
| 中国云计算应用联盟(杭州) | 2012年10月19日 |
| 亚太云计算产业联盟(香港) | 2012年7月4日 |
| 呼和浩特云计算产业基地 | 2012年5月 |
| 中国云计算联盟(北京) | 2012年4月20日 |
| 香港云计算标准联盟 | 2012年4月12日 |
| 江苏云计算产业联盟 | 2012年2月23日 |
| 亚太云计算联盟(香港) | 2012年2月10日 |
| 武汉云计算联盟 | 2012年1月5日 |
| 广东云计算产业联盟 | 2011年12月22日 |
| 上海"云海联盟" | 2011年12月14日 |
| 天津滨海新区云计算产业联盟 | 2011年7月19日 |
| 山东云计算产业联盟 | 2011年5月25日 |
| 台湾云计算产业联盟 | 2010年4月7日 |
| 中国云计算技术与产业联盟 | 2010年1月22日 |

# 第 4 章

云计算产业生态系统

现代成功的产业发展模式不是一两家顶级企业掌控一切,而是形成一个合作共赢的生态系统,参与者越多,用户也会越多,随之而来的规模效应让每一个参与者从中获益。一个良好的生态系统,既降低了创造的成本,也造福于智慧贡献者。作为新一代信息技术的生态系统,云计算产业构成复杂,包括硬件设备供应商、基础软件供应商、应用软件供应商、平台软件供应商、集成服务供应商、云服务运营商、安全管理供应商、用户、行业协会、创业(孵化)基地与科技园区、政府监管部门等各类要素[8]。这些系统组成部分(物种)相互作用,影响着整个产业(生态系统)的发展方向与状态。

本章首先从物种、种群、子系统三个方面分析云计算产业生态系统的基本结构;在此基础上探讨云计算产业生态系统的协调问题与协调机制,归纳云计算产业生态系统典型特征;通过对国内外云计算产业链的全面介绍,结合上海实际情况,系统细分云计算产业链的关键环节,给出相应的分析。

## 4.1 结构分析

本书选择商业生态系统理论作为理论框架展开分析,用此框架来解释云计算产业生态系统是适用的。

首先,商业生态系统是组织和个体通过相互作用形成的经济联合体,包含了大量的产业参与者,每个参与者必须依靠其他参与者才能实现自己的生存,这就打破了传统产业理论认为企业之间"零和博弈"的假设,强调企业所处的产业环境是一个联系紧密、互为依赖的生态共生系统,企业需要在其中与其他企业协调发展。上述表述完全符合信息技术产业实际的发展情况。

其次,与其他产业(如制造业)相比,云计算产业更为复杂,相关企业以价值链和客户需求为导向,呈现出明显的集群化现象,但每个集群又涉及多个行业(或领域),很难以行业进行简单区分,而商业生态系统理论框架用来分析复杂产业现象更为合适。

第三,与传统价值链理论相比,商业生态系统理论包含了更多的成员和要素,如合作伙伴、政府机构,更强调成员间的共生关系,更关注其进化过程及对环境的适应能力。传统产业理论更多选择产业内各成员关系的"静态截面",而云计算产业已经融合了多个不同的产业,再依靠相应的分析方法显然已经不再适用[83,84]。

商业生态系统由不同种类的物种主体(即企业或组织)组成,而这些物种(Species)在系统中承担不同的角色和职责,主要可以分为以下三种[69]:

① 核心型企业(Keystone):充当商业生态系统调控者的角色,通过影响整个系统的特定行为,维持生态系统的健康。

② 支配主宰型企业(Dominators):通过纵向或横向一体化来管理和控制某一生态系统。

③ 缝隙型企业(Niche Players):关注于专业化和差异化,将企业独特的能力和资源集中在特定业务上,利用其他企业提供的关键资源来开展经营活动。

### 4.1.1 物种分析

作为一种新兴的产业生态系统,云计算产业中至少由八种不同的"物种"组成[20],即基础设施供应商(如器件研发、硬件设备)、基础软件供应商(如软件开发环境、软件运营环境)、平台与软件供应商(如平台类软件供应商、应用类软件供应商)、集成服务供应商(如云解决方案、数据中心服务)、网络服务供应商(如宽带网络、无线网络)、云服务供应商(如服务运营模式、服务运营平台)、安全管理供应商(如隐私保护、身份认证)、用户(如企业用户、个人用户)。如果简单将这些"物种"按照价值链的线性方式进行描述,可以得到云计算产业生态系统物种分类模型,如图4.1所示。

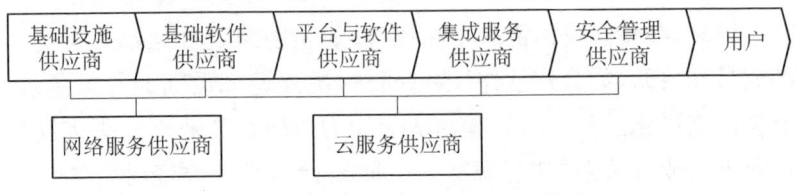

图4.1 云计算产业生态系统物种分类模型

① 基础设施供应商(提供商):为云计算产业生态系统中的所有物种提供信息技术基础设施支持服务,包括器件研发、硬件设备、终端设备等,是生态系统中的物理骨干。

② 基础软件供应商(提供商):为云计算产业生态系统提供基本云应用部署的环境,包括存储管理、数据库管理、开源社区、操作系统、中间件、虚拟化技术、非结构化处理技术等。

③ 平台与应用软件供应商(提供商):为云计算产业提供软件开发与运维服务,包括平台类软件和应用软件两大类。目前,国内平台类软件供应商涉及门户平台、游戏平台、位置导航平台、运营平台软件、动漫平台和跨平台软件等;应用软件供应商涉及嵌入式软件、工业软件、信息服务软件、通讯软件、商业智能软件、行业应用软件等。

④ 集成服务供应商(提供商):为云计算产业提供各类集成服务,涉及第三方集成服务、信息技术外包服务、云服务解决方案、数据中心建设与服务等。

⑤ 网络服务供应商(提供商):为云计算产业提供骨干网服务,让个体用户和企业用户可以通过网络使用云服务,包括网络运营商、广电运营商等。

⑥ 云服务供应商(提供商):为云计算产业提供最核心的云计算服务,包括服务运营模式供应商(IaaS、PaaS、SaaS等)、服务运

营平台供应商(公有云、私有云、社区云、混合云)。

⑦ 安全管理供应商(提供商)：为云计算产业提供安全方面、管理控制方面的保障，涉及访问控制、隐私保护、身份认证、授权管理、边界防御、数据内容安全、审计与合规、安全评估等。

⑧ 用户：云计算产业服务的最终使用者，包括个人消费群和企业级消费群两类。常见的个人消费群包括：智能手机、平板电视、车载云终端、瘦终端\*、上网本、电子书、个人电脑等；企业级消费群包括：政府部门、交通机构、金融机构、媒体机构、医疗机构、教育机构、工业机构等。

现实产业环境中的云计算生态系统更为复杂，随着新型商业模式的出现，不断有新的物种出现。已有物种也会根据实际情境，形成战略合作伙伴关系、技术联盟、经销商关系等，出现各种形态的子生态系统。

需要注意的是，在云计算产业生态系统中，许多企业既是云服务的提供者，又是云服务的使用者。比如，平台软件供应商在提供门户平台云服务的同时，也利用云服务供应商提供的 IaaS 数据中心支持；又如云服务供应商在为安全管理提供 PaaS 认证平台服务的同时，也购买安全管理供应商提供的隐私保护和身份认证云服务。因此，在云计算产业生态系统中，各个物种之间协作非常频繁，在产业链不同层级之间协调配合、分享资源、转移利益，共同促进系统的有序发展(进化)。

### 4.1.2 种群分析

云计算产业生态系统中的各个"物种"成员各司其职、相互交织，形成完整的价值网络。云计算相关的物质、能量和信息通过这个价值网络在系统中循环流动，共同组成一个多要素、多侧面、多

---

\* 指硬件设备相对薄弱，主要提供显示和网络数据传输的终端设备。

层次的错综复杂的商业生态系统。云计算产业生态系统中的物种成员按照各自定位可以划分为以下几类"种群(Population)"[83,84]：

① 领导种群：核心的云服务企业，是整个生态系统资源的领导者，通过提供成熟、全面、集成的云计算服务，扮演云计算产业生态系统中资源整合和协调的角色。

② 关键种群：整个生态系统中的消费主体，包括云计算产业链中的专业供应商、软硬件供应商、集成商、消费者等，是生态系统中其他物种所共同服务的"客户"。

③ 支持种群：云计算产业生态系统中提供支持型服务的组织，这些种群并非完全依赖云计算产业而生存，但可以从优化的云计算生态系统中获取远超过依靠自己竞争力可得的利益，如提供网络服务的供应商、提供安全认证的机构、云服务咨询公司、云计算技术外包商、云计算服务营销公司、云计算技术与服务培训机构等。

生态位(Ecological Niche)是指一个种群在生态系统中，在特定时间、空间上占据的位置，反映了其与相关种群之间的关系与作用。生态位是自然生态系统中的一种客观存在，它界定了生物在环境中存在发展的客观位置，各种生物因其各自独特的生存方式而各自占据特有的生态小环境[85]。

在现实的产业生态系统中，生态位也可以用来描述物种、种群与其所处生态环境之间的动态关系，既反映了它们在特定时期、特定环境范围内的生存位置，也反映了它们在该环境中拥有的自然资源、社会资源、经济资源总量，体现了它们在生态系统发展演进过程中扮演的角色。

云计算产业生态系统中领导种群的生态位最高，通过提供成熟、全面、集成的云计算服务，整合产业中的资源，并协调其他种群之间的关系。云服务供应商占据了领导种群，其典型代表有阿里巴巴、腾讯、百度、盛大等大型平台类企业。关键种群位于第二等级生态位,涉及生态系统中的生产者、消费者、还原者,基础设施供应商、基础软件供应商、平台与软件供应商、用户都属于关键种群。支持种群位于第三等级生态位,这些种群离开云计算产业也可以存活,但依靠生态系统可以获得更高的收益。云计算集成服务供应商、网络服务供应商、安全管理供应商都属于支持种群,如图4.2所示。

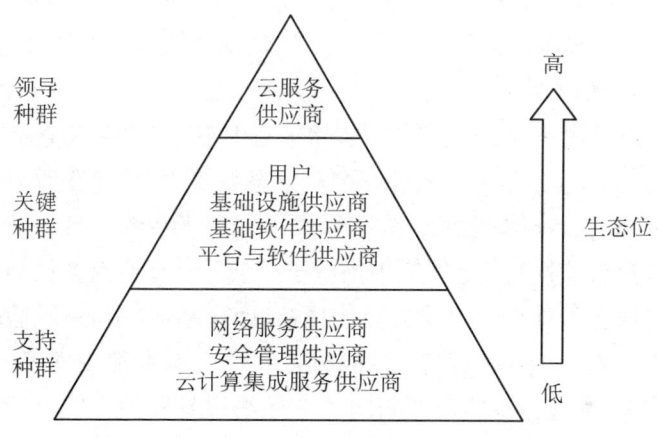

图4.2 云计算产业生态系统种群生态位示意图

### 4.1.3 子系统分析

考虑到云计算产业生态系统的复杂性,在商业生态系统中还可以细分为核心生态子系统、环境子系统和支持子系统。

① 核心生态子系统:云计算产业生态系统的主体,由上述八类物种、三大种群构成,形成完备的云计算产业链。整个生态系统的价值由核心生态子系统创造、流转,起到重要的稳定和支持作用。

② 环境子系统:由影响产业生存发展的宏观要素构成,包括经济环境、政治环境、政策配套、社会环境、科技发展等。在云计算产业生态系统中,政府主管部门、社会环境、科技发展水平构成了环境子

系统[85]。首先,政府对云计算产业的发展有直接的推动作用。在部委层面,发改委、工信部、科技部都是与云计算产业密切相关的职能管理部门,制定相关的产业发展政策、规范、知识产权保护制度、标准等,并负责产业的整体协调发展,使之与国民经济相匹配。社会环境包括社会文化水平、社会经济发展水平、社会法律体系等多个方面,其是否与产业发展相匹配决定了生态系统的稳定状态。科技发展水平直接影响知识密集型的云计算产业,国家基础科技是否能够支持产业发展、专业科技人才是否能够满足产业需要、科研院所是否能融入产业链,这些问题都是科技发展水平对生态系统产生的直接影响。

③ 支持子系统:在云计算产业生态系统中,产业联盟、行业组织、科研院所、媒体、金融机构等形成了支持子系统。目前,国家级的云计算行业性组织包括:中国电子学会云计算专家委员会、中国计算机协会云计算专业委员会、中国云计算基地(中心)联盟、中国云计算技术与产业联盟等[49],同时各省市也基本都成立了云计算产业联盟、产业基地或产业园区。上述组织是一种自发、自愿组建的开放式、非营利性技术与产业联盟,一方面对云计算产业的发展情况、发展趋势进行研究,从第三方角度对产业发展进行规范与管理,开展云计算的社会推广和教育工作;另一方面代表产业、代表企业向政府相关机构提出云计算产业发展合理化建议,设立试点、示范项目,推动国家产业发展政策的制定和落实。从当前中国云计算产业实际情况来看,产业联盟发挥的作用极其重要,一些云计算关键技术的研发突破、商业模式的创新推出都与其密切相关;产业发展过程中的"杂事""琐事"也离不开产业联盟的协调解决。

此外,支持子系统还包括为产业发展提供资金支持的机构,提供人才支持的高校、研究机构,提供社会舆论支持的媒体机构。上述机构合力为云计算产业发展提供了必要的支持,优化了产业环境。支持子系统对核心子系统的支持机制如图4.3所示。

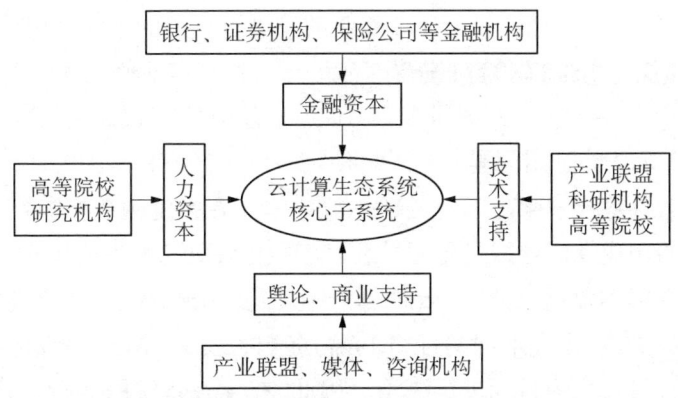

图 4.3 支持子系统对核心子系统的支持机制[49]

综上所述,云计算产业生态系统结构如图 4.4 所示。

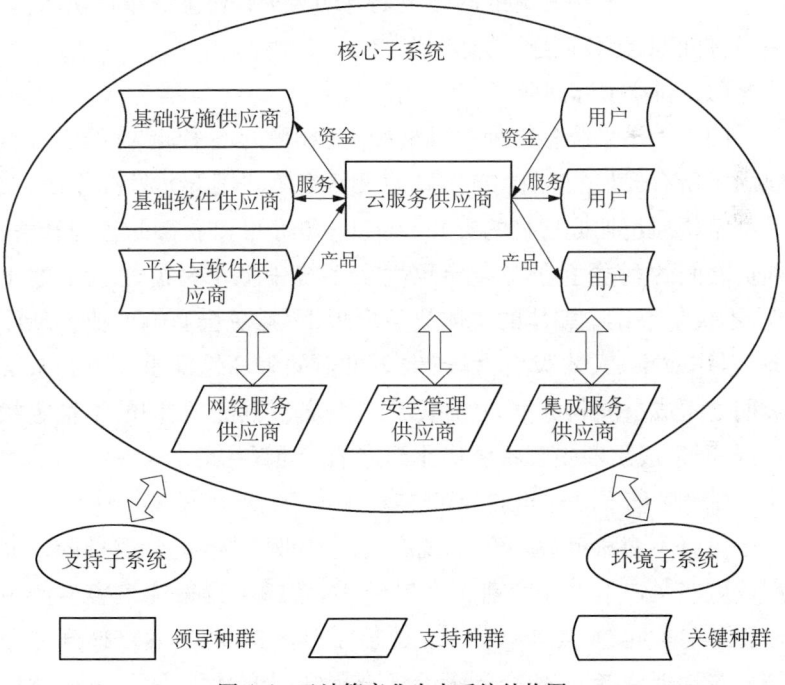

图 4.4 云计算产业生态系统结构图

## 4.2 机制与特征分析

### 4.2.1 协调问题

云计算产业生态系统的整体效益体现在系统内各"物种"成员之间的集成性。各成员各司其职,实现生态系统的协调运作,提高整体效率和效益。然而,云计算产业生态系统中各成员分属不同的经济实体、代表不同的经济利益,各自独立运作,它们都以各自的效益最大化为目标进行决策。因此,在生态系统的运行过程中,各成员可能出现各种问题,甚至是冲突,建立问题协调机制是影响云计算产业生态系统进一步优化发展的关键。

云计算产业中常见的问题主要有四大类:利益争夺问题、信息不对称问题、信任问题、协作问题[83]。

(1) 利益争夺问题

随着生态系统各物种中成员种类、数量的增多,已有的资源难以满足所有成员的需求,自然界的天然竞争法则开始发挥作用,成员都希望通过把握自身的资源和能力,争夺可以获得的各种利益。成员之间的利益争夺将会导致生态系统中低水平恶性竞争的出现,不仅生态系统整体的整体效益出现下滑,更会影响产业创新能力、运作效率、人才吸引力,产生不可逆的破坏性效果。生态系统长期处于成员间利益争夺的情况下,会出现混乱、波动的不稳定状态,甚至造成阻断生态系统优化演进的严重结果。

(2) 信息不对称问题

信息不对称问题不仅出现在传统产业市场,也会现身云计算产业生态系统中。在产业生态系统中,关键种群往往最容易产生信息不对称问题,生产者产品(服务)的信息不能有效传递到产业链的末端消费者,造成交易者无法准确掌握商品的质量,只愿意依据预期的平均质量支付价格。随着产业中价格的下降，质量高于平均水平的供应商只能选择退出生态系统，越来越多低质量的商品进入其中，又进一步降低交易者对平均质量的预期，造成产业生态系统整体协调能力的失效。

（3）信任问题

信任是产业生态系统良性发展的大前提。生态系统内各成员之间如果相互信任，可以有效实现资源优势互补，自动填补产业链中的薄弱环节，保证系统的敏捷性和灵活性。而一旦出现信任问题，就有可能对生态系统中的所有物种造成影响。作为新一代信息技术的典型代表，云计算产业特别依赖生态系统中的信任氛围，产业链的运行需要各个成员共享标准、技术、经验，甚至是人力资源，因此信任问题对于提升生态系统的整体绩效和竞争力起着至关重要的作用。

（4）协作问题

云计算产业生态系统中各个物种作为独立的单元，有着独立的管理目标，产生目标冲突不可避免，关键在于如何缓解和化解。三大种群在同一时刻可能既是竞争对手又是合作伙伴，成功将成员间的冲突竞争关系从"胜利者—失败者"、契约讨价还价的关系转变为协作关系，可以消除不必要的成本与资源损耗，提高整个生态系统的反应能力和效率。

### 4.2.2　协调机制

一个健康、良性发展的云计算产业生态系统需要拥有一套问题协调机制，把不同物种成员集成在一起，彼此之间展开良好的合作，实现产业链上各物种的生态共建、生态共生，进一步实现生态系统的整体进化。领导种群作为云计算产业生态系统的核心领导，是整个生态系统资源的调控者，对成员协调起到不可替代的作用。领导种群不仅需要协调各成员之间的信任关系,调整与完善系统规划,改进核心生态系统的内部结构,还需要淡化不同物种之间的组织边界,通过有效的信息共享来实现生态系统利益分配模式的优化[83]。领导种群可以从关系、利益、信息、运作四个方面建立云计算产业生态系统的协调机制。

(1) 关系协调机制

各成员间信任关系的建立是关系协调机制最主要的部分,其建立方法主要有三种。首先是基于契约的信任关系,即基于利益目标建立的一种契约关系,如果私自违背契约将会受到惩罚;其次是基于信誉的信任关系,系统成员间的信任建立在成员的信誉基础上,或者由领导种群提供第三方信誉背书,任何不诚实的行为将会以信誉受损作为惩罚;最后是基于知识共享的信任关系,即建立在一定时间内相互作用的成员的信息和知识共享基础之上的信任关系。

领导种群应该根据产业的实际发展情况,在不同阶段选择最合适的一种或多种信任机制。基于契约的信任关系是最基础的一种信任机制,适合于成员之间相互拥有较少经验和信息的情况;基于信誉的信任关系适合于结构化较强的交易活动,并且需要对关键种群、支持种群进行一段时间的信誉培养;基于知识共享的信任关系比另两种机制具有对不确定性更强的适应能力,而且可以鼓励高水平的知识共享,但这种信任关系需要较长时间的培育发展过程,更适合交易紧密频繁的成员之间。

(2) 利益协调机制

领导种群对云计算产业生态系统各成员的利益协调,可以从利益分配机制和激励约束机制两个方面着手。

在利益分配机制的构建方面:首先,领导种群应有长远的发展眼光,不能因为眼前利益而偏重自身利益,忽视生态系统其他种群的利益；其次，建立更加公平合理的生态系统利益分配模式，根据产业中的实际情境、成员的生态位、产业链中的竞争情况来确定利益分配结构，建立规则，促使各成员按此规则采取相应的行为。

在激励约束机制的构建方面，领导种群应对整个生态系统的利益进行再分配，关注那些对整个系统贡献很大、但在利益分配时却处于弱势的成员，给予适当的奖励和激励；同样，对破坏云计算产业生态系统整体利益的成员和行为，及时做出相应的处罚。

（3）信息协调机制

对于云计算产业生态系统中不同成员间发生的信息不对称现象，领导种群、关键种群作为负责的主体，可以从多个方面进行协调，实现成员间的信息沟通和共享。

第一，领导种群应大力推进云计算产品和服务质量标准的制定工作，解决信息不对称问题中的技术和规范问题；第二，领导种群掌握着生态系统的核心资源，应依靠自身较高的生态位建立信息共享机制和相应的监督机制，创造一个所有成员都愿意共享信息的生态环境；第三，领导种群、关键种群可以通过建立保障体系、身份认证机制等措施，以第三方权威身份对信息不对称情况进行监控管理；第四，领导种群、关键种群需要提供更便捷的信息发布渠道，或者借助支持子系统，为生态系统中所有交易行为提供必要的、透明的、可以共享的信息，形成良性、规范的云计算产业生态系统竞争环境。

（4）运作协调机制

运作协调机制旨在解决云计算产业生态系统中不同成员间的协作问题，主要包括种群培育和环境培育两个方面。

云计算产业生态系统常见的物种有八类，形成了三层种群，其中起到重要协调作用的是支持种群。丰富支持种群中"物种"主体的种类和数量，可以加快生态系统的自我繁殖和进化过程，比如云服务咨询公司、云计算技术外包商都会主动承担生态系统中联系、协调工作,实现生态系统边界的扩大,改进原有生态环境。领导种群的职责更多体现在环境培育层面,通过建立规则促进成员间的合作协同,化解矛盾。此外,领导种群如果主动配合环境子系统、支持子系统的工作,也会有效改进核心子生态系统的环境,从而提高整体的运作协调效率。从现实情况来看,一些省市云计算产业生态系统中领导种群的龙头企业主动承担职责的意愿更强,配合政府、产业联盟的工作更加主动(如上海、北京),其产业发展速度明显快于其他地区。云计算产业生态系统的协调机制的总结见表4.1。

表4.1 云计算产业生态系统的协调机制[83]

| 协调问题 | 协调机制 | 具体策略 | 承担主体 |
| --- | --- | --- | --- |
| 信任问题 | 关系协调机制 | 基于契约的信任机制、基于信誉的信任机制、基于知识共享的信任机制 | 领导种群 |
| 利益争夺问题 | 利益协调机制 | 利益分配机制、激励约束机制 | 领导种群 |
| 信息不对称问题 | 信息协调机制 | 制定产品和服务质量标准、建立信息共享机制和相应的监督机制、提供保障体系和身份认证、借助支持子系统提供便捷的信息发布渠道 | 领导种群、关键种群、支持子系统 |
| 协作问题 | 运作协调机制 | 种群培育、环境培育 | 支持种群、环境子系统、支持子系统 |

### 4.2.3 特征分析

作为新一代信息技术和战略性新兴产业的典型代表,云计算产业生态系统比传统产业生态更加复杂、边界更加模糊,有着鲜明的特点。

（1）生态系统边界更加模糊、系统更新更加频繁

云计算技术本身就有极高的灵活、弹性特征，借助互联网技术的辅助，其生态系统不再受地域、国家的限制。特别在各国、各地区积极鼓励创新的背景下（如中国的"大众创业、万众创新"政策），云计算产业可以随时根据客户的需求进行延展或聚焦，可以不断衍生各种与产业相关的服务，甚至直接介入到其他产业中，比较形象的例子就是动漫产业。动漫产业本身就是一个新兴产业，可以带动动画、漫画、美术人才培养、媒体等多个行业的协同发展。而云计算产业衍生出了全新的动漫云服务模式，可以根据客户和情境的需求，将传统动漫产业的各种创新工作迁移到云平台上，同样实现传统产业的各项功能。在这种情况下，云计算产业的边界更加模糊，自身的更新与优化频率也更高，与时代变化发展的速度更加匹配。

（2）生态系统的物种、种群更加丰富，深层结构、运作规则更加复杂

传统产业生态系统的结构相对简单，如装备制造产业生态系统，其基本要素包括"技术研发企业——生产者""技术成果产业化企业——消费者""购买产品或服务的客户——还原者""政府部门与中介机构——支持者"四大类角色，物种和种群的职责明确，生态位稳定。产业运行规则主要涉及共生互惠、竞争替代几类，由不同种群的生态位和功能来决定。而云计算产业中的物种、种群更加丰富，甚至会出现相互转换的情况。

随着客户需求不断涌现，基于用户的个性化云计算服务成为主流，甚至出现海量的个体用户群。领导种群中的企业可以像传统产业那样通过产业链传导、输送服务，也可以直接面对客户，如阿里云、腾讯云、盛大云提供的云存储服务，企业客户和个体客户对它们来说同等重要，传统产业中的职责边界被不断打破。云计算产

业生态系统领导种群中的核心企业可以同时是生产者、消费者、支持者和消费者,产业中的运行规则更加复杂,更加动态。同时,也为关键种群、支持种群诞生更多物种提供了丰富的机会,上海已经出现金融机构加入云计算产业链提供中介服务的先例,这些都是传统产业极少出现的情况。

(3) 生态系统环境敏感性更高,核心企业作用在不断缩小

如前文所述,云计算产业的重要特征就是灵活、弹性、资源池化,提供的服务按需配置,可以度量,但这些特征同样决定了其生态系统的环境敏感性高,在技术、商业模式、服务体系等多个方面难以定型,不确定性和更新度极高。与传统商业生态系统相比,其面对的衰退和死亡危险更高。

一项云计算技术或商业模式的出现可能完全颠覆已有的云计算核心生态系统,如高性能云端设备(如手机)的研发严重影响了网络游戏电脑云平台的收益,云存储技术的不断创新极大地影响了托管型云服务运营模式等。同时,在云计算产业生态系统中,核心企业的作用在不断缩小,它们不再可以垄断、集成云计算产业链上的所有环节,只能通过建立规范标准、制定沟通机制、搭建服务平台等方法维持影响力。在云计算技术和商业模式创新能力方面,核心企业并不占绝对优势。

(4) 生态系统进化发展轨迹更加复杂

传统产业的发展过程可以被划分为若干阶段,通过"调节"与"控制"实现阶段的过渡,生态系统的进化或衰退。但云计算生态系统的发展轨迹不同于传统产业升级转型"步步为营"的模式,更多呈现出激发、互动、颠覆等特征,难以明确进行界定、划分与表述。美国著名的信息技术咨询机构 Gartner Group* 定期发布信息

---

\* Gartner Group 是全球企业信息系统领域内最著名的咨询公司。

技术产业炒作周期报告（Hype Cycle），非常形象地反映了新一代信息技术产业变化的无序性和颠覆性。云计算技术诞生之初，仅仅被认为是传统分布式计算与网格计算技术的新一代版本，但短短十年不到的时间，云计算产业已经成为累计收入超过万亿美元（根据Gartner Group 发布的数据）的庞大系统。如此迅速地跨越了产业开拓、扩展和协调阶段，一方面反映了生态系统具备合理的结构、较强的自适应能力、良好的自我繁殖与进化机制，另一方面也让理论界与实践界担心其衰退速度是否同样会如此的迅速和难以预料。

## 4.3 云计算产业链关键环节分析：以上海为例

### 4.3.1 云计算产业链

对云计算产业链进行划分是一件困难的工作。首先，产业链的环节界线并不明晰。如果沿用传统产业链的划分方法，可以简单将云计算产业链划分为：硬件与设备制造环节（Manufacturer）、基础设施运营环节（Operator）、基础软件与解决方案环节（Enablers）、IaaS 环节、PaaS 环节、SaaS 环节、XaaS 环节，如图 4.5 所示。但这种划分方法过于简单，无法全面还原云计算产业链的运营情况。

| 软件即服务（SaaS） | 一切皆服务（XaaS） |
|---|---|
| 平台即服务（PaaS） ||
| 基础设施即服务（IaaS） ||
| 基础软件与解决方案（Enablers） ||
| 基础设施运营（Operator） ||
| 硬件与设备制造（Manufacturer） ||

图 4.5 云计算产业链架构[19]

其次，云计算产业竞争已从产品竞争、服务竞争、企业竞争演进到产业内合作体系竞争，企业仅靠产品或服务很难取得市场竞争优势[3]，产业链上的攻守合作变得愈加频繁，产业龙头企业覆盖多个关键成为常态，这给产业链的梳理工作造成了不小的麻烦。

第三，各国（各地）云计算产业链的发展各有侧重，在满足产业生态系统的大前提下，根据实际经济发展情况，有些产业链环节发展较快，有些则相对薄弱，不能一概而论。

基于上述原因，本书一方面根据已有的云计算产业生态系统模型，对国内外云计算产业各环节的代表企业进行梳理；另一方面聚焦上海的实际发展情况，重点分析上海云计算产业链的关键环节。

可以借用产业经济中三大产业的概念类比划分云计算产业[82]。

云计算第一产业即云计算核心资源的提供者，包括云计算核心软件系统的供应商和云计算的硬件设备供应商，其中云计算硬件设备供应商包括服务器提供商、通信设备提供商、网络带宽提供商。第一产业主要是为其他产业提供基本资源，主要提供计算和存储。作为云计算产业的基础资源，云计算第一产业在中国发展迅速，目前几乎所有的传统信息技术和通信企业都已经在云计算第一产业阵营中为云计算提供基础设施，云计算也成为拉动传统企业不断进步的动力源。

云计算第二产业涉及的面非常广，任何基于云计算平台的服务供应商都属于第二产业，负责生产云计算时代的各种服务，如数据库应用、视频应用、计算服务、游戏设计、动漫设计等。云计算的第二产业基本上囊括了前述四类云服务模式（SaaS、IaaS、PaaS、XaaS），其作用相当于目前信息技术产业里现有的软件应用和信息服务供应商。XaaS模式构成了云计算第二产业的核心力量。在这一领域中,既有传统信息技术类企业的身影,也不乏创新型云计算公司。

云计算第三产业主要指云计算延伸出来的大量非技术性产业,即服务业。例如,云计算技术培训、品牌策划、咨询,相关的云计算知识普及和传播,还有一些云计算产业链的增值性服务。云计算第三产业和云计算技术并没有直接的联系,但是它对整个云计算产业链的健康发展和繁荣起着决定性的作用。要形成一个完备的产业链,第三产业是必须的,产业链的成熟、完善都需要第三产业的全面配合。三个产业环环相扣,相互支撑,最后形成完整的云计算产业链。

当前,云计算产业正在快速发展,云计算企业也在进行持续的调整。企业不断转型寻找适合于自己的发展道路,而整合上下游生态链企业,寻找更多的突破点也成为云计算企业的一个特征。在云计算产业环境中,硬件、网络、终端、应用软件等厂商是产业链的关联环节和支撑环节,与云计算服务构成前后向关系,形成互动、渗透、关联发展[86,87]。

参考上述云计算三大产业表述和图4.5的简化版云计算产业链划分方法,本书将云计算产业链关键环节分为云计算基础硬件与成套设备、云计算基础软件与整体解决方案、云计算服务、云计算运维支撑服务、云计算终端产品五大环节[3],如图4.6所示。

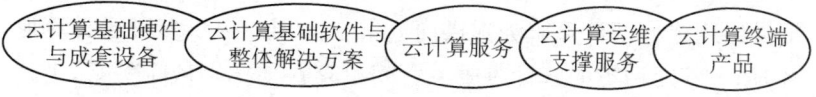

图4.6 云计算产业链的简化概念图

云计算基础硬件与成套设备指组成"云"并负责执行计算任务的各种硬件产品及设备。云计算基础硬件环节处于云计算产业链的底层,为整个云计算产业提供基础硬件产品,没有服务器、存储设备、网络等基础硬件和成套设备的支撑,包括云计算在内的任何种类的计算都无法实现。

云计算基础软件是云计算基础硬件与云计算应用软件之间联系的重要纽带,其本身并不直接面向用户,而是主要负责对云计算硬件的统一管理,从而实现虚拟化、分布式存储、并行处理、数据管理等基础性工作。云计算整体解决方案主要面向行业领域,提供包括硬件资源基础架构、虚拟化平台、云软件应用和服务、云平台管理系统在内的、可定制的一揽子解决方案,帮助用户实现私有云或混合云模式下的数据中心和软件服务平台,降低存储和数据管理的复杂性与成本,满足用户的云计算和云服务需求。

云计算服务是指云服务企业基于云平台,通过通信网络,向用户以动态、弹性、按需使用的方式提供各类信息技术服务。其中,云计算平台是一种基于云计算架构的、通过网络部署的、以服务形式交付的信息技术资源池,资源池中汇聚了软件、硬件、系统和服务等资源。云计算服务是云计算产业链的核心环节。按照向用户提供服务内容的不同,包括 IaaS、PaaS、SaaS、XaaS 四种模式。IaaS 主要将底层的计算(如服务器、虚拟机)和存储等各种资源作为服务提供给用户;PaaS 主要将应用的开发和部署平台作为服务提供给用户;SaaS 主要将软件应用以基于网页(Web)的方式提供给用户;XaaS 主要将前述三种模式进行混合集成,根据实际需求提供给用户。云计算服务提供商通常要向用户提供多种云计算服务,加上不同种类的云计算服务之间也存在支撑和依赖关系,上述服务的边界并不是完全清晰的。

云计算运维支撑是指为云计算提供运行环境、运行保障、运行咨询和运行管理的服务支撑,包括第三方运维服务、云计算相关的规划咨询、监理培训、评估认证、系统集成服务,以及电信运营商提供的运营服务等。

云终端产品是云计算产业链的重要组成部分,是用户应用云计算产品和服务的重要载体。用户要使用的云计算终端产品包括网络终端机、个人电脑、笔记本电脑、智能手机、平板电脑等。

其中,云计算基础软件和解决方案供应商、云计算基础硬件和成套设备供应商、云计算运维服务商、云计算系统集成服务商主要为云计算服务供应商或建设私有云的企业机构提供产品和运维支撑服务;云计算规划咨询服务商为云计算服务供应商、企业用户提供服务;云计算终端供应商主要为云计算用户提供产品和服务,云计算服务供应商则为政府、企业和个人等各级用户提供服务。表4.2总结了目前国内外云计算产业链重要企业名录。

表4.2 国内外云计算产业链重要企业名录[3]

| 产业链环节 | 子环节 | 产品和服务 | | 国外代表企业 | 国内代表企业 |
|---|---|---|---|---|---|
| 云计算基础硬件 | 云基础设施 | 服务器 | | 戴尔、IBM、惠普、甲骨文、思科、英特尔 | 华为、曙光、浪潮、中兴 |
| | | 存储 | | EMC、NetApp、惠普、IBM、HDS、甲骨文 | 浪潮、华三通信 |
| | | 网络设备 | | 思科、惠普、Juniper、TP-Link、腾达 | 华为、阿朗、中兴、华三通信、博科 |
| | | 集装箱数据中心 | | 甲骨文、EMC、思科、谷歌、微软 | 浪潮 |
| | | 机房附属设备 | | IBM、思科、惠普、日东、艾默生、山特电子、KDDI | 科华、全球鹰 |

(续表)

| 产业链环节 | 子环节 | 产品和服务 | | 国外代表企业 | 国内代表企业 |
|---|---|---|---|---|---|
| 云计算基础硬件 | 底层元器件 | 中央处理器 | | ARM、英特尔、VIA、英飞凌 | 龙芯、兆芯 |
| | | 图形处理器 | | nVIDIA、AMD、英特尔、VIA | 海思 |
| | | 闪存 | | 三星、英特尔、东芝、镁光、海力士 | 华为 |
| | | 面板 | | 三星、LG、飞利浦、夏普、东芝、日立、索尼 | 京东方、奇美 |
| 云计算基础软件 | 提供云计算平台实现所需的相关技术及软件 | 数据存储 | | 雅虎、EMC、甲骨文、IBM、微软、谷歌、SAP | 浪潮、中金数据、人大金仓、武汉达梦、南大通用、中软、天云科技 |
| | | 管理平台或操作系统 | | VMware、HyperV、Novell、IBM、甲骨文、微软、惠普、SAP、红帽 | 浪潮、中标、引跑科技、华为 |
| | | 虚拟化 | | VMware、思杰、微软、HyperV、红帽、IBM、Novell、惠普、思科、NetApp | 云巢科技、方物软件 |
| | | 中间件 | | IBM、甲骨文、Progress、Tibco | 金蝶、东方通 |
| | | 安全软件 | | 赛门铁克、趋势科技、EMC、微软、迈克菲、TI、IBM、卡巴斯基 | 华赛、绿盟、启明星辰、安氏领信、奇虎、金山、网御神州、科大、汉王、华三通信 |

(续表)

| 产业链环节 | 子环节 | 产品和服务 | | 国外代表企业 | 国内代表企业 |
|---|---|---|---|---|---|
| 云计算运营支撑服务 | 系统集成服务 | 将软硬件设施相连接，提供云计算平台建设的解决方案 | 云集成服务 | IBM、VMware、Virtustream | 天云科技、中金数据、软通动力、浪潮、曙光 |
| | | | 云平台建设 | IBM、微软、rPath、Salesforce、Kaava | 中金数据、浪潮、华为 |
| | | | 云迁移及测试 | IBM、Usher、Cloud Testing、SOASTA | 天云科技、中国软件评测中心 |
| | 运维服务 | 为云计算服务商提供运行维护服务 | 系统运维 | IBM、惠普、CSC、日立、Sungard、富士通 | 中金数据、中企动力 |
| | | | 数据中心运维 | IBM、惠普、NEC、日立、EMC | 中金数据、万国数据、世纪互联、互联互通、鹏博士、天玑科技 |
| | | | 网络运维 | AT&T 等 | 中国移动、中国联通、中国电信 |
| | 培训服务 | 为云计算服务商提供培训服务 | | IBM、惠普、EMC、SAP、富士通 | 华为、浪潮、曙光、中金数据、北大青鸟、博思创嘉 |
| | 监理服务 | 为云计算服务商提供监理服务 | | IBM、惠普 | 北京捷通、中信国安、中华通信、江西贝尔、太极、北京长城电子、北京飞利信、广宁实业、成都清华高科 |
| | 规划咨询服务 | 为云计算服务商和用户提供规划咨询设计服务 | | IBM、埃森哲、思杰、戴尔 | 华为、赛迪顾问 |

(续表)

| 产业链环节 | 子环节 | 产品和服务 | 国外代表企业 | 国内代表企业 |
|---|---|---|---|---|
| 云计算服务 | IaaS | 从云计算基础硬件供应商处获得硬件资源,并通过云计算生成资源池,实现资源动态调配,为 PaaS、SaaS 服务供应商和用户提供及时、稳定、安全的基础资源服务 | 亚马逊、AT&T、Rackspace、GoGrid、Flexiscale、Skytap、IBM、思科、VMware | 中国移动、中国联通、中国电信、中金数据、世纪互联 |
| 云计算服务 | PaaS | 提供灵活的、通用的、可扩展的云计算平台服务,满足用户的个性化需求,同时也为 SaaS 服务供应商提供平台服务 | 谷歌、Salesforce、微软、雅虎、Bungee、Connect、RightScale、Joyent | 百度、阿里巴巴、中国移动、新浪、用友 |
| 云计算服务 | SaaS | 与云计算应用供应商合作,为用户提供丰富的、个性化的各类应用 | 谷歌、微软、Salesforce、甲骨文、卓豪、WebEx | 腾讯、百度、用友、阿里巴巴、中国移动、金蝶、东软、中软、东华软件、青岛海信、中电科技、中科软、华胜天成、风云在线、八百客 |
| 云计算终端 | 传统移动终端 | 智能手机 | 苹果、三星、LG、RIM、谷歌 | 联想、华为、小米、酷派、中兴 |
| 云计算终端 | 传统移动终端 | 平板电脑 | 苹果、三星、NEC | 联想、华硕、宏碁、万利达 |
| 云计算终端 | 新型终端 | 云电视 | 夏普、LG、索尼、苹果 | 创维、TCL、康佳、海尔 |
| 云计算终端 | 新型终端 | 车载终端 | 博世、苹果 | 中兴、北斗星通、合众思创、任我游 |

## 4.3.2 上海云计算产业链关键环节分析

在前文基础上,绘制出上海云计算产业链关键环节示意图,并从生态系统视角给出相应的分析。

根据上海市云计算产业发展的实际情况和服务流转顺序,可以将产业链进一步细分为九个关键环节,分别为:器件、硬件设备、基础软件、平台与应用软件、集成服务、网络支撑、云服务、安全管理、用户,如图 4.7 所示,完整版上海云计算产业关键环节图参见附录 1。

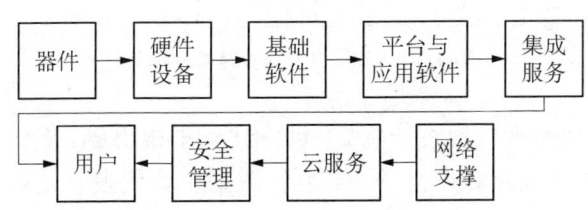

图 4.7 上海云计算产业关键环节简图

(1) 器件

器件主要包含低功耗芯片、显示器、新型板卡三类企业。器件环节是上海云计算产业链中最为薄弱的环节,国内外主要器件企业均在上海设有代表机构或办事处,但由于上海本地产业转型政策和环保要求提高,制造部门大多迁出,专门的生产型企业数量较少,典型企业代表有金士顿(Kingston),如图 4.8 所示。

① 物种:基础设施供应商。

② 种群:关键种群。

③ 生态位:中级。

④ 龙头企业代表:金士顿。

(2) 硬件设备

硬件设备主要包括云端设备和数据中心设备两类企业。

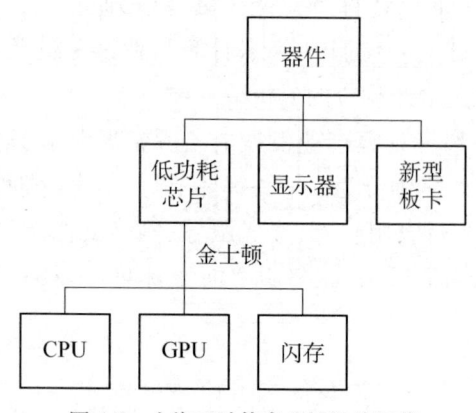

图 4.8　上海云计算产业链器件环节

云端设备涉及瘦客户端、手机、电脑、平板电脑、车载终端、一体机、其他移动互联设备、传感设备,典型企业代表有龙旗科技、展讯通信、展讯科技、大潮电子。

数据中心设备涉及集装箱数据中心、云服务器、云存储设备、网络设备、节能制冷设备、节能电源设备,典型企业代表有华为技术、广达电脑、英业达、威盛电子,如图 4.9 所示。

① 物种:基础设施供应商。

② 种群:关键种群。

③ 生态位:中级。

④ 龙头企业代表:华为技术、展讯科技。

(3) 基础软件

基础软件环节如图 4.10 所示,主要包括存储管理、开源社区、服务架构、数据库、操作系统、中间件、办公软件、虚拟化技术、非结构化处理九类企业。

存储管理软件公司主要提供分布式文件系统软件、集群软件、网格软件,典型企业代表有华存数据。

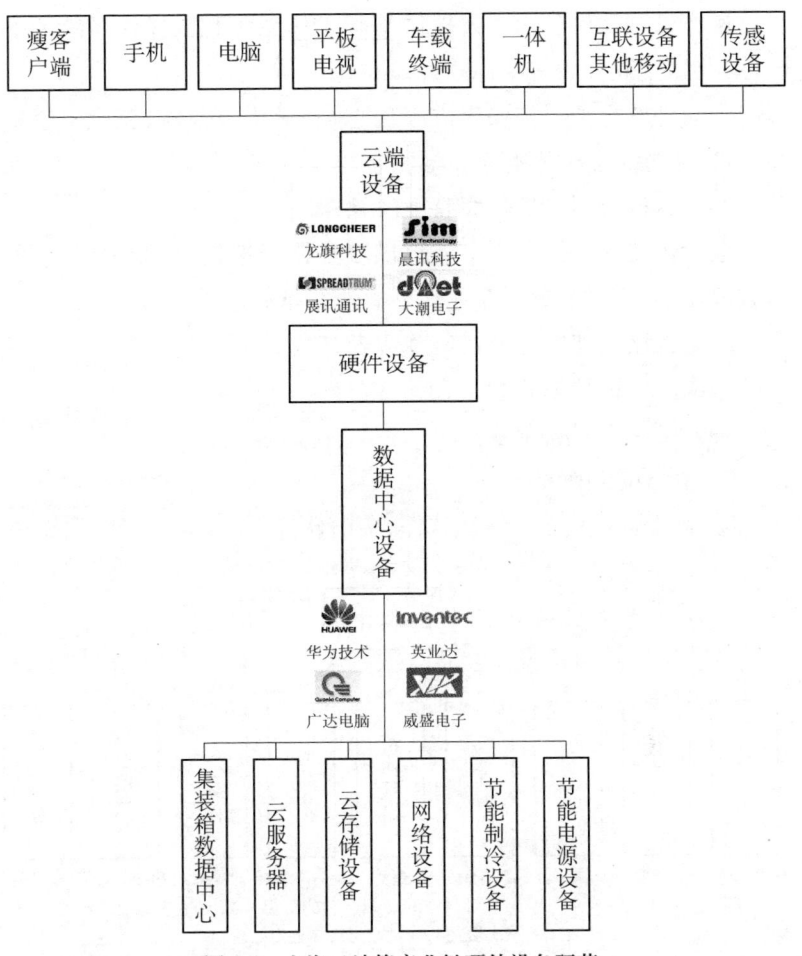

图 4.9　上海云计算产业链硬件设备环节

开源社区软件公司的典型代表有上海开源社区。

服务架构软件公司主要提供网页服务（Web Service），典型企业代表有普元信息。

数据库软件公司主要提供传统数据库和云数据库两类软件，典型企业代表有达梦数据库。

操作系统软件公司主要提供基础操作系统和云操作系统两类软件，典型企业代表有中标软件。

中间件软件公司主要提供服务总线、应用服务器、流程引擎三类软件，典型企业代表有东方通科技。

办公软件公司典型代表有金山软件。

虚拟化技术软件公司主要提供服务器虚拟化、存储虚拟化、网络虚拟化三类软件，典型企业代表有普华基础软件。

非结构化处理软件公司典型代表有宽文软件。

① 物种：基础软件供应商。

② 种群：关键种群。

③ 生态位：中级。

④ 龙头企业代表：中标软件、金山软件。

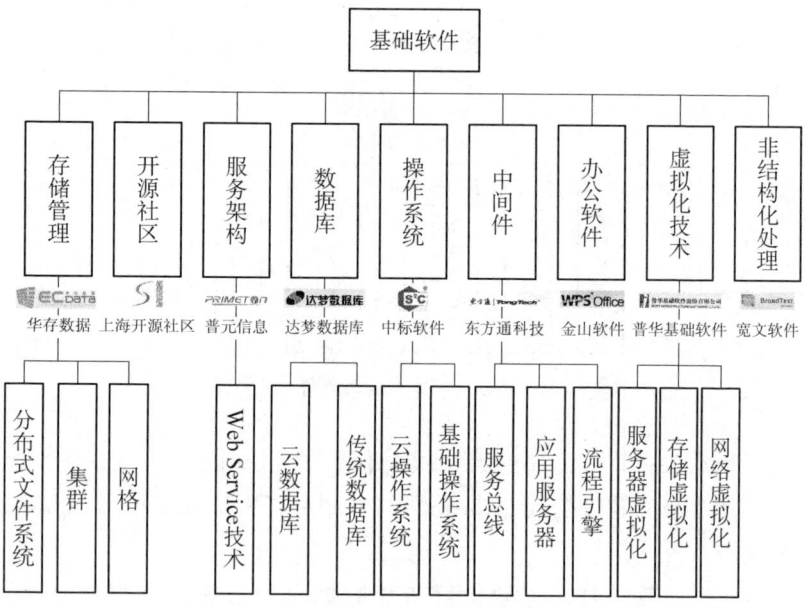

图4.10 上海云计算产业链基础软件环节

### (4) 平台与应用软件

平台与应用软件环节如图 4.11 所示,主要包括平台软件和应用软件两类企业。

平台软件公司主要提供混搭与微件平台软件、门户平台软件、位置导航软件、游戏平台软件、运营平台软件、动漫平台软件、跨平台软件,典型企业代表有鼎捷软件、锐道信息、埃威航电、盛大游戏、优刻得信息、张江动漫平台、合胜科技。

应用软件公司主要提供嵌入式软件、工业软件、信息服务软件、通讯软件、商业智能软件、行业应用软件,典型企业代表有中电科 32 所、宝信软件、第一钢市、美思恩网络、博科资讯、中远资讯。

① 物种:平台与应用软件供应商。

② 种群:关键种群。

③ 生态位:中级。

④ 龙头企业代表:优刻得信息、宝信软件。

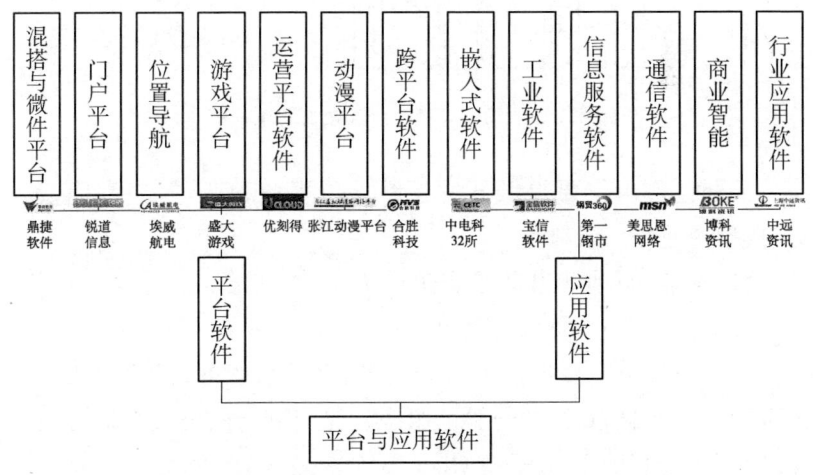

图 4.11 上海云计算产业链平台与应用软件环节

(5) 集成服务

集成服务环节如图 4.12 所示,主要包括云外包、IT 咨询、云解决方案、云服务、数据中心建设与服务五类企业。

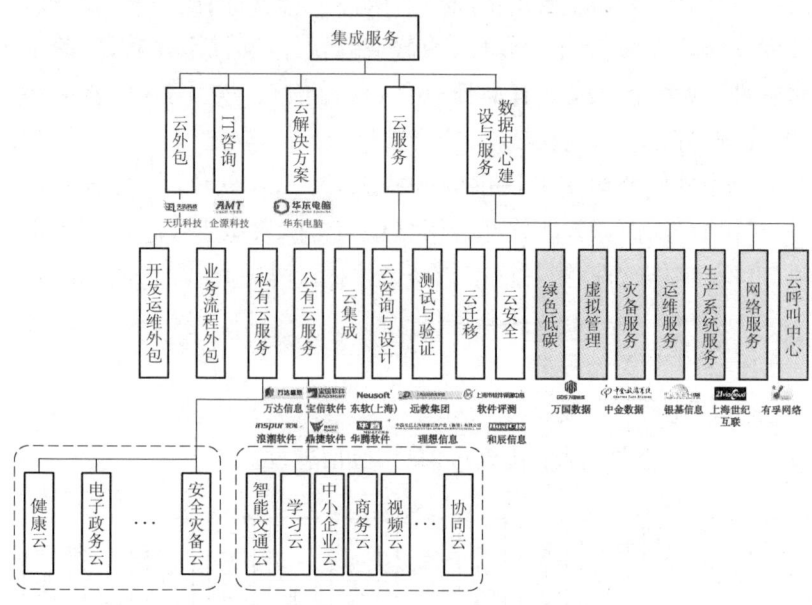

图 4.12　上海云计算产业链集成服务环节

云外包公司主要提供开发运维外包服务和业务流程外包服务,典型企业是天玑科技。

IT 咨询公司典型代表是企源科技。

云解决方案公司典型代表是华东电脑。

云服务公司主要提供私有云服务、公有云服务、云集成服务、云咨询与设计服务、测试与验证服务、云迁移服务、云安全服务,具体产品包括健康云、电子政务云、安全灾备云、智能交通云、学习云、中小企业云、商务云、视频云、协同云等,典型企业代表有万达信息、浪潮软件、宝信软件、鼎捷软件、东软(上海)、华腾软件、远教集团、理想信息、上海市软件测评中心、和辰信息。

数据中心建设与服务公司主要提供绿色低碳服务、虚拟管理、灾备服务、运维服务、生产系统服务、网络服务、云呼叫中心服务,典型企业代表有万国数据、中金数据、银基信息、上海世纪互联、有孚网络。

① 物种：集成服务供应商。

② 种群：关键种群。

③ 生态位：中级。

④ 龙头企业代表：万达信息、浪潮软件、和辰信息。

(6) 网格支撑

网络支撑环节如图 4.13 所示,主要包括网络运营和广电运营两类企业。其中,网络运营企业典型代表是中国电信(上海),广电运营企业典型代表是东方有线。

① 物种：网络服务供应商。

② 种群：支持种群。

③ 生态位：低级。

④ 龙头企业代表：中国电信(上海)、东方有线。

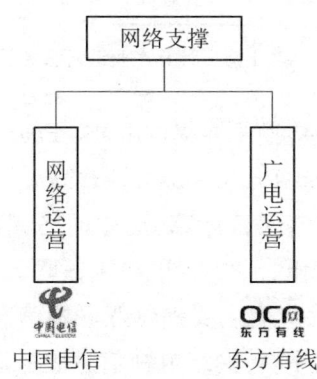

图 4.13　上海云计算产业链网络支撑环节

### (7) 云服务

云服务是云计算产业链最核心的环节如图 4.14 所示,主要包括服务运营模式供应商和服务运营平台供应商两类企业。

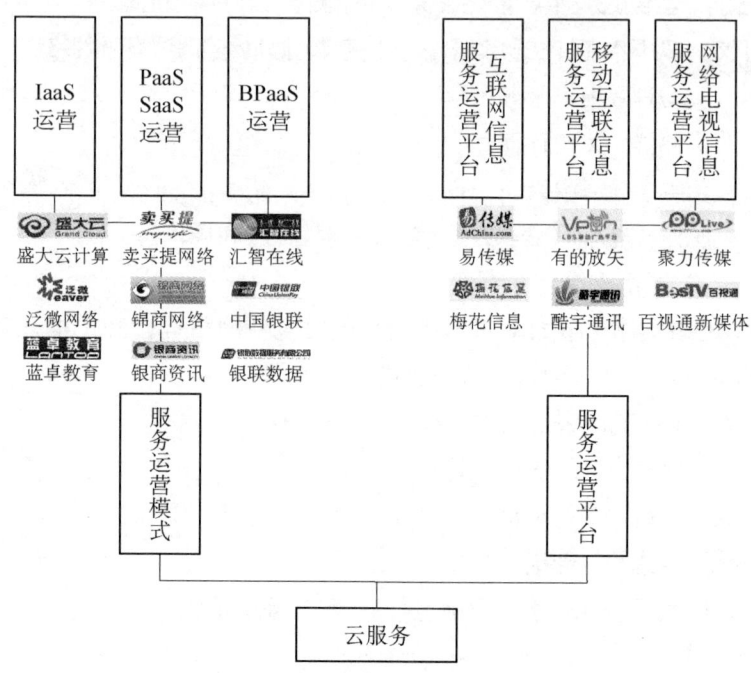

图 4.14 上海云计算产业链云服务环节

服务运营模式供应商主要提供 IaaS、PaaS 和 SaaS 运营、业务流程即服务(Business-Process-as-a-Service,BPaaS)运营三类服务,典型企业代表有盛大云计算、泛微网络、蓝卓教育、卖买提网络、锦商网络、银商资讯、汇智在线、中国银联、银联数据。

服务运营平台供应商主要提供互联网信息服务运营平台、移动互联信息服务运营平台、网络电视信息服务运营平台三类平台,典型企业代表有易传媒、梅花信息、有的放矢、酷宇通讯、聚力传媒、百视通新媒体。

① 物种：云服务供应商。

② 种群：领导种群。

③ 生态位：高级。

④ 龙头企业代表：盛大云计算*、银联数据、聚力传媒。

(8) 安全管理

安全管理环节如图 4.15 所示，主要包括访问控制、隐私保护、身份认证、授权管理、边界防御、数据内容安全、审计与合规、安全评估八类企业，典型企业代表有格尔软件、上海数字证书认证中心、安言咨询、山丽信息。

① 物种：安全管理供应商。

② 种群：支持种群。

③ 生态位：低级。

④ 龙头企业代表：上海数字证书认证中心。

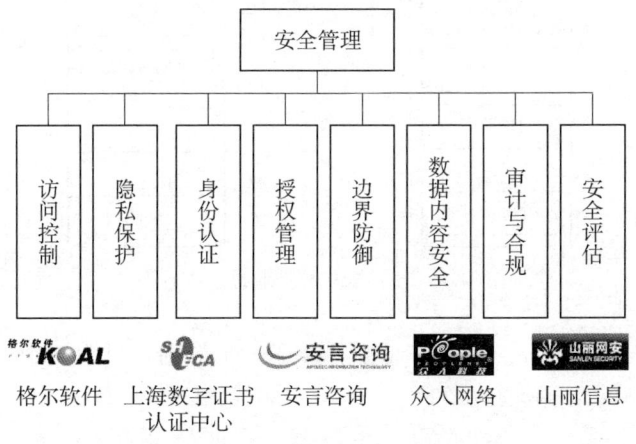

图 4.15　上海云计算产业链安全管理环节

———————————

\* 包含同样出自盛大集团创新院的盛大云和比格云。

(9) 用户

用户环节如图 4.16 所示,主要包括个人消费群和企业级消费群两类。个人消费群的产品有智能手机、平板电视、车载云终端、瘦终端、上网本、电子书、个人电脑等,企业级消费群有政府、交通、金融、媒体、医疗、教育、工业等部门和行业。

① 物种:用户。

② 种群:关键种群。

③ 生态位:中级。

④ 龙头组织代表:政府。

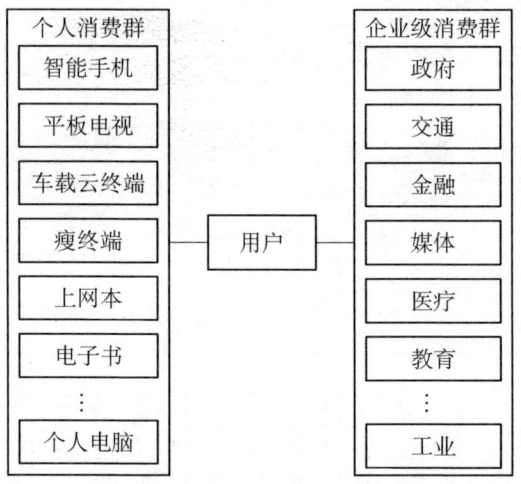

图 4.16　上海云计算产业链用户环节

完整的上海云计算产业链关键环节示意图参见附录 1[8]。

# 第 5 章

云计算产业发展演进

尽管我国政府及地方部门、相关企业都非常重视云计算产业的发展与创新工作，积极开展各类尝试和应用，在一些技术领域已经取得了一定的成效（如云存储和云呼叫等），但仍然需要看到，当前云计算产业存在发展方向不明确、发展速度不稳定、产业发展影响要素与演进规律不清晰的现状[8]。本章尝试引入生物学的"间断—平衡"理论，结合组织变革理论和钻石模型等经典管理学分析方法，对云计算产业发展演进过程展开重点分析。

本章首先探讨产业生态系统的发展演进过程及规律，指出需要将传统产业发展理论同生态学相关理论相结合，采用能反映云计算产业高速发展新型特征的研究框架。在此基础上介绍"间断—平衡"理论，结合经典的组织战略变革理论与钻石模型，搭建分析云计算产业发展演进的理论框架。理论模型由产业发展状态（包括稳态、渐进改变、波动混乱、失败、突变五种状态）与产业深层结构（包括技术、资源、需求、商业模式、政策五类要素）两大概念构成。随后使用该分析框架对2008年以来的上海云计算产业的发展演进情况进行初步分析，给出对2016—2018年产业发展情况的判断。最后，对产业发展演进规律和2017年6月上海云计算产业布局、创新专利数量、企业空间集聚情况做进一步探讨。

## 5.1 产业生态系统的发展演进

产业生态系统与自然生态系统一样，具有新陈代谢、发展演进的特征，是一个动态演进过程。以新一代信息技术产业为例，一项核心技术诞生之后，开始逐步出现周边技术，产生成型的信息技术产品和服务，出现供需市场、供需规则、供应商与顾客，形成萌芽状态的生态系统。

随着有冒险精神的企业家和科创工作者踏入这一产业，新型信息技术企业开始出现，产业生态系统进入开拓状态。在开拓期，如果该信息技术产业可以在世界经济体系中生存下来，就会得到商业界的认可，风险投资与生态系统支持子系统开始出现。核心信息技术进一步研发、商业模式进一步推出、产业链进一步延伸，该信息技术产业生态系统会迅速成长。

与传统产业不同，新一代信息技术产业的成长期会出现大量难以预判的发展现象，充满意外和颠覆，如互联网产业中移动互联技术的突破改变了既有的产业发展方向，基于移动技术的微博、微信等产品的推出又严重影响了移动运营商的核心利益，这些难以预判的产业现象在传统产业中是很少见的。

随着该信息技术产业市场的壮大，其生态系统进入成熟期，产业中的创新因素成为发展延续的关键。如果实现创新突破，产业生态系统可以不断升级、演进，实现产业的持续发展；如果缺乏创新因素，则生态系统会逐步退化并被其他生态系统所替代。特别在新一代信息技术产业中，这种退化可能发生得十分迅速，如早年的社交网络服务产业（开心网等），只用了不到两年时间就淡出市场。

产业生态系统的发展演进是一个复杂的、动态的过程。国内学者李兴华、陈鸣麒等人将这个过程分为五个阶段[85,88]，如图 5.1 所示。

初始阶段——开始有数量较少的产业生态主体（物种）进入产业领域，这些物种间还没有形成特定的关联。

关联阶段——新物种开始进入生态系统，物种的数量、种类逐步增多，多个主体开始出现专业化分工，通过共享信息、共享市场资源等行为产生关联。

种群阶段——随着生态系统支持子系统、环境子系统的出现与支持，这些产生了关联结构的主体形成种群，构成生态系统核心子系统，通过自发展和自组织功能在生态系统中运作。

产业成长阶段——产业生态系统结构开始稳定，功能划分进一步清晰,子系统相互配合、种群基于生态位相互运作,协调机制形成。

演进或衰败阶段——产业生态系统需要随着市场环境的变化而做出调整,如果不能适应环境变化,则生态系统会走向衰败。

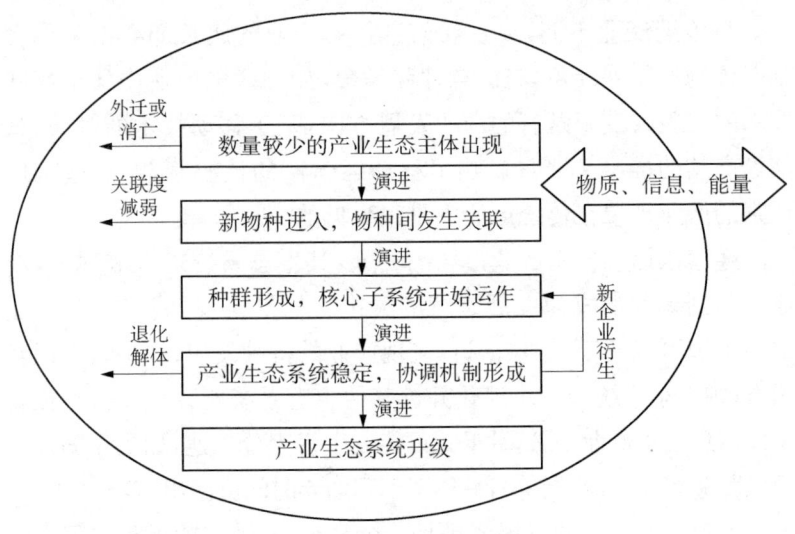

图 5.1　产业生态系统发展与演进

可以说,产业生态系统的发展演进同自然界生物系统的进化有着相似的规律。产业生态系统在成长过程中不断从市场中获得(吸收)技术、资金、人才、信息等资源,这些资源向产业链上游和下游流动、扩散,吸引能够进入关键环节的物种加入,吸引能够提供支持的物种从其他产业中转移过来。同样,产业生态系统中的物种和种群也具有一定的生命周期,其生命性不一定表现为生与死,而是生态系统中主导物种与龙头企业的更迭。

产业生态系统不断发展演进的关键是主导物种不断地进行创新,用新技术或新商业模式取代旧的物种,由优质种群替代落后种群。在主导物种(龙头企业)进入衰退期后,会由其他拥有新资源、新能力(技术或服务模式)的物种主导种群向更高阶段发展,强化生态系统的资源吸收与创造能力,实现产业发展演进,如图5.2所示。2000年以来,在多个产业生态系统中都出现了类似的案例,如照相机产业中的柯达公司和手机产业中的诺基亚公司。

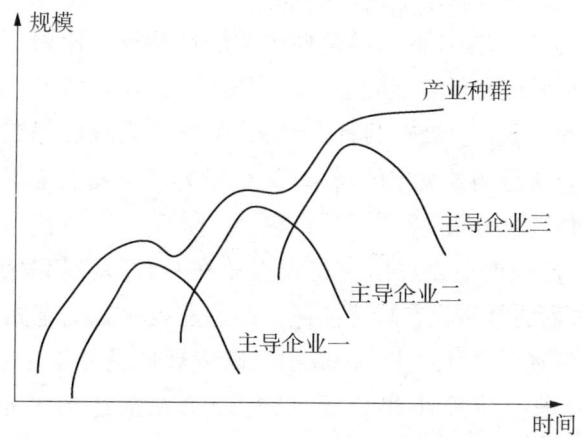

图 5.2　产业种群的生命周期演进[85]

作为新一代信息技术的典型代表,云计算产业既带有传统产业发展的特征,又有着一些独特的"非线性"发展现象,如产品更替速度较快、龙头企业变更频繁、商业模式丰富多样等。对云计算产业的发展演进情况进行分析,需要将传统产业发展理论同生态学理论相结合,采用反映信息技术产业高速发展新型特征的研究框架。

## 5.2　"间断—平衡"理论

研究产业变革与发展的学者常常被两个核心问题所困扰:"在

特定环境中,如何成功地进行变革与调整""变革与发展可以被预见和管理吗"。对于云计算产业来说,这两个问题显得更为重要。

首先,作为新一代信息技术,云计算产业的发展受到经济环境、技术水平、行业需求等多重因素的交互作用,是一个互动的社会演进过程,传统产业发展"调节"和"控制"的管理思路不再适用,需要从现象入手解释产业发展的规律。

其次,云计算产业的发展呈现出非线性特征。比如,一开始只是为了实现异地文件管理问题,却意外研发云存储技术,最终产生云存储服务行业,与传统"目标—结果"的线性发展过程完全不同,而且这些异常是频繁发生的,有时甚至成为产业发展常态,需要从非线性视角进行分析。

再次,传统产业发展研究将重点放在对各阶段相关变量的研究上,对过程的整体状态缺乏描述。产业发展状态究竟如何,是持续取得进展还是了无生机,是取得飞跃发展还是处于止步不前状态,都有待进一步描述和分析,已有理论在描述的丰富性上还不够。

最后,已有理论的预测性和指导性不够具体。产业中发生着各种各样的变革(变化),有的变化是微小的、可调可控的(比如技术的改进等),有的变化是更深层、更激烈的(如新服务模式出现、产业结构改变等)。已有的理论忽略了对变革本身的描述与分析,预测和指导的可操作性有所欠缺。

为了寻找上述问题的答案,本书将研究的焦点转移到变革过程中,基于"间断—平衡"理论视角去分析云计算产业发展演进现象和规律。

"间断—平衡"理论(Punctuated Equilibrium Theory)在上个世纪末被引入到管理学研究,它在解释变革的非线性现象和描述发展过程等方面有着独特的视角,因此被用于组织战略变革领域的研究中[89,90]。"间断—平衡"理论源自生物学,该理论的诞生是伴随着争议和辩论的,因它的出现挑战了占据主流地位的达尔文"生物进化论"渐进主义思想。1972年,自然史学者Niles Eldredge和Stephen Gould提出了生物学的"间断—平衡"理论,认为物种的出现是突变(间断)和渐变(平衡)的结合,生物的进化过程在大部分时间内都是处于平衡的稳态结构(Equilibrium),而新物种的诞生是突发的、激烈快速的、革命性的非线性变化(Punctuations),并不是像达尔文渐进主义"进化论"所描述的,"物种都在慢慢地、持续地线性变化,这种变化在不断累积、前进,而最终新物种的诞生取决于环境的选择,'物竞天择'"。

"间断—平衡"理论的出现引发了广泛争议和关注,然而后续的研究和来自其他学科领域的相似理论却从多个角度证明了理论的普适性。比如,研究科学发展史的Kuhn对科学范式与科学革命的比较[91]、Abernathy和Utterback关于工业技术快速创新的研究、Miller和Friesen关于组织的动量与变革模型、Levinson关于个体发展的"稳态与转型"研究等[92]。而在物理研究领域,诺贝尔奖获得者Prigogine的耗散结构理论也为理论的发展提供了基础。在信息管理领域,Newman等人曾基于这种理论分析信息系统开发中用户与开发人员的交互关系,研究发现利用"间断—平衡"理论来描述非线性发展的信息系统开发过程非常合适[93]。

"间断—平衡"理论认为,系统是由不同的组成部分构成的,其存在和运作由深层结构(或内在范式)所决定。系统的演进由平衡阶段和突变阶段两种状态构成。平衡阶段通常持续时间较长,包含稳态和渐进式的改变,但深层结构不发生变化,系统总体呈现出平衡、稳定的状态。突变阶段通常是快速发生的彻底性变革,系统深层结构发生质变,不同阶段间呈现出"陡峭"的间断。"间断—平衡"理论的概念、与传统渐进主义理论的比较和常见的同义词列表见表 5.1~表 5.3。

表 5.1 "间断—平衡"理论概念总结

| 概念 | 定义 | 举例说明 1 | 举例说明 2 |
|---|---|---|---|
| 深层结构（Deep Structure） | 深层结构是系统一系列基本"选择"的集合，它决定了系统的组织方式及系统维持存在的基本活力。在平衡状态下，深层结构维持和限制变化；在突变状态下，深层结构释放、重构并加强变化 | 篮球比赛的基本规则、场地、人员要求等 | 柏林墙的建成，用于分割东西德两个区域，作为区分两种政治制度的标志 |
| 平衡阶段（Equilibrium Period） | "间断—平衡"理论的一种状态。在平衡阶段中，系统的基本组织和活动保持相同，系统呈现出一种稳定的状态（不变或渐变） | 具体的篮球比赛活动。篮球比赛的规则等内容可能会经过改变和修正，但规则的核心始终没有改变 | 柏林墙的高度可能会被增高或降低，墙体本身可能被加固或清洗，墙上可能被画上各种图案，但墙的标志意义并没有发生变化 |
| 突变阶段（Revolutionary Period） | "间断—平衡"理论的另一种状态。在突变阶段中，系统发生了彻底的、革命性的改变，其基本组织与活动与平衡阶段截然不同。经过短期、快速的变化，系统将进入到全新的平衡阶段，与之前的平衡阶段之间呈现出巨大的间断 | 对篮球比赛规则等内容进行了彻底的制定，去掉了篮圈，得分不再以投篮进入篮圈进行计算，变为抢到球放在对方的特定位置上，篮球运动变为橄榄球运动 | 柏林墙一夜之间被拆除，东西德两个地区统一为一个独立的国家，冷战对抗思维成为历史 |

表 5.2 "间断—平衡"理论与传统渐进主义理论的比较

| 特征 | "间断—平衡"理论 | 渐进主义理论 |
| --- | --- | --- |
| 质变产生条件 | 质变一直存在,并不是由小改变所累积形成,只是因为某种条件没有满足,质变被暂时压制 | 系统可以在任何时间积累任何小的改变,当细小改变逐渐累积到一定程度,就会出现质变,"量变到质变" |
| 系统演化发展路径 | 系统并不总是沿着相同的发展路径演化的,且系统的进化轨迹也并非总是"向前"发展的,是一种非线性的路径 | 系统沿着相同的"前进"发展路径线性演化,从一个阶段结束进入下一个更好的新阶段 |
| 质变发生条件 | 决定系统突变的是系统内在范式或规则的改变 | 决定系统质变的是"量变积累到一定程度" |
| 质变形式 | 突变,非线性,与之前的平衡阶段呈现出一种"陡峭"的间断 | 渐变,线性,与之前的阶段呈现出一种稳定的持续改进状态 |

表 5.3 "间断—平衡"理论中常见的同义词

| 名词 | 同义词 |
| --- | --- |
| 间断 | 突变、飞跃、革命性改变、彻底地快速改变 |
| 平衡 | 稳态、稳定 |
| 渐进 | 持续、稳步 |

"间断—平衡"理论的应用与模型都遵循相同的范式\*:相对较长的稳定状态(平衡,Equilibrium)和短时期的结构性质变(突

---

\* 库恩在 70 年代的《科学革命的结构》中首次使用了"范式"(Paradigm)的概念:它指的是常规科学所赖以运作的理论基础和实践规范,是从事某一特定科学的所有成员所共同遵从的世界观和行为方式,代表该共同体成员所共有的信念、价值、技术等构成的整体。

变,Revolution)。与传统的渐进主义理论[*1]相比较,"间断—平衡"理论的独特之处体现在三个方面[92]:

首先,"间断—平衡"理论并不认为变化是由渐进的累积造成的。传统的理论认为系统可以在任何时间接受任何小的改变,当这些很难被察觉到的细小改变逐渐累积到一定程度,就会出现质变,类似人们常说的"量变到质变"。而"间断—平衡"理论则认为质变一直存在,并不是诸多小改变所累积形成的,只是因为某种条件没有出现,质变被暂时压制了。

其次,"间断—平衡"理论并不认为系统总是沿着相同的发展路径演化的;同时,系统的进化轨迹也并非一直是"向前"发展的。比如,在组织进化过程的研究中,"间断—平衡"理论指出组织的发展方向复杂多变,并不是沿着平滑曲线线性演进的。由于特定的背景及组织内各部分的相互作用,变革的发生和方向都难以预测,并非如传统理论描述的"从一个阶段的尾部自然变化到更先进的下一个阶段的前部"[89]。

最后,"间断—平衡"理论认为,决定系统突变的是系统的内在范式或规则,当范式或规则改变时,突变就会发生。

将"间断—平衡"理论引入到云计算产业发展的研究中是适用的,原因有如下四点[92]:

首先,"间断—平衡"理论中的平衡概念与产业追求的稳态发展很相似。"间断—平衡"理论的平衡阶段与控制论中的系统稳态结构概念相似,即系统能够抵御一定程度的干扰,维持一种稳定态。

假设系统由两个相互影响的子系统 $A$ 和 $B$ 构成。$A$ 的数

---

[*1] 如进化论、渐进变化理论等。

量[*2]受 $B$ 的限制,可以用图 5.3a 的函数关系来表示(即 $B$ 的数量决定 $A$ 数量),而反过来 $B$ 的存在也受到 $A$ 数量的限制,函数关系如图 5.3b 所示。为了求得不变的平衡态只要把两个函数曲线重叠起来,看两条曲线的交点即可。假定两条曲线有三个交点:$N_1$、$N_2$、$N_3$,如图 5.3c 所示,即当 $A$、$B$ 两个子系统分别处于 $N_1$、$N_2$、$N_3$ 点时,系统的相互作用使 $A$、$B$ 都处于不变状态。不过,$N_1$、$N_2$、$N_3$ 三个平衡态中只有 $N_2$ 是真正稳定不变的。$N_1$ 状态 $N_3$ 虽然是平衡状态,但只要系统受到微小的干扰,就会变化。当 $A$、$B$ 的值处于 $N_1$ 与 $N_3$ 点之间时,系统最后都要变化到不变状态 $N_2$ 去,保持平衡,形成稳态结构[94]。

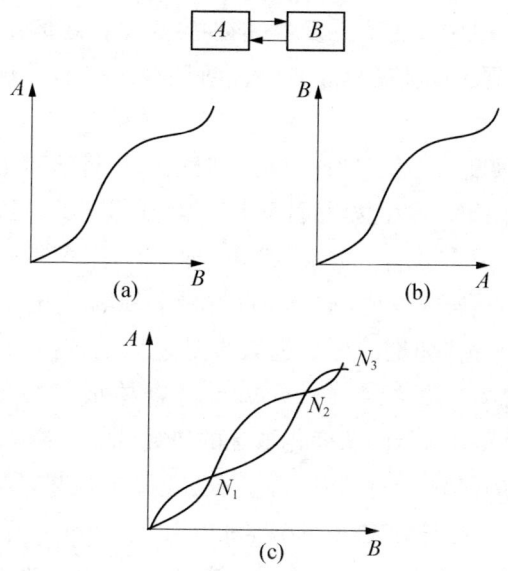

图 5.3　系统稳态结构示意图[94]

---

[*2] 也可以是其他变量,如资金、速度等。

因自身相互作用达到平衡而处于一种稳定状态的系统,一般的干扰都不会破坏这种状态[94],这与产业发展演进希望实现持续性进步十分相似。

其次,"间断—平衡"理论中的突变概念适用于描述产业中的变革情况。突变概念描述了在很短的时间内发生的彻底的、非线性的、革命性改变,与传统理论认为变革的发生总是逐步发生的、非彻底性的观点截然相反。比如,国内大型企业常常推行机构改革,逐步推进、缓慢开展,然而却总看不到变革的成果。这时突然从外部调来一名总负责人,雷厉风行地对所有机构进行彻底改变,变革的效果在很短时间内就能看到,企业较之于过往,发生了翻天覆地的变化,效率和效能成倍提高。通过观察,很容易发现在新一代信息技术产业中,变革的发生往往更接近于突变概念所描述的情形(如微信取代短信、余额宝替代活期存款等),呈现出一种"陡峭"的间断状态。

再次,"间断—平衡"理论分析框架在自然科学和社会科学相关研究中得到了检验,在生物学、科学史学和管理学多个领域都有尝试。

学者 Gersick 曾对"间断—平衡"理论在不同学科的分析框架进行了对比,其研究发现,不仅在自然科学领域\*,在社会科学领域中,"间断—平衡"理论的分析框架也是适用的。比如,Kuhn 对科学史发展规律的总结[91]、Levinson 对个体成长发展的分析研究[95]、Gersick 对项目团队变化情况的研究[96]、Tushman 等人对组织变革阶段的研究[97]等,均取得了不错的研究成果,得到了学术界的认可[89]。在此基础之上,Romanelli 和 Tushman 开创性地利用实证研究的形式对"间断—平衡"理论进行了检验,他们研究发现,基于"间断—平衡"理论视角所提出的组织变革(Organizational

---

\* 包括传统的自然科学学科(如物理)和新兴学科(如生命科学)。

Transformation)假设,绝大部分*都得到了数据支持[90]。在信息管理领域,Newman等学者应用"间断—平衡"理论框架对信息系统开发(Information System Development,ISD)过程进行了分析,并通过两个案例研究来检验理论。他们发现"间断—平衡"理论对于描述和解释ISD过程十分有效,并能在一定程度上对组织实际的信息化过程做出预测和指导[93]。

最后,将"间断—平衡"理论引入到云计算产业发展的研究中,是对已有理论基础的丰富和深入,能更有效地解释产业发展过程中发生的各种情况,提出更有针对性和预测性的指导建议。

## 5.3 理论分析框架

"间断—平衡"理论的基础模型较为简略,其研究范式中的重要因素只有三个:深层结构、平衡阶段和突变阶段[92]。要将相关理论引入到云计算产业生态系统发展演进的研究中,建立可行的分析架构,就需要结合产业竞争领域经典的理论模型,对框架进行扩展。可以对"间断—平衡"理论模型有所帮助和扩展的理论主要包括Mintzberg、Johnson等人的组织战略变革(Strategy Transformation)理论[98—100]和Porter教授的竞争优势"钻石模型"[61,62,65]。

### 5.3.1 组织战略变革理论

Mintzberg、Johnson等人对各个组织历史的研究发现,组织中

---

\* 在Romanelli和Tushman的研究中,5个假设中4个得到了数据的直接支持,包括:①组织变革是在短时间内发生的、对组织所有活动产生重大影响的离散型变化;②组织内部的诸多小改变并不会通过积累逐步变为彻底的组织变革;③外部环境的重大改变将会增加组织变革的发生;④新调任的CEO会对组织变革的发生产生重要影响。

的战略变革过程有着一定的变化规律,在不同时期呈现出不同的状态。通常,组织战略都会在相当长的一段时间内保持相对的连续性(Continuity 和 Incremental：在此期间,战略基本保持不变,或发生渐进式的改变)。然后,将会有一段时间的波动期(Flux：在波动期内,战略虽然也发生变化,但没有明确的方向)。最后,质变式的改变出现(Global 或 Transformational：在这段时间内,战略方向会发生根本性的变化)[99,100]。质变式的改变持续时间很短,组织战略经由这种改变进入到一个全新的层次。但质变式的改变不是经常发生的,也不是随着已有渐进式改变的积累所必然发生的。波动期之后可能会出现这种飞跃式的质变,也有可能会出现组织战略失败或崩溃的情况。组织战略变革理论的示意如图 5.4 所示。

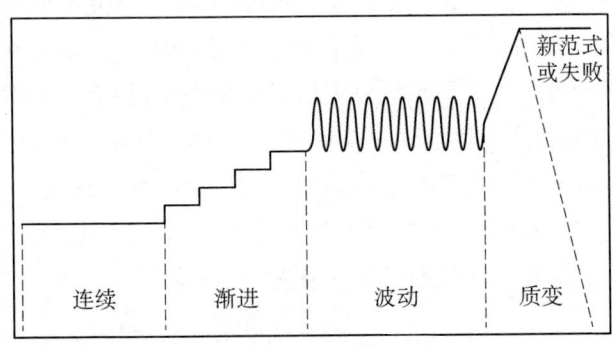

图 5.4  组织战略变革理论示意图[99,100]

在实际工作中,有很多强大的力量推动着组织发生变革。受到已有经验的影响,组织的战略发生一些渐进式的改变是很自然的。当环境变化使管理者面临变革的压力时,受到组织已有范式(价值观和做事的方式等)的影响,管理者试图通过寻找他们所熟悉的东西,尽可能地减少所面临的模糊性和不确定性。但是这种做法存在着一定的风险——环境变化不一定与渐进式变化同步，如果这种渐进式战略变化滞后于环境的变化，组织将适应不了环境，届时需要更为彻底的飞跃式质变，给组织带来新的范式。事实上，从已有的经验来看，当组织业绩急剧下滑时，确实更容易发生质变式的变革。此外，还存在着另外一种危险，即组织只是对周围的环境发生被动式反应，而不能主动对周围所发生的一切提出质疑与挑战，或者不能主动改革以创造出新的机会，组织变得自满起来，也会导致失败[100]。

所有这些都为管理战略变革带来了困难，因为变革中需要采取的措施可能超出了组织已有范式的范围，并要求组织员工彻底改变其核心价值观和做事方式，这并不容易实现。管理者更倾向于按照组织现有范式，寻找他们所能理解的方式和所能采取的应对措施来处理变革的发生。图 5.5 对此进行了说明：当组织需要采取一些行动的刺激时（如业绩下降时），管理者首先会试图加强已有战略的实施。为达到这一目的，管理者可能会采取更加严格的控制，并改善那些已被广泛接受的运营方式。如果这些措施不见效，可能就会出现战略变革，但这时的变革是小范围的，并符合现有范式和组织的做事方式。举例来说，管理者可能会想办法扩大市场范围，但是会假设新的市场与现有市场相似，因此采取一些与过去基本相同的方式来管理新的业务；或者即使管理者清楚地知道他们需要改变，甚至知道在技术上如何去做，但是他们发现自己已经被机构的陈规、假设和政治压力束缚住了。所以组织中实际发生的情况是：仍然以大家所熟悉的方式为主，尽量避免或减少所面临的不确定性与模糊性。这种情况会一直持续下去，直到有特别明显的证据表明，组织范式和与之相关的组织常规都已经十分不合时宜[100]，新的组织范式和彻底的变革才会出现。

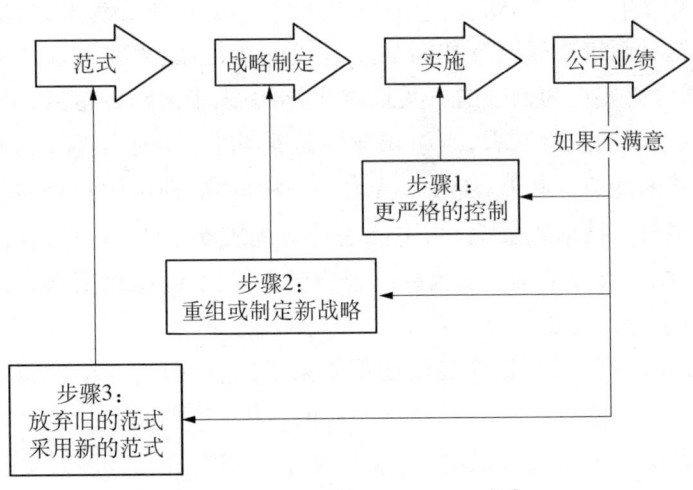

图 5.5 组织范式变化的动态性[100]

不难发现,组织战略变革理论与"间断—平衡"理论有着异曲同工之妙:"连续"和"渐进"两种状态与平衡阶段或稳态发展含义相同;"波动"和"质变"与突变阶段的各种特征相符;组织打破旧有范式、建立新的范式则与深层结构的概念相似。因此,组织战略变革理论对变革状态的描述,对扩展"间断—平衡"理论,并应用于云计算产业生态系统的研究中,具有重要的指导意义。

### 5.3.2 钻石模型

"钻石模型"是由美国哈佛大学商学院著名教授迈克尔·波特(Michael Porter)于 1990 年在《国家竞争优势》一书中提出,又被称为"波特钻石理论"。该模型发展了传统的比较优势理论,实现了从比较优势到竞争优势的飞跃[65,101]。

在最初的应用中,钻石模型被用于分析一个国家某种产业为何在国际上有较强的竞争力,模型指出决定该产业竞争力的是四大因素：生产要素（包括人力资源、天然资源、知识资源、资本资源、基础设施），需求条件（主要指本国市场的需求），相关产业和支持产业的表现（这些产业和相关上游产业是否有国际竞争力），企业的战略、结构、竞争对手的表现[65]。这四大类因素具有双向作用，同时还存在两大变数，即政府和机会。机会是无法控制的随机变量，而政府政策的影响是不容忽视的重要变量。上述六类因素一起构成了产业竞争力的结构，如图 5.6 所示，类似于"钻石"。

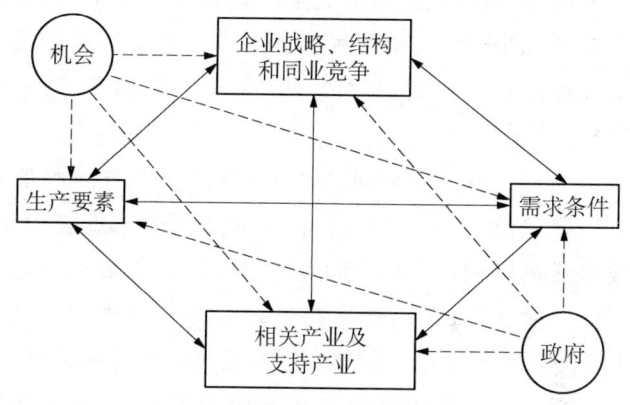

图 5.6　波特"钻石模型"理论[65]

钻石模型最早被用于分析国家或地区的全球竞争地位，模型简单却具备极强的解释力。最后，钻石模型又被用于解释产业竞争与发展的现象，也取得了不错的研究成果[101]。

钻石模型中，生产要素被划分为初级生产要素和高级生产要素：初级生产要素是指天然资源、气候、地理位置、非技术工人、资金等；高级生产要素则是指现代通讯、信息、交通等基础设施，受过高等教育的人力、研究机构等。

波特认为，初级生产要素重要性越来越低，因为对它的需求在减少，而跨国公司可以通过全球的市场网络来取得；高级生产要素对获得竞争优势具有不容置疑的重要性。高级生产要素需要先在人力和资本上大量和持续地投资,很难从外部获得,必须通过产业中的企业自己来投资创造。从另一个角度,生产要素也被分为一般生产要素和专业生产要素。高级专业人才、专业研究机构、专用的软件和硬件设施等被归入专业生产要素。越是精致的产业越需要专业生产要素,而拥有专业生产要素的企业也会产生更加精致的竞争优势。一个国家(产业)如果想通过生产要素建立起强大、持久的竞争优势,就必须发展高级生产要素和专业生产要素,这两类生产要素的可获得性与精致程度也决定了竞争优势的质量。如果把竞争优势建立在初级与一般生产要素的基础上,通常是不稳定的[65]。

需求市场是产业发展的动力。波特指出,一方面本地客户的本质非常重要,特别是内行而挑剔的客户。假如本地客户对产品、服务的要求或挑剔程度在国际间数一数二,就会激发出该国企业的竞争优势。例如,日本消费者在汽车消费上的挑剔是全球出名的,欧洲严格的环保要求也使许多欧洲公司的汽车环保性能、节能性能全球一流。另一个重要方面是预期性需求,如果本地的顾客需求领先于其他国家,这也可以成为本地企业的一种优势,因为先进的产品需要超前的需求来支持。

相关支持产业与优势产业是一种休戚与共的关系。波特指出产业集群的概念,即优势产业的发展与强盛离不开相关支持产业的一同崛起。如果采用集中资源配置,优先发展某一产业,就可能出现"其他行业被牺牲、优势产业也无法一枝独秀"的情况。一个产业生态系统的优化演进,离不开产业链上下游的密切合作。

企业战略、结构和同业竞争是产业生态系统前进的发动机。通过产业内的良性竞争,可以保持产业生态系统的创新能力,提高资源的利用效能,并刺激产业内协调、合作机制的建立。

机会是钻石模型中一个不可控的随机变量,可以影响四大因素发生变化。波特指出,一个产业中形成机会的可能情况大致有基础科技的发明创造、传统技术出现断层、外因导致生产成本突然提高(如石油危机)、金融市场或汇率的重大变化、市场需求的剧增、政府的重大决策、战争。机会是双向的,往往在新的竞争者获得优势的同时,使原有竞争者的优势丧失,只有能满足新需求的企业才能有发展机遇。

政府是影响一个产业竞争力的重要变量。波特指出,从事产业竞争的是企业,而非政府,竞争优势的创造最终要反映到企业上;政府能做的只是提供企业所需要的资源,创造产业发展的环境。政府可以通过发展基础设施、开放资本渠道、培养信息整合能力来创造新的产业机会,创建规范的竞争环境,使产业中保持一定的创新压力和活力。政府只有扮演好自己的角色,才能成为扩大钻石体系的力量[65]。

### 5.3.3 整合后的理论分析框架

结合"间断—平衡"理论、组织战略变革理论、钻石模型,可以初步搭建一个理论分析框架,用于分析上海云计算产业的发展演进情况。理论模型由"产业发展状态"与"产业深层结构"两个概念构成。

产业发展状态的概念源自组织战略变革理论[98,100],它反映产业存在和运转的实际情况,与"人体的健康情况"含义相似。

① 稳态:当产业的发展情况稳定,既没有出现明显上升,也没有明显下降时,处于一种稳态的状态。在此状态下,产业生态系统中的各个种群处于一种相对稳定、动态平衡的结构中。

② 渐进改变:当产业发展出现渐进式的持续上升现象时,可以认为产业发展处于渐进式改变的状态中。在此状态下,产业生

态系统的各个组成部分处于一种平衡的结构,独立的部分可能会发生变化,但其他部分也会随着产生变化,使产业呈现一种平衡的局面。此时产业的整体绩效会逐步上升,表现为阶梯式的渐进状态。

③ 波动混乱:当产业发展出现明显的不稳迹象,整体绩效呈现一种波动情况时,产业处于波动混乱的状态中。在此状态下,产业生态系统的各个组成部分无法维持一种平衡的结构,出现不能控制的变化或不能调和的矛盾,引起产业整体的结构混乱。

④ 失败:当产业的发展无法维持时,产业生态系统内部结构会出现破裂,原有的一个或多个种群会被放弃,产业发展演进呈现出失败的状态。

⑤ 突变:当产业发展经过深层结构的变革后,产业会快速回归一种平衡的稳态,产业生态系统的基本结构已经发生了完全的改变,产业能级发生了质变,产业生态系统进化为一个更具有竞争力的新系统。

上述五种状态的划分对应于"间断—平衡"理论的基本概念。"稳态"和"渐进改变"两种状态对应于平衡阶段,产业保持基本的发展和运作,并会出现渐进式的改变,在整体上呈现出一种平衡稳定的状态。"突变"状态对应于突变阶段,产业生态系统实现了更高层次的进化,发生了彻底的、革命性的改变,产业效能较之以往产生了级数级别的跃升,产业进入到一个全新的平衡阶段。"失败"状态代表了突变阶段所产生的另一种结果,产业在经过突变阶段后或是发生飞跃式的质变,或是彻底崩溃。"波动混乱"反映了产业生态系统的一种不稳定状态,它对产业发展演进的结果将产生直接影响。

产业深层结构的概念源自"间断—平衡"理论和钻石模型,它反映产业发展过程中,影响生态系统结构的各个要素的变化情况。

本书根据云计算产业的特点把影响其深层结构的要素细分为技术要素、资源要素、需求要素、商业模式要素、政府要素，如图 5.7 所示。

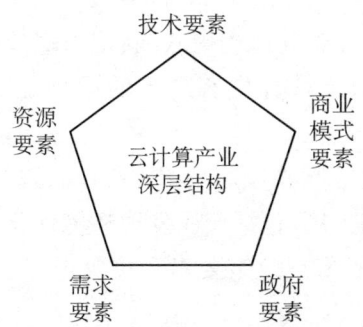

图 5.7 云计算产业深层结构要素构成图

① 技术要素：主要指云计算技术发展（变化）的实际情况。云计算产业是典型的技术驱动型产业，每次技术的突破都会对产业生态系统的结构和演进方向产生影响，甚至出现"蝴蝶效应"\* 的情况。

② 资源要素：主要指云计算产业发展需要的直接和间接生产要素条件，如资金、人才、基础设施等。其中，资金是云计算产业发展壮大的必要因素，基础设施、人才是产业可持续发展的重要变量。

③ 需求要素：指市场对于云计算的需求，包括现实需求与潜在需求。云计算产业的市场需求变化莫测，有时被业界普遍看好的

---

\* "蝴蝶效应"概念来自混沌学，又被称为非线性。社会领域中，"蝴蝶效应"指一个坏的微小的机制或事件，如果不加以及时地引导、调节，会给社会带来非常大的危害；一个好的微小的机制或事件，只要正确指引，经过一段时间的努力，将会产生轰动效应。

需求没有出现,有时一些不被看好的产品却迎来出乎意料的广泛需求(如云存储)。就目前国内情况来看,云计算产业的市场需求呈现出多样化和个性化的发展趋势。

④ 商业模式要素:主要指云计算产业中企业创新出的商业模式,包括盈利模式、个性化服务模式、新型组织架构等,其种类与数量的提高直接反映云计算生态系统的运行是否有效率、是否有效益。

⑤ 政策要素:主要指政府及相关产业联盟等机构为云计算产业提供的政策支持力度,包括产业发展环境优化、产业优惠政策推出、制度性资源倾斜等。政策要素直接决定了云计算产业发展演进的基础。

在云计算产业生态系统中,资源要素和需求要素为物种提供必需的生存条件,产业总是朝着资源和需求丰富的方向发展。两个要素的变化情况决定了产业发展演进的程度。技术要素和商业模式要素是云计算产业发展的控制变量,是产业演进的催化剂。依靠技术研发与商业模式创新,云计算企业可以把资源转化为产品与服务,满足市场的需求,这种转化过程如果形成良性循环,可以保证产业发展的稳态。当前的云计算产业中,企业之间的竞争更多体现在技术与商业模式的竞争上。

上述五大要素构成产业深层结构:

首先,它们相互影响、相互制约,任何一个要素的变化都会在不同程度上引起其他要素的变化,如新的云计算技术的研发成功会带来新的市场需求,引发商业模式的革新;技术的诞生既需要资源,也可以创造资源,进一步影响政策的制定和推出,进而影响到产业的发展走向。

其次,这些要素是非等价的。在产业发展不同阶段,有的要素起到主导作用,其他要素处于相对辅助地位。主导要素的改变会使产业的发展演进出现明显变化。同时,这些要素的重要性不是固定的,在产业不同发展阶段会出现地位的更替变换。比如,在云计算产业初期,技术要素和资源要素毫无疑问是主导要素,获得技术和资源的企业一定处于更高的生态位。到了产业发展的成熟阶段,需求是否充足、商业模式是否新颖变为主导要素,只有根据市场需求进行商业模式创新的企业才能生存与发展。

再次,所有的要素都是不可缺少的,一个要素的缺失不能由其他要素来替代。在一定情况下,一些要素的不足可以通过加强其他要素来进行部分补偿。比如,云计算企业技术研发能力的不足可以通过商业模式的创新来弥补,市场需求不足时也可以依靠技术创新来开辟新的市场。云计算产业深层结构五大要素的运作模型如图 5.8 所示。

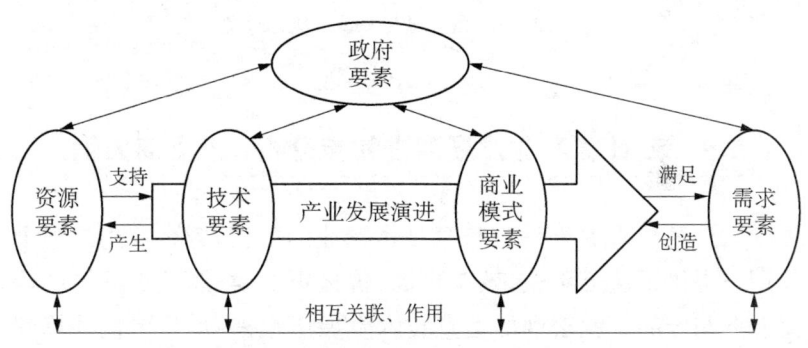

图 5.8　云计算产业深层结构五大要素运作模型

综上所述,本书尝试搭建一个用于分析云计算产业发展演进情况的概念模型,如图 5.9 所示。下一节将应用此框架,通过分析云计算产业深层结构要素的变化情况,探讨产业发展状态,绘制出上海云计算产业的发展演进情况,并给出有利于产业优化的预判和建议。

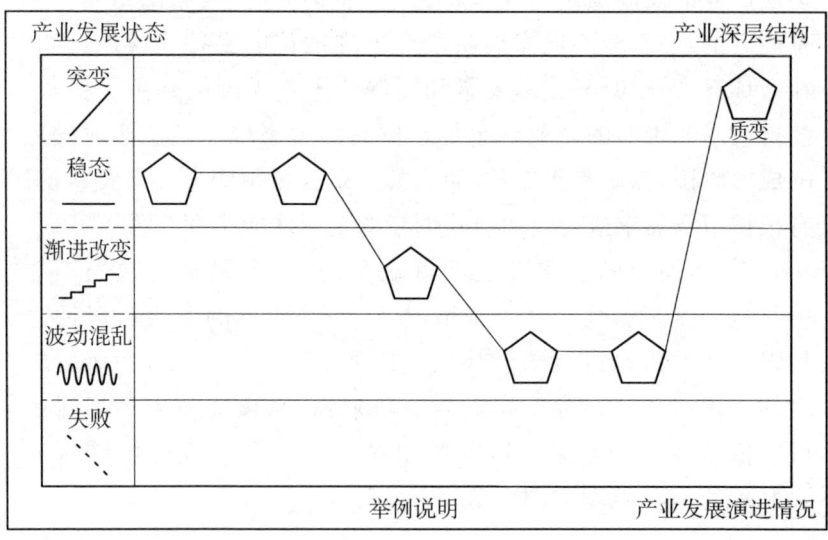

图 5.9 云计算产业发展演进概念模型

## 5.4 云计算产业发展演进初步分析：以上海为例

云计算产业是新一代信息技术产业的革新，为企业用户和个体用户提供了速度更快、效率更高、价格更低廉、能耗更精简的信息服务与产品。就宏观的信息技术发展历程来看，从单机计算到多机并行计算、从物理机计算到虚拟计算资源提供、从分布式计算到网格计算，全部发展过程都可以看作是云计算的前奏，云计算产业是将这些计算能力、服务提供方式、产品交付方式整合后的产业发展形态，相关的技术发展轨迹如图 5.10 所示。

云计算以产业形态进入中国市场是在 2008 年。上海作为对新一代信息技术最为敏感的城市，在国内最早提出了云计算产业发展政策，希望从 2010 年起，利用 9 年的时间，分三个阶段将上海

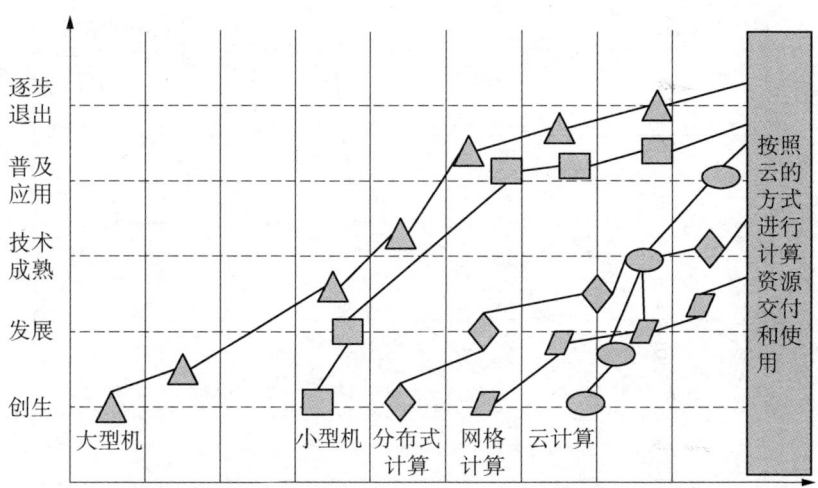

图 5.10 信息技术产业主要技术发展轨迹图[21]

打造为一个基于云计算服务范式的信息化大都市,通过云计算产业体系的日臻完善来带动相关产业能级的显著提升。

基于上一节中提出的云计算产业发展演进概念模型,本书梳理了 2008—2016 年上海云计算产业发展的变化情况,尝试从产业发展状态、产业深层结构两个角度展开分析,总体的产业发展演进图如图 5.11 所示。

(1) 2008—2009 年

2008 年,云计算开始进入上海信息技术领域,一时成为社会关注的热点。上海的信息技术企业在云计算技术及服务模式还没有明晰的情况下,纷纷宣布投入巨资向云计算转型。云计算瞬间成为上海各大媒体与高峰会议的热点话题,知名信息技术企业家如果不讨论云计算就是不站在信息技术领域的最前沿。2008—2009 年,上海的云计算产业呈现出一种波动混乱的状态。从技术要素

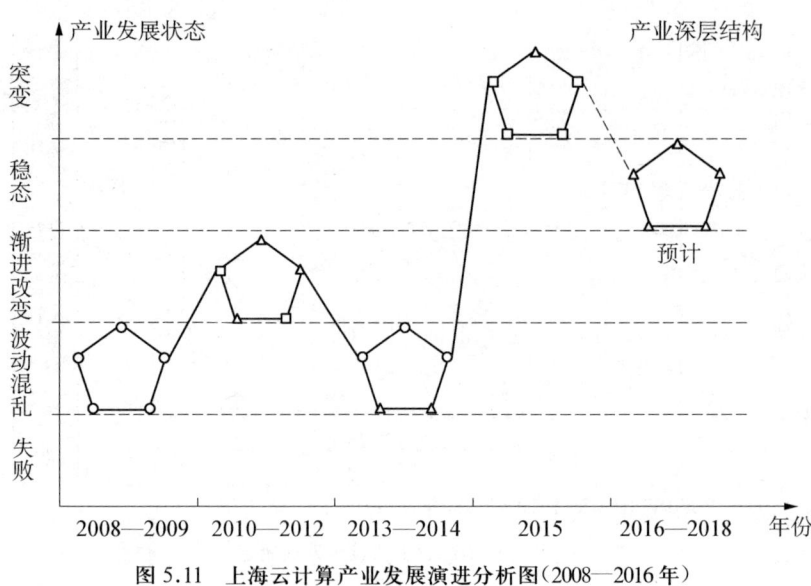

图 5.11 上海云计算产业发展演进分析图(2008—2016 年)

来看,当时云计算技术发展方向众多,核心技术理念刚刚形成,具体的产品还不明确,更多被认为是一种理念创新。国外企业真正在技术实现突破的,也仅有亚马逊、谷歌、戴尔等几家大型企业,而且应用的领域仅限于大型主机服务器的云服务、基于云平台的客户售后服务支持等几个"小众"领域,国内企业因还不具备核心技术研发的基础,更多停留在战略规划、吸引风险投资、吸引潜在市场的初期阶段,因此这一时期上海产业界人士经常形容云计算技术为"云里雾里"。在技术要素维度上,上海云计算产业属于低水平。

在资源要素方面,这期间上海在信息化发展的重点是由"两化融合"向"两化深度融合"转变,上海在信息技术基础设施方面的建设力度较大,但主要围绕着建设智慧城市、铺设宽带网络、加强工业智能化改造,并没有专项资金投入云计算,也没有专门针对云计算产业的基础设施建设。人才更是上海云计算产业发展的严重缺口,只有张江高科技园区有少量海外归国人员成立的公司拥有云计算专业技术人员和管理人员,更多的企业还是依靠原有编程人员和系统工程师来从事云计算的研发与管理工作。在资源要素维度上仍属于低水平。

在需求要素方面,云计算的市场需求并不充足。一方面市场虽热,但并不了解云计算能够做什么,原有的信息系统和互联网可以满足大部分企业的实际需求,个体用户也没有产生更多的信息服务需求,市场自身的需求匮乏;另一方面,新一代信息技术产业的一个重要特征就是通过创新开拓市场需求,这一时期的云计算产品与服务供给还不能真正做到去激发市场需求。在两个方面的共同作用下,需求要素维度属于低水平。

在商业模式要素方面,这一阶段上海已经有不少企业开始布局商业模式创新,为企业客户提供全新的服务模式。比如,由中国电子科技集团公司牵头注资成立的普华基础软件股份有限公司在2009年推出了云桌面虚拟化服务和IaaS平台服务两套商业模式,在当年就被总参谋部和中国联通音乐基地采用,成为上海较早云计算商业模式落地的企业之一。但从整体上看,上海云计算产业的商业模式在这一阶段水平整体较低,特别是大型企业和信息技术龙头企业仍处在观望状态,没有拿出可以真正落地实施的商业模式。

在政策要素方面,由于云计算产业雏形尚不明显,众多风险投资高溢价参股云计算概念企业,涉及云计算主题的并购每周都在发生,政府及相关行业协会、组织普遍认为云计算产业泡沫较多。同时,上海信息产业基础与信息化水平与国外城市不同,在国内以信息化产业为发展主体的城市中带有鲜明的"长三角经济带"特征,需要结合地域特征和产业发展逻辑制定、推出政策,而在这一阶段并没有针对上海云计算产业的政策和扶植项目推出,因此政策要素也属于低水平。

综上所述,2008—2009年上海云计算产业发展状态属于"波动混乱",产业深层结构的五个维度都属于低水平阶段,如图5.12所示。

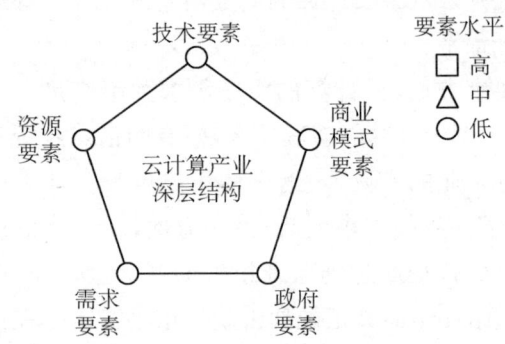

图5.12  2008—2009年上海云计算产业深层结构分析图

(2) 2010—2012年

2010年上海正式发布促进云计算产业发展的规划——"云海计划",全市云计算产业迎来了一个渐进改变的重要发展机遇期。

在技术要素层面,上海云计算产业技术研发重点开始聚焦,形成了以云存储技术、虚拟化技术、云服务基础软件技术、云服务平台技术为四大重点的技术企业群[8,102]。特别在云存储技术研发方面,2011年七牛存储和盛大云相继发布相关技术创新和服务应用,不仅奠定了行业领军企业的地位,更激发了云计算企业创新技术的热潮,各大机构和公司纷纷投入重金开发云计算核心技术,云计算产业的技术要素属于中等水平。

在资源要素方面,上海云计算产业在这一阶段迎来了高水平发展。首先,上海具备了云计算产业发展的资金基础。以云计算产业发展的三大核心区为例,2010年闸北区(现为静安区)软件和信息服务业经营收入155.48亿元,杨浦区信息服务业产值67亿元,浦东新区软件产业经营收入846.51亿元,这些信息产业总体收入为企业投资云计算发展提供了资金保障[103]。其次,上海的智慧城市建设取得初步成功,搭建起了覆盖全市的优质网络(城市光网、无线城市),信息技术基础设施能力得到进一步提高,实现了网络支持环境保障。再次,上海云计算人才培养工作开始初见成效,复旦大学、上海交通大学设立了云计算相关工程硕士点,32家科研院所提供实习与创业平台,提供了产业发展的人力资源保证[8]。这期间上海云计算产业的资源要素属于高水平。

在需求要素方面,上海云计算产业市场需求被初步激发出来。不仅传统的企业级用户数量开始增多,需求也开始丰富。在云存储、云主机的基础上,个性化需求迅速出现,企业不再满足基础设施即服务的模式,还需要云计算产业提供平台服务、软件服务,并且包括私有云和公有云服务。个体用户也开始进入市场,随着电子商务在国内的进一步发展,基于云平台的综合信息服务成为个体层面的主要需求,如在线视频、电子书等相关产业的快速发展,市场需求被进一步激发。这期间上海云计算产业的需求要素属于中等水平。

在商业模式要素方面,开始出现具备盈利能力的云计算服务模式。基于云平台的客户呼叫中心节约了传统企业投资软硬件的成本,产业中的软件服务收入已经开始向硬件收入接近。不少企业不再只关注技术研发与实现,开始引进人才构建全新的商业模式,如浪潮上海公司推出的云数据中心管理平台——浪潮云海改变了传统企业数据中心的部署和管理模式,率先实现了云计算资源池化的落地;再如浦东软件园汇智软件推出的公有云平台"浦软汇智云",为上海中小企业提供全面的公有云服务,包括云主机、桌面云、企业协同云、企业云存储、云呼叫中心、云资产管理、云客户关系管理等服务模式,一举获得"中国云计算最佳运营服务商"的称号。这个时期上海云计算产业的商业模式要素属于中等水平。

在政策要素方面,这个时期上海市明确"云海计划1.0"的发展目标,第一成为国内云计算首批试点城市,获得国家的产业基金支持;第二拿出闸北(静安)、杨浦、浦东新区形成三大特色云计算园区(基地),静安建成上海云计算产业基地、杨浦建成上海市云计算创新基地、浦东新区建成上海市云计算应用示范区;第三是确定了十大应用培育项目和六大应用示范项目,通过这十六个项目来引导产业落地;第四是以获得国家重点支持的四大上海市云计算平台为契机,实现龙头企业抢位发展;第五是由上海市经信委牵头,百余个云计算产业机构共同组建联盟,产业链聚集共谋发展;第六是鼓励企业进一步从事云计算技术研发,确立核心技术具备比较优势[8,103]。通过上述一系列举措,上海云计算产业的政策要素达到高水平。

综上所述,2010—2012年上海云计算产业发展状态属于"渐进改变",产业深层结构的五个维度有两项达到高水平、三项达到中等水平,产业迎来稳步发展期,如图5.13所示。至2012年年底,上海先后认定5批近200家云计算企业,新增云计算技术研发与公共

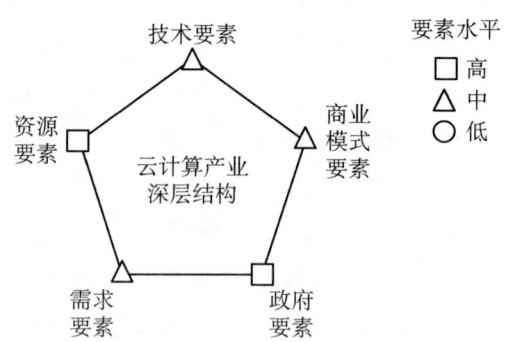

图5.13  2010—2012年上海云计算产业深层结构分析图

服务企业过百家,云计算产业带动信息服务业新增经营收入超过1 000亿元人民币[8,82]。

(3) 2013—2014年

2013—2014年,尽管上海云计算产业初步实现了"云海计划1.0"的各项发展目标,但是由于市场需求的萎靡、行业过度扩张、缺乏成熟商业模式、业务盈利能力不足等原因,造成产业发展方向不清[3],重新进入了"波动混乱"状态。

在技术要素层面,上海云计算产业发展的短板开始体现。一是由于上海产业结构调整,云计算产业链上器件和硬件设备制造企业大量迁移出上海(如英特尔),本地又缺少浪潮(山东)、曙光(天津)、华为(深圳)这样的云计算核心技术企业,这在一定程度上影响了产业链上游的技术研发能力;二是云计算关键技术的产业化程度仍然不高,很多在概念上和实验室中可以成功的产品,由于成本较高,无法在短期内实现产业化;三是经历上一阶段的发展期后,上海云计算产业出现技术"多头"发展现象,一些龙头企业的优势本来是服务模式的整合与提供,却开始进入技术层面的竞争,挤压了技术研发企业的生存空间;一些技术企业看到云服务模式的快速壮大,在没有明确的商业模式情况下,贸然进入集成服务甚至是云服务环境,反而造成核心技术优势下降。尽管从总量上来看,产业中技术发展型企业数量在不断增加、范围在扩大,但是从技术突破视角来看,这期间鲜见亮点,技术要素属于低水平。

在资源要素方面,这期间云计算产业的生产要素条件出现一些问题。第一,上海有大量云计算企业开展互联网数据中心(Internet Data Center,IDC)服务,占据整个产业总量的半壁江山,但IDC对电力资源保障要求极高,相关基础设施无法充分满足要求,制约了产业规模的扩张;第二,尽管上海网络设施基础较好,但网络带宽费用较高,这给通过网络提供服务的云计算产业造成不小的影响,增加了云服务供需双方的成本;第三,经过三年多时间的发展,原来规划的三大云计算产业聚集区开始出现土地资源紧张问题,一些原本计划在上海运营的云计算企业选择了去外地发展[103];最后,云计算产业发展到一定规模后,更加需要高层次、专业的管理人才,上海的人才储备跟不上需求。资源要素在这期间属于低水平。

在需求要素方面,市场对云计算的需求呈现出"个性化要求多、总量规模少"的特点,有需求但是无法达到刺激产业快速发展的量。企业对市场需求的判断更多是"看好"或"认为有潜力",但是无法准确把握未来方向,倾向于选择满足已有的市场需求,放弃开拓更大市场的局面。这期间上海云计算产业的需求要素属于中等水平。

在商业模式要素方面,这期间上海云计算产业出现两大核心问题:一是缺乏成熟的商业模式,业务盈利能力不足[8]。一些企业在自己所属的行业找到定位,建立起行之有效的商业模式,如提供云会展服务的808街、提供客户关系管理云平台(SaaS模式)的极云中国;但与国际竞争对手相比,这类企业的商业模式还是缺乏独特性和创新性。二是上海云计算龙头企业的产业带动能力有待提高。与北京、杭州、深圳拥有百度(B)、阿里巴巴(A)、腾讯(T)这类信息技术集团化企业不同,上海缺少大型云计算龙头企业,少数规模符合的企业在平台建设、活跃用户数量、企业用户数量、产业带动能力上都明显不如上述三家企业集团(BAT),这严重制约了云计算生态系统领导种群作用的发挥。这期间上海云计算产业的商业模式要素属于低水平。

在政策要素方面,上海市对于云计算产业发展一如既往地大力支持,并在2013年推出了"云海计划2.0",继续加强云计算产业的政策推进力度。同时,上海云计算产业的政策缺口开始暴露,一是云计算企业和园区、基地的认定、扶持、考评机制还不尽完善,需要政府牵头尽快制定标准,加强监管;二是云计算产业行业标准仍不完善,还需要政府、企业、产业联盟、用户等多方进行协商。这期间上海云计算产业的政策要素属于中等水平。

在2013—2014年期间,上海云计算产业发展呈现"波动混乱"状态,产业没有明确的发展方向;产业深层结构的五个维度中,有两项属于中等水平,三项属于低水平,产业结构不再平衡稳定,如图5.14所示。

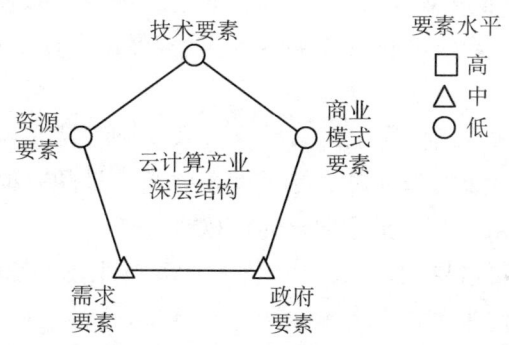

图5.14　2013—2014年上海云计算产业深层结构分析图

(4) 2015年

2015年是上海云计算产业发展的重要时间节点。一是"云海计划2.0"目标已经初步完成,云计算技术体系基本完善、商业模式创新能力进一步加强、云服务的用户接受度显著提高。在此基础上,上海将继续推出"云海计划3.0",力争在2016—2018年实现"云计算服务成为信息化标准范式,云计算产业体系日臻完善,带动相关产业能级显著提升";二是云计算产业总值实现跨越式增长,云计算产业及关联行业产值达到2 400亿元,比2013年翻了一番,超过2008—2013年的总和。其中产品及服务收入达到1 000

亿元,硬件收入达到1 400亿元,数据中心机架数超过2.5万个,各项产业经济指标都远超过往[3];三是云计算产业发展方向初步形成,上海选择以"工业云"和"云服务运营平台"作为两大发动机,明确产业发展演进路径,充分激发中小型云计算企业的创新活力,让它们凭借云计算技术或服务,参与到上海的汽车、民用航空、机电设备、钢铁四大重点产业中,打造"聚合百家资源、服务万家企业"的上海云计算产业创新服务品牌[104];四是上海云计算产业标准体系初步建立,正式推出上海云计算企业认定标准,对云计算技术标准、云计算企业商业模式、云计算产业边际都做了明确界定,使政府对于云计算产业的扶持能够落到实处,促进产业生态系统的优胜劣汰。

上述四大方面使得上海云计算进入"突变"状态,在极短时间内实现了质与量的跨越式发展,产生的经济总量翻一番,与2008—2014年的发展过程形成了明显的"间断"。

在技术要素层面,2015年上海云计算产业技术发展重点放在两大类基础设施和六大类重点服务领域上,这种聚焦型的技术发展模式带动了产业的整体突围。在政府引导和政策扶植的背景下,上海云计算技术研发重点放在云主机和云存储两个方面,云主机技术可以为云计算平台软件和应用软件提供软硬件支持,同时可以以产品的形式向客户提供云计算服务和运营平台;云存储技术则是企业级用户和个人消费者都需要使用的底层技术,掌握了云存储技术,将会帮助企业吸纳和保有活跃的用户群,使得云计算的经济效应充分体现。在具体的云计算技术应用领域方面,上海主要聚焦创意设计、企业管理、设备维修检测、能源分析与管理、物流业、电子商务行业六大领域,而不再像过往那样"广撒网"。这些领域都属于上海"四新"(新技术、新产业、新模式、新业态)经济发展的重点,通过云计算技术的应用,可以实现技术研发重点聚焦与示范带动效应明显的双重目标[104]。2015年上海云计算产业的技术要素属于中等水平。

在资源要素方面,上海综合利用政府和市场两种资源,在原有的静安、杨浦、浦东三个区的基础上,进一步为云计算产业发展提供土地资源(如宝山、闵行、青浦等区),鼓励云计算企业同工业企业进行联动发展,盘活资源总量[104]。同时,政府在战略性新兴产业专项资金中优先支持云计算项目,鼓励风险投资加大对云计算产业的投资力度,开拓融资渠道,鼓励各区县制定云计算专项扶持政策,2015年上海云计算产业新增投资超过150亿元,是2013年70亿元的两倍多,保证了产业快速发展的资金支持。上海还通过"千人计划""浦江人才计划"等项目,重点引进云计算技术研发与产业化领军人才,填补高级专业人才的缺口;鼓励高等院校企业合作,并依托社会化教育资源,开展云计算专业培训,形成云计算产业的人才梯队。2015年上海云计算产业的资源要素属于高水平。

在需求要素方面,2015年上海云计算产业市场需求旺盛。在个体消费者层面,随着移动互联网技术的成熟,数字娱乐、电子出版、数字内容、网络视听等领域的需求呈级数上涨,海量的信息存储、互动分享、社交网络需求远超过往。在企业层面,中小企业基本业务流程和金融行业数据挖掘的需求增长明显,在"互联网+"和"大众创业、万众创新"的背景下,越来越多的中小型企业不再选择自建软硬件系统,而基于云计算的企业业务流程和生命周期服务平台成为它们的首选,市场需求达到极值。同时,金融行业开始关注大数据技术的应用,在不增加成本的情况进行大数据分析,唯一的解决方案就是利用云计算服务模式,相应的企业级需求也大为增加。上海市政府也在2015年开始构建全市电子政务云平台,通过两年时间的试点,自由贸易试验区的社会信用平台运转良好,这给了上海市利用云计算技术打造一体化政务平台的信心。政府在地理信息服务、公共交通管理平台等方面同样有着极高的市场需求。2015年上海云计算产业的需求要素属于高水平。

在商业模式要素方面,"互联网+"和"大众创业、万众创新"国家战略激发了各类企业创新商业模式的热情。一批具有自主知识产权的全新云计算商业模式诞生,如为游戏开发企业提供的游戏云平台(盛大游戏),企业可以完全在云平台上完成游戏创作,不用担心软硬件容量与负荷,其费用完全根据使用量进行结算,甚至还可以用股权、活跃用户数量进行结算,大大盘活了市场;还比如结合慕课(Massive Open Online Course,MOOC)思维的微课堂云平台(蓝卓教育信息),被众多上海学校和社会教育机构选用,实现了服务推出即盈利的全新云教育模式。2015年上海云计算产业的商业模式要素属于高水平。

在政策要素方面,上海推出一系列政策组合拳,大力支持云计算产业的快速发展。第一是推出工业同云计算结合的政策。2015年初制订的《上海"工业云"创新服务试点实施方案》将云计算同上海的重点产业、重点领域、重点工程相结合,支持和挖掘一批重点"工业云"项目,重点支持研发设计、数据管理、工程服务、协同营销等领域的云平台项目[104]。第二是加强政府和第三方组织的协调工作,不仅进一步加强云海产业联盟的行业协会职能,还组建上海云计算专家委员会,建立市级部门间的云计算协调机制,成立上海"工业云"创新联盟,形成由政府部门、行业协会、平台运营商、服务供应商、重点应用企业等多方参与的综合推进体系。第三是开始上海云计算相关标准规范的制订工作。涉及云计算企业技术认定标准、云计算安全技术及体系认定、云计算服务标准化体系认定等多项标准,为云计算产业的有序发展提供保障。第四是加强与云计算发达国家与地区的交流合作,组织开展多种形式的产业交流活动,主动对接国际云计算标准与技术组织,支持上海企业提升国际竞争力,提供具有国际水平的云计算服务。第五加大政府采购力度,将云计算服务纳入政府采购范围,优先应用安全、可靠、自主的云计算技术和产品,在市级政府信息技术运算中 30% 采购云计算产品和服务[3]。这一系列组合拳使上海云计算产业的政策要素达到高水平。

2015 年,上海云计算产业发展呈现出惊人的"突变"发展状态,产业发展演进路径进一步明确与细化。产业深层结构的五个维度中,四项属于高水平,一项属于中等水平,如图 5.15 所示。

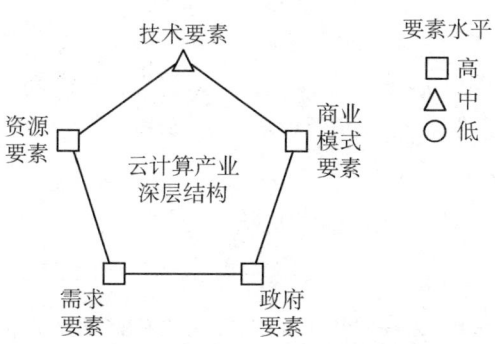

图 5.15　2015 年上海云计算产业深层结构分析图

(5) 对 2016—2018 年的验证

2015 年是上海"云海计划 2.0"的收官之年,2016—2018 年是上海云计算产业发展战略的第三阶段。上海云计算产业继续坚持走"与工业结合"、着力建设云服务运营平台、支持企业"上云"的道路,这不仅是对"中国制造 2025"国家战略的及时响应,也为"大众创业、万众创新"提供基础。同时,上海保持对云计算核心关键技术的关注,建立云计算产业市场准入机制,引导国有企业进一步选择安全可靠的云计算产品和解决方案,改变"重信息化设施建设、轻信息技术应用服务"的局面。

在产业整体取得"突变"式发展的基础上,2015年末,作者对2016—2018年上海云计算产业的演进态势进行了预判,认为产业整体将进入发展"稳态"状态。至2018年末,作者对过去三年上海云计算产业的发展情况进行重新评估,初步测算阶段内上海云计算关联产业经济总量稳定在3 000亿元的水平,产业深层结构的五个维度全面保持在中等水平以上(图5.16),这与2015年末的产业演进态势预判基本吻合[*]。

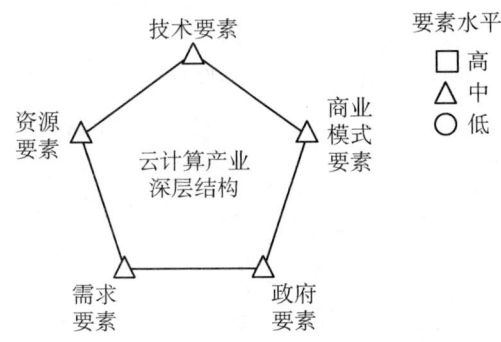

图5.16 2016—2018年上海云计算产业深层结构分析图

## 5.5 对产业发展演进规律的进一步探讨

当上海云计算产业发展状态处于"波动混乱"状态时,不难发现,产业深层结构各个要素的变化非常强烈,表现为五个维度平衡

---

[*] 截至2018年12月本书初稿完成时,上海云计算产业的整体发展态势验证了作者的判断。

性的丧失。这种平衡的丧失影响到产业生态系统的稳定,一旦产业深层结构发生彻底改变,则"突变"发生的可能性会大大增强,产业发展演进会在较短时间内出现剧烈变化,导致出现"突变"或"失败"两种状态中的一种。

在组织战略相关研究领域,也有学者提出了类似的研究结论,Gersick等人就指出组织会在一段相对较长的时间内维持其惯性,压制质变的出现。当内部变化加强时,组织做出的保持惯性的努力就变大,在绩效方面表现为波动起伏。当组织结构无法控制其内部新旧变化的对抗时,变化会在很短时间内出现,或者说被压抑的能量迅速释放出来[89]。组织维持惯性的努力属于"波动混乱"状态,能量释放的结果要么是快速成功,要么是快速灭亡。Johnson也指出,与组织保持平衡、维持稳定的时间比起来,发生在混乱状态后的组织成功或失败的结局总是显得那么短暂、迅速,让人难以预料[100]。

一种可能的产业发展演进状态模型如图5.17所示。

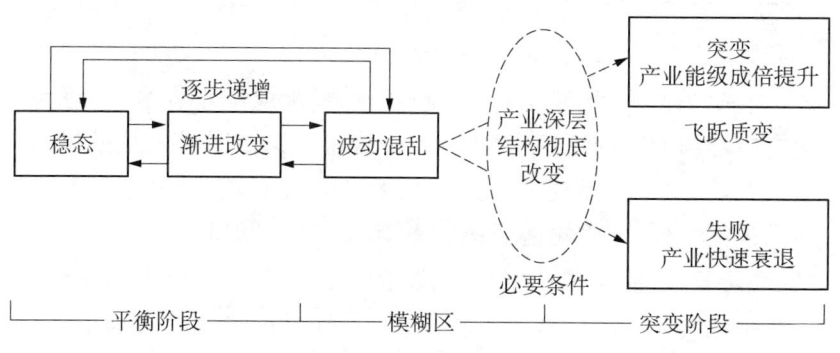

图5.17 产业发展演进状态模型

"平衡阶段""突变阶段""模糊区"和"产业深层结构"构成了产业发展演进路径的核心要素。其中,"平衡阶段"包括产业发展的

"稳态""渐进改变"两个状态;"突变阶段"的结果是产业快速发展("突变"状态)或产业迅速衰败("失败"状态);而"波动混乱"状态反映产业发展演进过程中受到各种因素影响而出现的不稳定现象,因此属于"模糊区"*。在产业发展演进过程中,"平衡间断"与"模糊区"可能多次出现交替,产业发展也会在"稳态""渐进改变"和"波动混乱"状态之间变动。"产业深层结构"即"间断—平衡"理论中的"深层结构",它反映了组织核心价值观及"做事情的方式",表达了产业生态系统发展进化的目的和基本方向。产业深层结构平衡的彻底改变是"突变阶段"出现的必要条件,对产业的演进起到重要影响。当产业发展的"平衡阶段"被打破,处于"模糊区"时,如果满足进入"突变阶段"的条件且原有产业深层结构平衡被彻底打破,则可能使"变化脱离原有惯性的束缚",激发质变并进入"突变阶段",产业发展呈现"突变"状态或"失败"状态,导致产业快速发展或产业快速衰败的结果。

在产业发展演进过程中,有着两种程度的"变化":一种是"逐步递增"(即"渐进改变"状态中的变化),一种是"飞跃质变"(即"突变"状态中的变化)。哪种"变化"形式对产业发展更为重要,是"小步快跑"还是"百米冲刺"? 从整个演进过程来看,逐步递增所占据的时间更多,构成了产业发展演进的基础。从结果角度来看,飞跃质变无疑为产业带来的绩效改变更大,也是产业发展的最终目标,似乎更为重要。然而,实现飞跃质变必须要经过"突变阶段"才能实现,"突变阶段"的结果并非总是好的,正如其非线性本质描述的一样,变化不是沿着线性前进路径发展的,结果可能以失败的情况居多,甚至是彻底的失败[90]。与之对应,逐步递增是一种稳态发展,是绝大多数产业发展所追求的"和谐"状

---

\* 在商业实践活动中,"模糊区"有时也被描述为"瓶颈"状态。

态,即使是飞跃质变,其最终结果也是在更高的层次上实现稳态发展。云计算产业发展演进过程中,需要通过稳定和渐进的变化来打好产业基础,在产业深层结构的五个维度上做好逐步推进工作,不能盲目迷信"飞跃质变"而轻视"逐步递增"的作用。物理学中突变理论的提出,或多或少地统一了逐步递增与飞跃质变两种变化形式[*1],该理论指出两种质变(渐进改变与突变)的转化在数学上是可以进行有限描述的,并非如"黑白"一般是哲学意义上绝对对立的问题[94]。换句话说,逐步递增与飞跃质变互为有益的补充。因此,在进行产业发展演进的理论探讨时,应该辩证地看待"逐步递增"与"飞跃质变",不能简单地用"好坏"来进行"一刀切"式的评价。

## 5.6 上海云计算产业布局及企业空间聚集现状分析

自2010年"云海计划"颁布后,上海云计算产业迅猛发展,产业和园区布局清晰,企业数量和创新专利数显著增加。

企业方面,根据工商部门公布的注册情况[*2],截至2016年年底,上海共有1 720家主营业务包含"云计算"的信息技术企业,可以归纳为云计算基础设施、云计算技术研发、云计算平台及第三方服务、云计算软件四大类。其中,云计算平台与第三方服务类别的企业数量最多,从事云计算基础设施的企业比例最小,云计算技术研发类企业所占比例在2012年最大,之后逐渐稳定。企业的数量趋势、分类情况如图5.18和表5.4所示。

---

\*1 渐进质变(逐步递增)与飞跃质变的比较一直是理论界探讨的重点话题,在社会科学领域,究竟哪种变化方式更接近社会、组织真实变革情况的辩论一直在进行中。

\*2 引自工商部门公布的数据,由第三方企业注册服务平台提供。

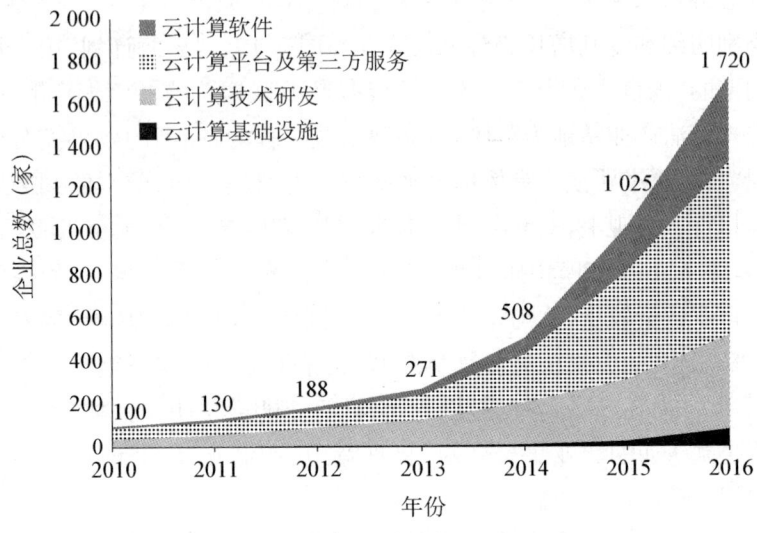

图 5.18　上海云计算企业数量增长趋势

表 5.4　上海云计算企业分类情况（单位：家）

| 年份 | 云计算基础设施 | 云计算技术研发 | 云计算平台及第三方服务 | 云计算软件 | 企业总数 |
|---|---|---|---|---|---|
| 2010 | 4 | 35 | 50 | 11 | 100 |
| 2011 | 4 | 56 | 58 | 12 | 130 |
| 2012 | 6 | 89 | 78 | 15 | 188 |
| 2013 | 7 | 123 | 114 | 27 | 271 |
| 2014 | 13 | 195 | 224 | 76 | 508 |
| 2015 | 27 | 288 | 507 | 203 | 1 025 |
| 2016 | 83 | 439 | 810 | 388 | 1 720 |

产业方面，上海云计算产业宏观上呈现"全面云化，产业升级"

的态势,2010—2017年相关企业创新专利总数已达1 179件,专利类别明细和专利增长趋势见表5.5和图5.19。"云海计划"第一期制定的"以自主创新为主体,以云海产业联盟为支撑,以闸北(静安)、杨浦产业基地为载体,以应用示范工程为核心"的效果充分实现,云计算产业演进整体进入平衡阶段的"稳态",与前文的判断基本相符。微观上,上海云计算企业空间聚集表现为"远交近攻"格局,即1 km空间范围内,类别属性一致(或业务范围相近)的云计算企业数量较少,这与信息技术企业高级管理人员和核心技术人员易流失、商业模式易被复制性、恶意竞争和收购易产生等因素密切相关;而在5 km空间范围内,云计算企业数量明显增多,类似于传统制造业的产业集聚效应,良性竞争、产业互补、众创众筹的积极创新局面更为明显。

表5.5 上海云计算企业专利类别明细表

| 年份 | 发明公布 | 发明授权 | 实用新型 | 外观设计 | 年总计 |
| --- | --- | --- | --- | --- | --- |
| 2010 | 3 | 1 | 4 | 14 | 22 |
| 2011 | 10 | 4 | 8 | 11 | 33 |
| 2012 | 26 | 14 | 52 | 10 | 102 |
| 2013 | 43 | 13 | 20 | 65 | 141 |
| 2014 | 86 | 16 | 60 | 39 | 201 |
| 2015 | 113 | 19 | 48 | 29 | 209 |
| 2016 | 138 | 32 | 70 | 48 | 288 |
| 2017 | 114 | 6 | 44 | 19 | 183 |
| 类总计 | 533 | 105 | 306 | 235 | 1 179 |

注:数据统计区间为2010—2017年。

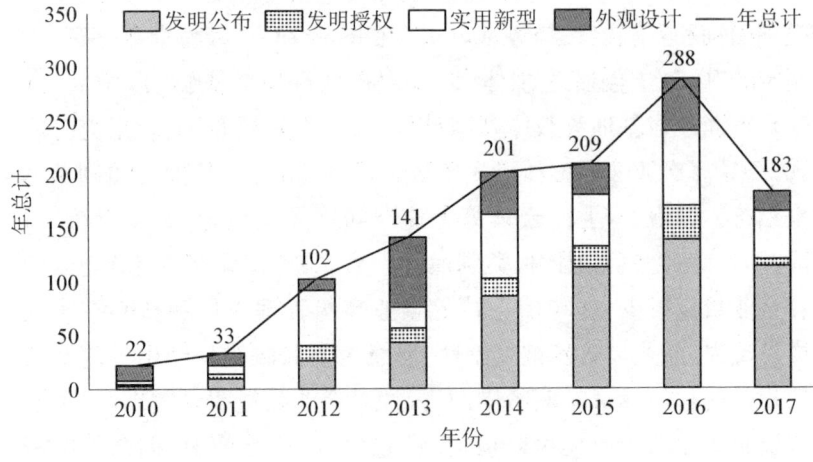

图 5.19 上海云计算企业专利增长趋势

后续研究需要针对上海云计算企业这种"远交近攻"现象展开深入探讨,并为未来上海市规划与改进云计算产业布局提出可行建议。

# 第 6 章

## 云计算商业模式及企业采纳云计算服务研究*

---

\* 本章部分研究内容与结论来源于作者参与的"上海市科技发展基金软科学研究项目（12692104400）"。

本章首先对云计算商业模式进行介绍，探讨云计算对传统商业模式带来的影响，以软件服务业为例说明商业模式创新的链式效应。在此基础上，结合信息技术扩散和外包的理论，建立企业采纳云计算服务影响因素的研究模型并展开问卷调研。最后，对选择使用云计算服务的上海企业进行了访谈和定性研究。研究发现目前企业选择云计算服务（或应用）受到企业管理层动机、企业信息技术资源，以及多种外部压力的影响，同时企业的规模、成立时间、所在行业也会对其云计算服务的使用意愿产生影响。相关结论将对有关部门优化云计算产业政策，激励企业采纳云计算商业模式产生积极的作用。

## 6.1 云计算商业模式概述

云计算产业诞生后，最大影响就是充分激发了新一代信息技术产业商业模式的创新热潮[105]。以技术为核心、以商业模式创新为主干、以终端产品为补充，各式各样的新型云计算服务模式不断涌现，世界范围内的产业商业模式创新局面已经形成。

云计算商业模式创新的初衷只是"软件成本"因素，以一个假想的例子说明：一家典型的中等规模服务型企业（100人左右），如果自建信息系统（软件），自己雇佣最低限度的人员进行管理和运维，那么成本将在每月 30 000 元人民币左右（2008 年时）。如果选择购买 SAP 或甲骨文等大型公司的软件产品，成本在每人每月 200 元人民币左右（总成本约为 20 000 元）。这些软件实现了业务流程的标准化，尽管可能其中大量的软件功能短时间用不上，但成本仍然比自建自管的模式便宜很多。到了 2009 年，以 Salesforce 为首的云计算服务供应商开始提供 SaaS 服务模式，这家企业使用信息服务的成本可以降低到每人每月 50 元人民币以内（总成本约为5 000元);同时,定制化软件保证不会出现软件功能浪费的局面,还提供了未来功能扩展的可能性,并且可以运行在手机、PDA等移动终端上。毫无疑问,三种方案中,这家企业一定会选择Salesforce。更进一步,如果这家公司的产品中使用了"地理位置信息服务",那么比起动辄上千万元的信息系统开发成本,谷歌公司提供的云平台服务可能只需要每人每月10元左右的成本,云计算商业模式的成本优势独占鳌头。

到2010年,美国市场上云计算商业模式已经初具规模,形成了以"十一精英"为第一梯队的云计算商业模式创新局面。这十一家企业包括[105]:Salesforce、Concur、Taleo、Kenexa、Omniture、Netsuite、DealerTrack、Constant Contact、Vocus、Successfactors和RightNow Technologies。仅2011年一年,"十一精英"的总利润就达到15亿美元,股票市值超过80亿美元。

伴随着云计算产业的蓬勃发展,云计算服务的商业模式开始丰富,云计算自身也从政府到企业用户、个体使用者,从信息技术行业向传统农业、工业和现代服务业不断延伸,形成一套全覆盖的服务体系。2012年以来,云计算商业模式不再仅仅关注"软硬件成本",而是以"一切皆服务(XaaS)"的理念为标准,将企业对信息技术的一切需求以云计算服务的方式进行提供。首先,信息技术服务的购买模式发生变化。传统的一次性、预置性购买模式将逐渐被按需供应模式、服务模式所替代。同时,云计算产业商业模式触发了许多新的商业应用和增长点,带来新的虚拟产业(如虚拟的云呼叫中心)、新的服务集群(如云托管主机服务)、新的服务模式(如云教育平台)等,这些创新导致传统商业市场的重新洗牌,让行业竞争门槛降低。基于云计算能力的市场竞争跨行业、跨领域、跨地域,商业模式成为创新与变革之源。表6.1为云计算对商业模式的影响。

表 6.1　云计算对商业模式的影响[82]

| 类型 | 商业模式 |
| --- | --- |
| 传统信息技术 | • 以软件授权许可为核心的授权模式,软件一次性付费,此后各年按一定比例收取升级、维护等服务费用<br>• 以峰值、最大冗余进行购买 |
| 基于云计算技术 | • 按使用资源的多少和使用时间的长短购买,资源可按需动态调配<br>• 企业营收变为长期模式,对企业现金流的影响较大,长尾效应明显<br>• 出现云计算综合运营服务供应商和集成服务供应商<br>• 网络、硬件、器件供应商根据实际需求向云计算服务主动靠拢 |

从经济学视角来看,商业模式就是协调技术资源投入与经济产出而产生的价值实现模式[106],如图 6.1 所示,因此云计算商业模式就是利用信息技术资源虚拟化来获取其经济价值的过程。

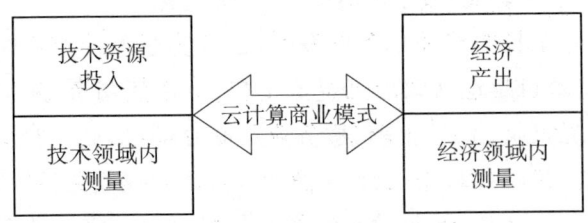

图 6.1　云计算商业模式的经济学视角解释

在传统的商业模式下,商业服务的方式大多是以"端到端"的直接服务方式进行;而在云时代,商业服务中出现了云计算技术因素,形成了"端—云—端"的服务模式[106]。这种服务形态的变化,把企业日常所面对的复杂的技术、架构、平台等基础性服务,内化于云中,在云中化繁为简,成为基于云计算的专业化服务,由特定服务供应商提供服务。而企业能够更多地从最终使用者视角设计、开发产品和服务,把更加优质、廉价、高效、友好的应用服务带给最终使用者。在云计算产业中,终端产品和服务虽然都属于"端到端"的服务,但这个服务产生过程中包含了基于云计算的应用,因此是"云和端"的服务组合。

在前文分析的云计算产业生态系统中,领导种群(云服务供应商)重新整合云计算产业链资源,通过全新的商业模式为处于不同生态位的物种以及生态系统外的使用者提供服务。云计算服务随着市场的竞争及各方认知的提升,向各行业、各领域加速渗透和扩张,逐步改变着传统的商业模式,带动商业模式的创新。云计算服务的效益已经延伸到传统行业的生产和组织管理模式中,其商业模式变革的核心是从技术资源转向商业资源的应用。通过云计算服务的重构,企业从原来关注计算机运算、存储等技术能力,转向客户关系、市场营销、商业数据挖掘、商业智能等决策服务能力上;从单一终端应用转向多样化终端应用,这种商业模式的变革实质上就是从"以技术为本"转向"以人为本"的变革。

对使用云计算服务的企业来说,商业模式的变化主要体现在应对创意、成本以及效率的变化上,这些企业将能够获取更多贴近市场变化的信息资源服务,并通过信息资源更好、更快、更低成本地应对市场变化,实现服务创新和价值获取。企业处于云计算产业中,也将能够被更广泛的产业链所包容和接纳,实现产业价值链的多样化和更广泛的商业合作与发展[106]。

如何判断一项服务是否是真正的云计算服务,真正的云计算商业模式?通常来说应该看是否同时满足以下三个条件[18]:

① 服务应该是随时随地可接入的。用户可以在任何时间、任何地点、通过任何可以连接网络的设备来使用服务,而无须考虑应用程序的安装问题,也无须关心这些服务的实现细节。

② 服务应永远在线。尽管偶发问题可能出现,但一个真正的云计算服务应时刻保证其可用性和可靠性,保证随时可通过网络的接入,正常提供服务。

③ 服务拥有足够大的用户群。类似于"多方租赁",由一个基础平台向多个用户提供服务的"租赁"。虽然没有明确的数量来进行划分,但只是针对少数用户的服务,即便使用了云计算相关技术来支撑其基础系统,也不应该归为云计算服务。因为只有庞大的用户群,才会产生海量数据访问压力,这是云计算出现的最根本原因,也是云计算服务区别其他互联网服务的标志之一。

斯坦福教授周晨光(Timothy Chou)曾以软件服务为例,将目前市场上已经出现的、较为成熟的信息技术商业模式进行总结与对比,说明云计算商业模式的优越性,如图 6.2 所示。

| 商业模式 | 传统 | 开源 | 业务外包 | 混合型 | 混合型+ | 服务形式的软件 | 软件即服务(SaaS) |
|---|---|---|---|---|---|---|---|
| 购买成本 | 4 000美元/人 一次性购买 | 0美元 | 4 000美元/人 一次性购买 | 4 000美元/人 一次性购买 | | | |
| 运维成本 | 800美元/人 每年 | 1 600美元/人 一次性购买 | 800美元/人 每年 | 800美元/人 每年 | 300美元/人 每月 | <100美元/人 每月 | <50美元/人 每月 |
| 服务成本 | 难以准确计算 | 难以准确计算 | <1 300美元/人 每月 | 150美元/人 每月 | | | |
| 使用地点 | 企业 | 企业 | 企业 家中 | 企业 家中 | 企业 家中 | 任意有办公条件的地方 | 任意有网络的地方 |

图 6.2 信息技术商业模式比较分析(以软件服务业为例)[105]

① 传统模式:信息技术服务主要以软件的形式提供。软件一经购买就被授予了永久使用权,如企业从微软、甲骨文公司购买的专业客户关系管理系统软件。伴随软件购买业务而来的是硬件购买、招募或调配专门的系统(软件)管理人员,这笔费用并不小。根据 Gartner Group 的估算,企业每年需要花费大约 4 倍于软件许可权的价钱用于维护和管理软件;而微软公司也承认,购买该公司软件所花费的资金仅占使用软件所需资金的 5% 左右。传统模式的成本主要体现在使用信息技术服务的五个主要方面:可用性、表

现、稳定性、问题处理、变化管理(可扩展性)。在该模式下,信息技术服务的供应商(软件提供商)更加受益。

② 开源模式:2000年左右,信息技术服务界兴起了开源模式,将软件源代码进行公开,帮助企业解决使用软件进入特定商业领域的实际困难。开源模式的优势体现在两个方面,一是企业应用开源软件的门槛费用几乎降为零,著名开源数据库工具软件 MySQL 每天都有超过 1 亿次的安装量和 6 万次的下载量,这无疑极大地促进了商业发展;二是开源模式的灵活性更高,企业很容易在开源软件基础上进行个性化定制与扩展,实现原来自己开发很难达到的效果。对开源软件供应商来说,它们可以通过提供软件运维服务、提供额外付费的高级功能、个性化定制等方式实现获利。

③ 业务外包模式:在该模式下,软件依旧是由软件公司授权无限期使用,客户依旧支付维护费用,但外包公司收取的运维费用要远少于客户自己的费用。外包公司既可以在客户处管理软件,也可以在自己公司内进行远程管理。发展中国家由于人力资源成本较低,因此是外包公司的主要聚集地,如印度和中国。外包模式虽然节约成本,但人力成本的利润空间在不断缩小,稳定性也无法得到充分保证。

④ 混合型模式:该模式类似传统模式,仍然收取客户使用权和运维费用,但同时给予客户更高的选择权。客户有权选择购买哪个环节的信息技术服务,还有权选择在哪个环节支付额外的费用而获得更高的可用性、安全性和高性能。与传统模式购买了软件全部功能(但很多其实根本用不上)相比,混合型模式让客户每一分钱都花在该花的地方,即选择定制信息技术服务的机会,而信息技术服务也不需要重新设计软件,而只是根据客户的实际需求提供专业化服务,这种服务在绝大多数情况下都是重复的,达到了

客户与服务供应商的成本同时下降的"双赢"局面。

⑤ 混合型+模式：该模式是对混合型模式的提升，其取消了软件的使用许可费用，每年都按照固定的价格向客户收取费用，客户可以自行决定何时对软件进行更新、升级，在保证低成本的基础上还增加了使用的灵活性。

⑥ 服务形式的软件：该模式完全以服务的形式替代传统软件，根据客户的实际需求提供定制化服务。在实际的商业活动中，客户对信息技术的诉求并不看重软件功能的大而全，而是看重在具体情境下是否适用。该模式提供的服务也许高级功能性要比传统模式差，但成本低廉、目的简单，尤其适合中小企业迅速使用，通过灵活性与弹性增加软件的竞争力。

⑦ 软件即服务（SaaS）：该模式比前一种模式更进一步，借助互联网向客户提供具有特定功能的软件，客户可以在任何时间、任何地点通过客户端访问与使用软件，并同样借助网络实现个性化定制软件。对客户来说，软件产品完全变为一种根据实际可以度量的按需自服务，具备极高的灵活性和弹性；对服务供应商来说，借助网络和资源池化的软件功能，也降低了二次开发和实时响应需求的高成本。

上文仅以最简单的软件业为例说明云计算商业模式的发展创新过程。可以说，云计算是一场革命，在今天新型信息化社会中各行各业都无法避免。最初是一场信息资源使用方式的革命，紧接着是信息技术架构的革命，然后是管理思想的革命，再接着就是云计算商业模式的革命[21]，如图 6.3 所示。伴随着国家对战略性新兴产业的进一步推进，云计算服务模式将不断丰富，并成为未来最重要的信息技术基础、信息服务基础和信息资源基础。基于云计算技术的在线、按需等服务特征将日益成为各大产业发展的主流模式，云计算产业及相应的商业模式创新也必将为中国经济新常态提供更多的机会与动力。

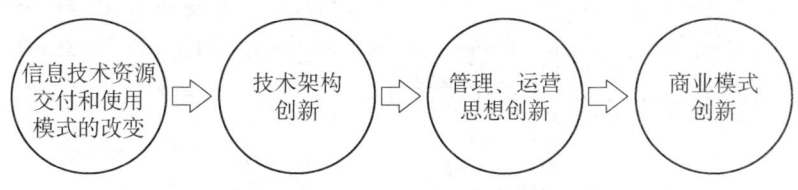

图 6.3　云计算带来的链式效应

## 6.2　中小企业云计算公共服务应用情况：以上海为例

目前，数量巨大的中小企业是使用上海云计算公共服务的主力军。要实现云计算服务的推广与创新，必须从中小企业入手。为进一步了解上海企业，特别是中小企业对于云计算公共服务的态度和使用意愿，本书选择了上海电信的"商务翼云"系统，对潜在用户企业进行了调研。"商务翼云"是面向中小企业的云服务平台，属于中小企业云的范畴。该平台提供的云计算服务涵盖 IaaS、PaaS、SaaS 三个方面，能够为中小企业提供比较全面的业务支持和信息技术服务。作为上海地区一个比较有影响力的中小企业云服务平台，"商务翼云"被列入上海云计算产业发展的示范项目。

研究共选取上海地区 16 家中小企业进行了调研。这 16 家企业涵盖制造、印刷、信息技术、服务等行业，对于信息产品和信息服务有一定的需求，是"商务翼云"的潜在用户。调研采用现场访谈或电话调研的方式，对象为企业的管理层人员，特别是了解和熟悉企业信息技术应用需求的高级管理人员。

调研显示，这些用户对云计算已经有了一定认识。云计算节省成本、提高信息技术基础架构效率、简化部署等方面的优势已经得到最终用户一定程度上的认可。但是多数用户对云计算的认识还停留在概念阶段,对如何成功应用云计算服务所知甚少,如图6.4所示。因此,当前阶段,潜在用户急需的是全面而清晰的云计算实施规划,使得它们对云计算的认识从概念走向实践,并能够在其应用云计算的过程中给出指导意见。

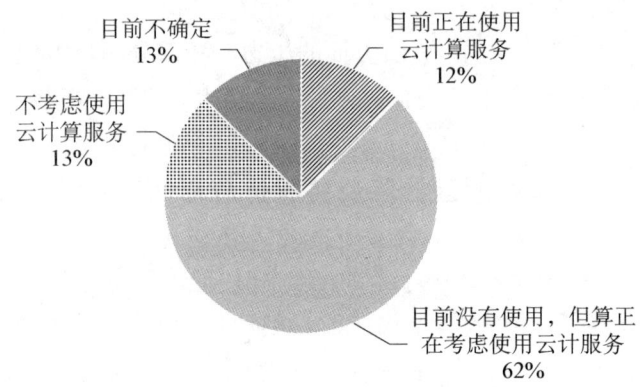

图 6.4　中小企业使用云计算服务情况

在调研的 16 家中小企业中,有 2 家目前正在使用云计算服务;10 家目前没有使用,但正在考虑使用云计算服务;2 家不考虑使用云计算服务;另有 2 家目前不确定。上述数据说明这些企业对云计算已不陌生,大多数用户对云计算持肯定的观点,对其发展前景较为看好,对云计算产业发展较为关注。同时,多数用户仍未真正使用云计算服务,正在使用的用户比例还比较小。当前应宣传和推广一些云计算服务(商业模式)在各行各业成功应用的案例,加强企业对云计算服务的认知,增强它们使用云计算服务的信心。调查结果显示:云计算服务正在被越来越多的企业关注,更多的企业愿意去尝试或评估云计算服务可以为企业带来的好处,这些也为上海推广云计算公共服务提供了很好的企业基础。

作者对正在使用云计算服务和考虑使用云计算服务的 12 家

企业进行了深入研究,分析其选择(考虑选择)云计算服务的具体原因。这些原因主要可以归结为三个方面:

① 降低成本。大多数的企业用户认为"削减成本"或"预算限制"是它们使用云计算的主要原因,成本因素仍然是用户使用云计算的首要考虑。

② 企业在信息技术人员方面的压力。一部分用户希望能够通过使用云计算服务来解决企业自身信息技术人员不足的困境。

③ 提高企业信息技术应用水平。一部分企业希望通过云计算服务改善和提高企业原有的信息化水平,促进企业业务的发展。

在使用和考虑使用云计算服务的 12 家企业中,有 7 家企业考虑使用"商务翼云"平台的 SaaS 服务,包括进销存、客户关系管理、知识管理、办公自动化等应用。4 家企业考虑使用 IaaS 服务,主要是安备通(云存储)、云主机、添翼邮(基于云计算的邮件系统)等服务。1 家企业考虑使用 PaaS 服务,主要是位置服务。可见,目前用户对 IaaS、PaaS 和 SaaS 都有一定的需求,但主要是 SaaS 服务,其次是 IaaS 服务,而对于 PaaS 服务的需求相对较少,如图 6.5 所示。

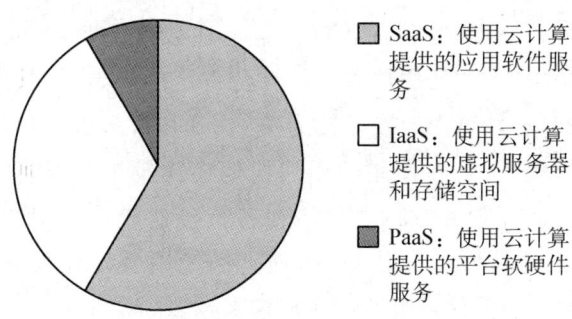

图 6.5 调研的中小企业使用云计算服务的种类图

对于购买云计算服务,不同用户有着不同的考虑因素。其中数据安全、服务质量和稳定性、服务供应商的品牌和技术成熟度、服务的价格、应用对需求的满足程度、服务的定制能力、易扩展性等是用户最为关注的因素,如图 6.6 所示。

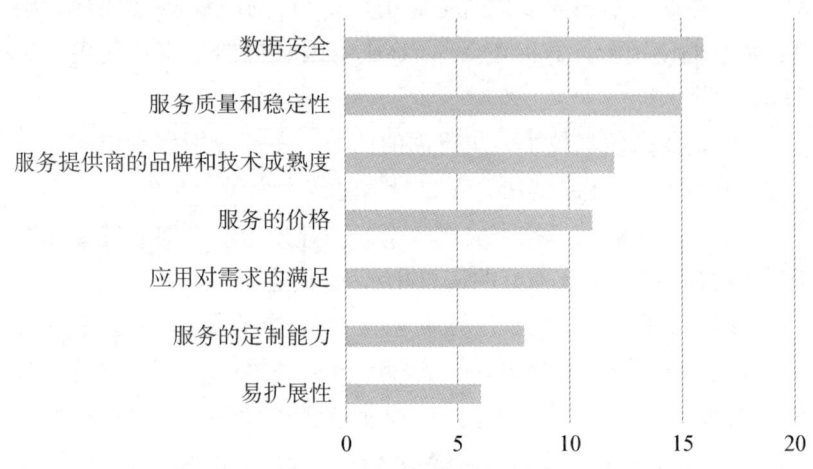

图 6.6　调研的中小企业购买云计算服务的关键因素

在决定是否购买云计算服务的关键因素中,16 家企业全部提到了数据安全性,15 家企业提到了服务质量和稳定性,12 家企业提到了服务供应商的品牌和技术成熟度,11 家企业提到服务价格,10 家企业提到应用对企业需求的满足程度,9 家企业提到了服务的定制能力,7 家企业提到了服务的易扩展性。可见用户对于云计算应用的要求非常明确、理性客观,数据和系统的安全稳定、专业的服务能力等综合指标直接决定用户对于云计算服务的采购行为。

被调查的上海企业同时也表示出对于使用云计算服务的一些担忧,主要是关于企业关键信息和数据的安全性、担心使用云计算服务后失去对企业业务流程的控制、担心云计算服务无法和企业现有的信息系统融合、担心网络带宽和速度无法支持、担心云计算服务无法充分满足企业业务复杂性需求、担心服务供应商能否按服务水平协议提供云计算服务等,调研结果如图6.7所示。

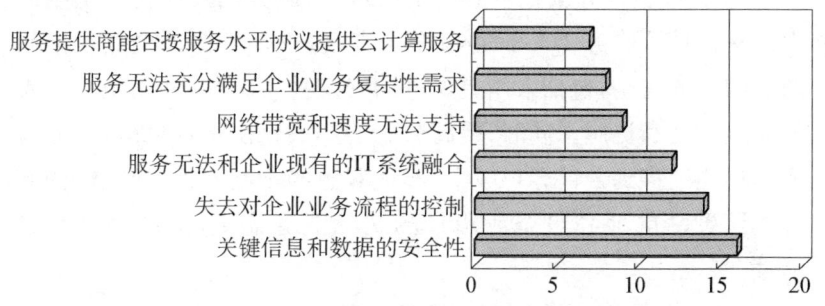

图6.7 调研的中小企业对云计算服务的担忧

在上述因素中,16家企业全部提到关键信息和数据的安全性,14家企业提到担心失去对业务流程的控制,12家企业提到担心服务无法和企业信息系统融合,9家企业担心网络带宽无法支持,8家企业提到服务无法充分满足业务复杂性,7家企业担心供应商能否按服务水平协议提供服务。综合来看,当前这些中小企业对于云计算服务的主要顾虑还是在安全性、可靠性和风险控制方面。

根据上海中小企业对于云计算服务的认识、应用水平和意愿,本书认为可以从以下几个方面采取措施,进一步推动上海中小型企业选择使用云计算服务。

① 进一步加强云计算服务的推广宣传。目前,很多企业对于云计算已经有了一些了解和认识,但还有不少企业,特别是一些中小企业对于云计算所知甚少。因此,政府部门和云计算服务企业应联合做好宣传推广工作,让广大企业真正了解云计算的意义和效能,主动接纳和采用云计算服务。2010年以来,上海市已经陆续推出了一些云计算示范项目,但辐射面还不够,云计算商业模式的优势还没有被传递到众多的中小型企业。相信通过"云海计划

3.0"的实施,可以在 3 年左右的时间里帮助更多上海中小企业对云计算服务模式形成深入和全面的认识。

② 提高云计算服务中的安全性水平、服务的集成化和定制能力。从云计算服务供应商的角度来讲,应进一步保证企业数据和商业信息的安全,包括采用更先进的安全技术、建立和实施更完善的安全制度和机制。同时,提高服务的集成化水平,将更多企业需要的功能迁移到云计算环境中,改进服务的定制能力,使提供的服务能够更精准地满足企业用户的实际业务需求,提高弹性与灵活性。

③ 加强服务水平协议管理,细化服务质量。要想让用户敢于将关键业务应用放在云计算平台上,粗放的服务协议显然无法让人放心。服务水平协议是购买第三方服务或提供信息技术服务时最通用的方式,一般应包括规定分配给客户的资源保障、在可能影响用户的变化出现之前进行通知与安排、远程访问可用性、服务供应商支持的最低利用性能、有效工作时间或允许的最长停机时间、各类客户的优先权、客户技术支持和服务及惩罚规定等方面内容。在云计算服务提供过程中,应加强服务水平协议的管理,从而降低用户的风险,提高用户对云计算服务的信任。

④ 采用完善的管理控制机制。为保证云计算服务能够真正按照规定的标准提供给用户,云计算服务供应商应进一步强化服务中的管理控制机制,包括对开发团队、服务团队、销售团队的控制,使其确实达到应有的服务质量和水平,提高用户对云计算服务的满意度及使用意愿。

## 6.3 企业采纳云计算服务实证研究

为深入了解影响企业使用云计算服务的关键因素,在前述对中小企业云计算公共服务使用情况初步调查的基础上,还需要展开进一步的定量研究。

云计算服务作为一种新兴的信息技术服务和技术,同时也是一种新型的信息技术外包模式,涉及企业的采纳问题。信息技术(系统)的"采纳"和"接受"是近年来信息管理领域研究的热点概念和重要课题[92],国内外都有学者针对这个话题展开研究。"采纳"的英文写作"Adopt"或"Accept"。根据《汉语大词典》的解释,"采纳"的定义有两层:一是接纳、接受,如"采纳贤良,选用忠良",这是较浅的层次;二是采用、采取、吸收,如"数言时政得失,太宗多所采纳"\*,这是较深的层次。企业采纳则是组织层面采纳信息技术的简称,定义相同或相近的词汇还有采用(Adoption)、吸收(Assimilation)、扩散(Diffusion)、接受(Acceptance)等。本书将对上海企业采纳云计算服务的影响因素进行重点研究。

企业对于云计算服务的采纳,既有传统信息技术接受的特点,同时也具备信息技术服务外包的特性。本书主要基于"技术—组织—环境"(Technology-Organization-Environment,TOE)理论,从技术、组织和环境三方面研究影响和决定企业采纳云计算服务的因素。

"技术—组织—环境"理论认为组织对于新技术的创新性采纳和实施受到技术、组织和环境三方面因素的影响[107]。技术因素指的是新技术本身的特性及企业现有的技术基础和条件。组织因素包括企业的组织结构、创新流程、企业战略和管理模式,以及企业规模和资源等。环境因素包括市场条件、外部支持和政府的法律法规等。以往的研究证实这些因素对于企业信息技术,如企业资源计划(ERP)、电子商务等的采纳具有显著的、决定性的影响。本

---

\* 出自《新唐书·张公谨》。

书基于"技术—组织—环境"的理论架构,对已有研究中影响企业采纳信息技术的因素和影响企业信息技术外包决策的因素进行了全面归纳和总结,提出了以下的研究模型,如图 6.8 所示。

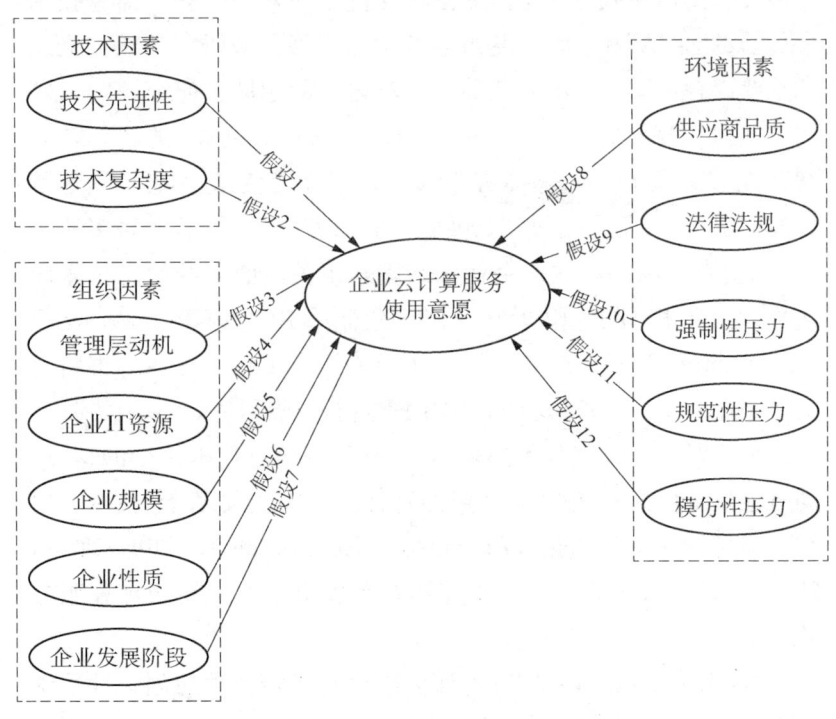

图 6.8 研究模型及假设

根据上述研究模型,企业的云计算服务使用意愿受到三方面因素的决定和影响。技术因素包括云计算服务的技术先进性和技术复杂度,组织因素包括企业管理层动机、企业信息技术资源、企业规模、企业性质、企业发展阶段,环境因素包括云计算供应商品质、云计算相关的制度法规、企业采用云计算服务的外部强制性压力、规范性压力和模仿性压力。

### 6.3.1 技术因素(T)

(1) 技术先进性

云计算服务是一种新型的信息技术服务。企业在决定是否采纳云计算服务时,云计算服务本身的技术特性是企业考虑的重要因素。根据已有调研结果,可靠性、安全性、可扩展性及服务的定制化能力是国内企业对云计算服务最为关心的重要因素。本书将云计算技术的可靠性、安全性、可扩展性和定制化能力定义为云计算服务的技术先进性。企业采纳云计算服务,是将自身的信息技术功能与业务流程外包给云计算服务供应商,系统的可靠性和安全性是企业尤其关注的因素。此外,云计算同传统信息技术和服务方式相比,具有突出的可扩展性。在企业决定采纳云计算服务的原因中,可扩展性是必须要考虑的因素。很多企业担心云计算服务无法像传统信息服务外包那样能够要求供应商提供个性化和定制化的服务(类似于甲方可以提出各种定制化要求),所以服务供应商在云计算技术上的可扩展能力和定制化能力也是企业采纳云计算服务时需要考虑的重要指标。基于上述分析,本书提出假设1。

假设1:技术先进性与企业云计算服务使用意愿正相关。

(2) 技术复杂度

企业在决定采纳新技术时(特别是信息技术),技术的复杂度是其考虑的重要因素,相关研究结论在国内外都得到了验证。技术复杂度包括技术是否易于使用、易于实施、易于管理,是否容易同企业现有业务流程和技术集成。技术复杂度高会增加企业的管理和财务成本,从而降低企业对于新技术的使用意愿。以往的研究中,Zhu等学者指出技术的复杂度会对企业间信息系统的应用产生负面影响[108]。Low等学者进一步发现技术的复杂性对于台湾企业的云计算采纳有负面影响[109]。企业在决定是否采纳云计算服务时，技术复杂度是重要的考虑因素，因此本书提出假设2。

假设2：技术复杂度与企业云计算服务使用意愿负相关。

### 6.3.2 组织因素(O)

（1）管理层动机

以往的研究已证实企业管理层，特别是高层管理者对于信息技术的理解、认知和认同直接关系到企业对于技术的采纳和实施是否取得成功。Liang等学者指出企业高层管理的支持和参与是企业资源计划（Enterprise Resourse Planning，ERP）系统实施成功的关键因素[9]。Ghobakhloo等人的研究发现CEO对于电子商务技术的理解和积极性会直接影响企业电子商务系统的采纳和实施[110]。Low等学者发现台湾地区高层管理者的支持对于企业云计算技术的采纳有重要影响[109]。目前在中国，云计算服务还属于较为新兴的信息资源服务模式，企业管理层对于云计算服务的认识和态度是至关重要的。如果企业管理层能够认识到云计算服务的优势和能够带来的潜在效益，就会产生使用云计算服务的动机，从而推动企业对于云计算服务的采纳。以往对于信息技术服务外包的研究发现，企业采用信息技术外包的主要动机包括提高企业信息化管理水平和灵活性、专注于企业核心业务、提高企业市场竞争力等。云计算服务是信息技术服务外包的新形式，企业管理层采纳云计算服务和传统外包有着相似的动机，这些动机将会直接影响企业采纳云计算服务的意愿。因此，本书提出假设3。

假设3：管理层动机与企业云计算服务使用意愿正相关。

（2）企业信息技术资源

以往的信息技术外包研究认为企业采用外包服务的一个重要原因是由于自身缺乏足够的信息技术开发、管理能力和水平，因而将自身的信息技术功能外包给专业化的公司管理。企业采用云计算服务的重要原因同样如此,由于企业缺乏足够的信息技术管理资源,包括没有足够的资金开发自己的软件和系统,没有足够的技术基础和能力管理维护自己的硬件设备和信息化架构,没有足够的人员管理、运行自己的信息系统,所以才会使用云计算服务以满足自身的信息技术需求。因而,本书提出假设4,如果企业的信息技术资源越是缺乏,越会产生较强的采纳云计算服务意愿。

假设4:企业信息技术资源与企业云计算服务使用意愿负相关。

(3) 企业规模、性质和发展阶段

以往的研究已证实企业的规模对于信息技术的采用和接受有显著的影响。大企业由于具有相对充分的财务、技术和人力资源,同时具备较强的抗风险能力,所以在信息技术应用方面经常"以我为主"。云计算服务同其他信息技术不同,带有强烈的服务外包性质。小企业对于云计算服务的使用可能更有使用意愿和动机。另外,企业所属的行业、企业的性质(国有、私有、合资等)都有可能对其云计算服务的采纳产生影响。以往的研究曾发现不同的行业由于对信息技术的需求不同,采用信息技术服务外包的意愿也有所差异[111]。一般来说,新兴企业和老牌企业在采用云计算服务方面会表现出明显不同的意愿和积极性。综上所述,本书提出假设5~7。

假设5:企业规模与企业云计算服务使用意愿相关。

假设6:企业性质与企业云计算服务使用意愿相关。

假设7:企业发展阶段与企业云计算服务使用意愿相关。

### 6.3.3 环境因素(E)

(1) 供应商品质

企业采纳信息技术与服务时,供应商的支持是企业考虑的优先因素[110]。信息技术服务外包相关研究也证明外包服务供应商的品质,包括是否值得信赖、是否信守承诺、是否能够和客户建立良好合作关系等,对于服务外包的成功和客户满意度产生决定影响[112]。企业在决定是否采纳云计算服务时,服务供应商的品质是一个需要重点考虑的影响因素。本书提出假设 8。

假设 8:供应商品质与企业云计算服务使用意愿正相关。

(2) 法律法规

法律法规是企业在采用新一代信息技术时的外部环境影响因素。基于互联网的信息系统与信息服务往往存在潜在的风险,如数据安全、交易安全、商业机密保护等。Zhu 等学者指出相关法律法规的缺失会阻碍企业采用基于互联网的组织间信息系统[108]。Xu 等学者同样发现相关的法律法规制定和完善会影响企业对于电子银行系统的采纳[113]。法律法规不仅可以降低企业采用新技术的风险,政府也可以通过制定减税等税收政策鼓励和促进企业使用新型信息技术与服务。同理,有理由相信相关的法律法规也会对企业采纳云计算服务的意愿产生影响,因此提出假设 9。

假设 9:法律法规与企业云计算服务使用意愿正相关。

(3) 强制性压力、规范性压力、模仿性压力

DiMaggio 和 Powell 指出企业的行为受到三种外部压力的影响,即强制性压力、规范性压力和模仿性压力[114]。强制性压力来自政府、行业的强制性命令及市场竞争的要求。规范性压力来自同行业和上下游企业之间的相互影响,以及政府和行业组织的引导。模仿性压力来自企业对其他企业,特别是对竞争对手企业的模仿。如果某些企业通过率先采用新型信息技术赢得了市场竞争优势,其竞争对手企业也会采用同类型技术以满足竞争的需要。以往很多研究进一步证实,企业对于信息技术的采纳确实受到上

述三种外部压力的影响。如 Teo 等学者指出企业对于组织间信息系统的采纳同时受到这三种压力的显著影响[115]。Xu 等学者发现企业对于电子银行信息系统的采纳受到这些外部压力的影响,当企业面临上述外部压力时,会更有动力主动采用新技术[113]。目前,企业在决定使用云计算服务时,同样面临类似的外部压力,其对云计算服务的使用意愿会受到上述几种外部压力的影响。本书提出假设 10~12。

假设 10:强制性压力与企业云计算服务使用意愿正相关。

假设 11:规范性压力与企业云计算服务使用意愿正相关。

假设 12:模仿性压力与企业云计算服务使用意愿正相关。

### 6.3.4 数据分析和模型检验

为了对上述研究模型和假设进行实证检验,本书通过问卷的形式对上海市的一些企业进行了调研。为提高问卷的回复率,本书还提供在线问卷回答方式,并通过电话和电子邮件联系企业管理人员,包括总经理、运营经理、信息技术部门经理等,邀请他们在网上回复问卷。"企业采纳云计算服务意愿调研问卷"详见本书附录 2。本次调研共收到 64 个企业的有效回复,包括不同规模、行业、发展阶段的企业,具体情况如表 6.2 所示。

表 6.2 接受调研企业基本情况及样本分布

| 资产总额 | 总数($N=64$) | 所占百分比 |
| --- | --- | --- |
| 100 万~500 万元 | 17 | 26.6% |
| 501 万~1 000 万元 | 14 | 21.9% |
| 1 亿元以上 | 33 | 51.6% |
| **员工总数** | | |
| 11~50 人 | 31 | 48.4% |

(续表)

| 资产总额 | 总数($N=64$) | 所占百分比 |
|---|---|---|
| 201~300 人 | 6 | 9.4% |
| 401~500 人 | 7 | 10.9% |
| 500 人以上 | 20 | 31.3% |
| **所属行业** | | |
| 商业/贸易 | 10 | 15.6% |
| 矿业/制造业 | 7 | 10.9% |
| 银行/金融 | 19 | 29.7% |
| 计算机/网络 | 7 | 10.9% |
| 邮电通讯 | 21 | 32.8% |
| **公司性质** | | |
| 国有企业 | 7 | 10.9% |
| 私有企业 | 37 | 57.8% |
| 股份制企业 | 20 | 31.3% |
| **公司成立至今时间** | | |
| 1~5 年 | 24 | 37.5% |
| 11~15 年 | 14 | 21.9% |
| 30 年以上 | 26 | 40.6% |

本书采用 SAS 9.0 软件进行数据分析。首先评估测量指标的信度和效度(Convergent Validity)。信度通过 CR(Composite Reliability)反映,效度通过 AVE(Average Variance Extracted)和因子负载反映,结果见表 6.3。

表6.3 数据分析结果

| 因素 | 问题 | 负载 | CR | AVE |
|---|---|---|---|---|
| 技术先进性 | 云计算服务具有高的可靠性 | 0.82 | 0.92 | 0.76 |
| | 云计算服务具有高的安全性 | 0.90 | | |
| | 云计算服务具有高的可扩展性 | 0.86 | | |
| 技术复杂度 | 云计算服务同企业内部流程的集成是复杂和困难的 | 0.80 | 0.90 | 0.68 |
| | 云计算服务的使用需要公司内部做出变革 | 0.80 | | |
| | 云计算服务的实施是复杂和困难的 | 0.77 | | |
| 管理层动机 | 公司管理者认为采用云计算服务可以节省信息技术开支 | 0.77 | 0.88 | 0.65 |
| | 公司管理者认为采用云计算服务可以提高企业信息技术的灵活性 | 0.78 | | |
| | 公司管理者认为采用云计算服务可以提高企业信息技术水平 | 0.83 | | |
| | 公司管理者认为采用云计算服务有助于企业专注于核心业务 | 0.68 | | |
| | 公司管理者认为采用云计算服务可以提高企业竞争力 | 0.72 | | |
| 企业信息技术资源 | 公司有足够的资金开发运行自己的信息系统 | 0.94 | 0.90 | 0.70 |
| | 公司有足够的技术基础和能力开发运行自己的信息系统 | 0.92 | | |
| | 公司有足够的人员开发运行自己的信息系统 | 0.95 | | |
| | 公司有足够的经验和能力管理自己的信息系统 | 0.77 | | |

(续表)

| 因素 | 问题 | 负载 | CR | AVE |
|---|---|---|---|---|
| 供应商品质 | 云计算服务提供商会信守承诺 | 0.60 | 0.87 | 0.63 |
| | 云计算服务提供商会帮助客户解决信息技术实施和使用中的问题 | 0.61 | | |
| 法律法规 | 使用云计算服务可以得到税收方面的优惠 | 0.84 | 0.92 | 0.79 |
| | 云计算企业可以得到政府的支持和帮助 | 0.78 | | |
| | 公司使用云计算服务可以得到政府的支持 | 0.85 | | |
| 强制性压力 | 我们所在的行业促使我们使用云计算服务 | 0.65 | 0.86 | 0.63 |
| | 市场竞争促使公司使用云计算服务 | 0.67 | | |
| 规范性压力 | 公司的客户使用云计算服务 | 0.74 | 0.87 | 0.65 |
| | 公司的商业伙伴使用云计算服务 | 0.66 | | |
| 模仿性压力 | 公司的竞争对手使用云计算服务后得到同行的好评 | 0.69 | 0.81 | 0.64 |
| | 公司的竞争对手使用云计算服务后受到供应商和客户的欢迎 | 0.65 | | |
| 云计算服务使用意愿 | 在未来12个月内,我公司打算开始使用或继续使用云计算服务 | 0.62 | 0.80 | 0.71 |
| | 我公司会增加云计算服务使用范围(即更多的功能) | 0.64 | | |
| | 我公司会增加云计算服务使用的频率(即一定时期内的使用次数) | 0.64 | | |
| | 我公司愿意经常使用云计算服务 | 0.63 | | |

由表6.3可以看出,所有的CR值均大于临界值0.7,说明测量指标具有较好的信度。所有因子负载均大于0.6,AVE均大于

临界值 0.5,说明测量指标具有较好的效度。

为测量各因素对企业云计算服务使用意愿的影响,作者采用多变量回归方法对假设进行检验,结果如表 6.4 所示。

表6.4 回归分析结果

| 因素 | 系数 | 标准偏差 | T 值 | P 值 |
|---|---|---|---|---|
| 技术先进性 | 0.029 | 0.131 | 0.22 | 0.825 |
| 技术复杂度 | −0.011 | 0.079 | 0.14 | 0.886 |
| 管理层动机 | 0.268 | 0.107 | 2.50 | 0.016① |
| 企业信息技术资源 | −0.454 | 0.105 | 4.34 | 0.001② |
| 供应商品质 | 0.059 | 0.087 | 0.68 | 0.499 |
| 法律法规 | 0.048 | 0.081 | 0.59 | 0.557 |
| 强制性压力 | 0.539 | 0.196 | 2.75 | 0.008② |
| 规范性压力 | 0.337 | 0.171 | 1.97 | 0.05① |
| 模仿性压力 | 0.472 | 0.149 | 3.15 | 0.003② |
| 员工人数 | −0.320 | 0.089 | 3.61 | 0.001② |
| 所属行业 | 0.387 | 0.174 | 2.22 | 0.031① |
| 公司性质 | 0.168 | 0.123 | 1.36 | 0.180 |
| 公司年龄 | −0.288 | 0.120 | 2.40 | 0.02① |

注:①$P<0.05$;②$P<0.01$。

多元线性回归分析结果显示:企业管理层的动机对于企业云计算服务使用意愿影响显著,管理层动机越强,企业使用云计算服务的意愿也越强烈。企业信息技术资源对于企业云计算服务使用意愿有显著的负面影响,企业自身的信息技术资源和能力越强,使用云计算服务的意愿会越弱。企业的三种外部压力(强制性压力、规范性压力、模仿性压力)对于企业的云计算服务使用意愿都有着显著的正面影响,说明企业的使用决策和意愿很大程度上受到多种外部压力的影响。企业的员工人数和其云计算服务使用意愿负相关,说明大企业使用云计算服务的意愿弱于小企业。企业年龄和其云计算服务使用意愿负相关,说明老牌企业使用云计算服务的意愿弱于新兴企业。结果同时显示,不同行业的企业使用云计算服务的意愿是有差异的。技术先进性、技术复杂度、供应商品质、法律法规、企业性质(国有、私有、股份制、合资)对于企业云计算使用意愿的影响不够显著。

### 6.3.5 企业访谈和定性研究

通过上述统计和定量分析,本书发现多种因素对于企业的云计算服务使用决策有显著影响。统计定量分析具有一定的局限性,虽可以发现因素之间的相关性,但无法深入探究产生影响的原因及如何发生影响。因此,在定量研究的基础上,本书还进行了定性研究,对定量研究的结果进行补充,进一步深入了解和分析企业用户对于上述因素的感知,以及这些因素如何对企业的使用决策和意愿发生影响。研究采用解释现象学分析的方法(Interpretative Phenomenological Analysis,IPA)进行定性研究。解释现象学分析方法由英国伦敦大学的心理学教授乔纳森·A. 史密斯(J. A. Smith)提出,是目前心理学研究中新兴的重要定性研究方法,可以有效地分析个体的心理经验和感受。

作者选择了上海一家采纳云计算服务的企业进行了调研,对企业中负责信息技术部门的管理人员进行了访谈。该企业是一家小型私有企业,目前正在使用八百客 CRM 系统。八百客信息技术有限公司成立于 2004 年 6 月,总部设在北京,是目前主要的云计算服务供应商之一,致力于向客户提供以 PaaS 管理自动化平台为核心的服务和企业云计算解决方案。八百客在国内最早推出采用 SaaS 模式的在线客户关系管理(CRM)云计算服务,目前在国内云计算服务供应商市场份额位居前列，其客户遍布上海和全国其他主要城市。访谈采用开放式问题，主要围绕企业管理者对于云计算服务使用的经验、感受、意见，使用云计算服务的动机，以及促使其使用云计算服务的外部压力和环境因素等展开。通过对访谈内容进行总结，归纳出以下几点：

① 在使用动机方面：被采访企业提出其采纳云计算服务最重要的目的是节省信息技术管理成本。新兴的中小企业往往面临资金紧缺的问题，同时又具备一定的信息技术需求，不可能像大企业那样有足够的资金和实力去自己建设和管理信息系统，因此才会选择云计算服务。被采访企业表示一些传统的商品化 CRM 软件在功能上甚至略强于其正在使用的八百客 CRM 服务，但考虑到其软件成本和管理成本较高，因此还是选择使用基于云计算服务模式的八百客 CRM。不难看出，对于中小企业来说，降低成本的确是采纳云计算服务模式的首要动机。

② 在云计算服务技术方面：被采访企业对其目前正在使用的八百客 CRM 服务是基本满意的。该 CRM 系统服务功能比较全面，包括市场管理、客户管理、销售过程管理、销售目标管理、客户服务管理、采购管理、库存管理、财务管理，基本满足中小企业对业务管理的需要。系统容易使用、界面简洁、具有比较好的定制能力。被采访企业表示其选择八百客 CRM 服务的重要原因是其易于实施、易于操作、易于使用，员工只需通过简单培训即可使用该系统。

③ 在同云计算服务供应商关系方面：被采访企业表示对于云计算服务商最关心的是其可信任度。云计算服务作为一种信息技术外包模式，用户企业和供应商之间的合同和服务水平约定（Service-Level Agreement，SLA）可以起到一定的约束和保障作用，但无法涵盖所有的内容与细节。因此，目前企业同供应商之间

的合作关系很大程度上还是通过信任关系维系。被采访企业表示对其正在使用的八百客 CRM 系统服务的质量是满意的,八百客公司很注重客户服务,能够同客户维持良好的合作关系,这也是被采访公司持续使用该云计算服务的一个重要原因。

④ 在法律法规方面:被采访企业认为,目前国内(或地区)关于云计算服务的法律法规还很不完善,对于云计算服务应用中涉及的数据安全、商业机密等缺乏明确的责任认定和法律保护措施,因此在一定程度上影响了企业对于云计算服务的使用信心和积极性。

⑤ 在外部压力和影响方面:被采访企业指出其在考虑采用云计算服务时受到了其他公司的影响,公司对于云计算服务的最初了解和认识来自和其有业务联系的公司,特别是自己的供货商对于云计算服务的采用。同时,该企业对于云计算服务的采纳决定也受到了同行业其他公司的影响,特别是看到其他公司使用八百客 CRM 服务后节约了成本并且获得了更大的灵活性和弹性,受到一定的冲击,才愿意去尝试云计算服务。被采访公司表示,尽管目前政府和行业管理机构没有要求企业使用云计算服务,但其在决定是否使用相关技术时会受到政府政策引导的影响,特别是政府制度性资源倾斜的鼓励(如试点、示范、扶植资金、税收减免等),也会受到媒体宣传的影响。上述表述显示政府和行业管理部门在云计算服务的推广方面确实发挥了重要作用。

通过对上述定量和定性分析结果进行比较,本书发现在定量回归分析中技术先进性、技术复杂度的影响不够显著,主要原因是目前主流的云计算服务供应商都非常重视服务系统的可靠性、安全性和易用性。因此,提高服务的技术先进性、降低服务实施和使用的复杂度已经成为业内对于云计算服务的最普遍、最基本的要求,不再是企业在制定云计算服务采纳决策时考虑的重点因素。

定量回归分析中,供应商品质对于企业云计算服务使用意愿的影响不够显著,主要是因为目前主流的云计算服务供应商很重视同用户企业间良好合作关系的建立和维系,总体来讲,企业对于服务供应商都有着相对较高的信任度。法律法规对于企业云计算服务使用意愿影响不够显著,主要是由于目前针对云计算的法律、法规和制度还比较少,通常产生时间周期也较长,不足以对企业采纳决策产生影响,企业不会等待法律法规的出台才去考虑使用云计算服务。

### 6.3.6 研究结论

对上述研究结果进行总结、归纳,得出如下结论:

① 企业管理层的动机对于企业采纳云计算服务的决策有着决定性的作用,这一点同以往对企业信息技术应用的研究结果是一致的。如果企业管理层能够充分认识到云计算服务的优势,包括节省成本、提高信息技术水平和灵活性、提高企业竞争力等,企业就会有动力主动采纳云计算服务以满足自身的信息技术功能需求。但需要看到,当前很多企业的管理人员,特别是高层管理人员,对于云计算服务了解还较少,对于云计算服务能够给企业带来的效益知之不详,这在很大程度上阻碍了云计算服务的应用和推广。

② 企业使用云计算服务最强烈的动机是降低信息技术成本。很多企业,特别是中小企业,认为使用云计算服务比企业自己管理信息系统更为划算,希望通过使用云计算服务降低信息技术相关的运维成本。因此,云计算服务的价格问题是企业在决定采用云计算服务时考虑的重要因素和条件。政府部门可以对云计算服务供应商提供税收政策上的优惠与财政方面的补贴,鼓励它们降低服务的价格,从而使云计算服务有更大的市场竞争优势,吸引更多

的中小企业去使用。

③ 很多企业认为国内关于云计算服务的法规和制度还很不完善，希望政府能够对企业使用云计算服务提供法规和政策上的支持。云计算服务是一种新型的信息技术外包模式，企业在使用云计算服务时会存在一些不确定因素，包括数据安全、商业机密等，企业希望能够有相应的法规政策保障其在使用云计算服务时的安全性和权益。

④ 企业在决定是否采纳云计算服务时受到多种外部压力的影响和作用。企业的供应商、客户、竞争对手及同行对于云计算服务的采纳行为都会影响到企业自身的决策。因此，当前政府部门在不同行业中选取一些有代表性的企业，加以培养和扶持，鼓励它们率先采纳云计算服务，这种做法是准确到位的。未来应该继续加强与深化该项工作，以此来带动其他企业，使云计算服务能够在各行各业都得到推广。

⑤ 企业的规模和成立时间、企业自身的信息技术管理资源和能力对于企业的云计算服务使用都产生显著影响。中小企业比大企业更有意愿采用云计算服务，新兴企业比老牌企业更有意愿采用云计算服务。大企业和老牌企业往往由于已经具备了较为完善的信息系统和运行管理能力，所以转向云计算服务的动机不强。而中小企业和新兴企业往往更加倾向于采用云计算服务的形式实现更新的信息技术功能。因此，在推进云计算服务的过程中，政府和产业联盟应当更多从中小企业和新兴企业入手，以取得事半功倍的成效。

# 第 7 章

# 云计算产业发展政策建议

---

\* 本章节部分研究内容与结论经作者修改,发表于作者参与的"上海市科技发展基金软科学研究项目(12692104400)"和上海市经济与信息化委员会项目"上海市云计算产业应用案例研究"报告中。

本章主要介绍国内外推进云计算产业发展的相关政策，同时对目前国内云计算产业市场的特征进行分析，重点列举云计算产业主要企业的发展运营情况。在此基础之上，结合上海云计算产业实际发展情况，从示范应用、产业环境建设、推广宣传、政府采购、创业创新、法规建设、标准制定、基础设施升级八个方面给出政策建议。

## 7.1 云计算产业发展相关政策

自 2008 年起，世界上主要国家都开始重视云计算技术的提前布局，将云计算视作提升国家软实力和竞争力的重要手段，相继出台了一系列推进云计算技术发展和产业扶植政策。本章选择美国、欧洲、日本、澳大利亚这四个比较有代表性和借鉴意义的国家和地区，对它们实施和推进的云计算相关政策进行总结和归纳，以期对国内云计算产业发展提供参考和借鉴。

### 7.1.1 外国云计算产业相关政策

（1）美国

美国政府始终将促进新一代信息技术创新和产业发展作为基本国策。2009 年 9 月，美国政府宣布了一项长期的云计算产业发展政策，在 2010 年预算申请文件中将云计算列为促进美国政府技术基础设施的重要技术。同时，为推动云计算的应用和服务，美国联邦政府还专门成立了云计算工作组，任命了云计算首席技术官（Chief Technology Officer，CTO）来协调云计算产业和政府服务，推出"云计算优先"策略。美国联邦政府于 2011 年发布了《联邦云计算战略》，正式开启了将云计算发展纳入国家整体发展战略的序幕。2011 年以后，美国政府制定了一系列关于云计算的扶植政策，主要体现在以下几个方面：统一战略计划、明确云计算产品服务标准；加强基础设施建设，制定标准、鼓励创新；加大政府采购，积极培育市场；构建云计算生态系统，推动产业链协调发展。至 2017 年，美国政府层面的云计算产业发展政策和实施模式已经非常成熟。

美国政府对云计算产业的扶植是采用深度介入的方式，通过强制政府采购和指定技术架构来推进云计算技术进步和产业落地发展。云计算在美国政府机构的信息技术政策和战略中扮演越来越重要的角色。美国的《联邦云计算战略》明确提出，所有的政府信息化项目，应优先采用云计算，并成立了专门的政府主管部门协调各部门云计算的应用。根据云计算产业发展战略，美国联邦政府每年庞大的信息技术采购预算应明显倾斜于采购云计算服务和产品，而不再倾向于大规模采购传统的软件产品。据不完全统计，在 2011 年美国 800 亿美元信息技术预算中，至少有 200 亿美元预算用于购买云计算服务[116]。2014 年，美国国会审计署（Government Accountality Office, GAO）向国会提交了一份报告，统计了 7 个联邦部门在云计算应用方面的情况。从数量上来看，2014 年 7 个部门总共采用了 101 项云计算服务，比 2012 年的 21 项增长了近 4 倍；2014 年 7 部门在云计算上的总支出达到 5.29 亿美元，比 2012 年的 3.07 亿增长了 72%[116]。

2016 年，美国联邦政府开始实施数据中心冻结令，用行政命令的方式关闭不需要的数据中心，并对政府留存的数据中心实施严格控制准则，督促相关公共服务尽快迁移到公共云和私有云服务。截至 2017 年年初，美国联邦政府已先后关闭了 3 300 多个数据中心，至少节约了 28 亿美元的开支。相关部门预计，至 2018 年年底将至少关闭 60% 的政府传统数据中心（主要由服务器机房和机柜组成），全部用云计算模式来代替，由此可以看出美国联邦政府对全面实施云计算模式的坚定决心[*1]。

在"市场需求"要素的推动下,美国云计算产业发展逐渐步入良性发展轨道,大企业(龙头企业)在其中扮演了"第一推动力"的角色。联邦政府则通过资源配置、政策协调、制度性资源扶植等方式承担"加速器"的角色。美国在云计算服务的推广和发展中,十分重视和强调大企业的推动作用和云计算产业链的发展演进。美国云计算产业链逐渐形成了软硬件平台提供商、系统集成商、服务提供商、应用开发商的产业架构。在产业价值链上、下游各个环节都已经有了自己的代表群体,如谷歌、亚马逊、微软、惠普、IBM等提供云计算产品和服务的大企业集团。同时,美国云计算产业市场中也不乏众多中小型企业,这些中小企业表现出了强劲的发展潜力,为云计算产业提供各类产业与服务支持,并创新出诸多可行的云计算商业模式。

在美国云计算产业发展过程中,大企业集团始终扮演"第一推动力"的角色,这同中国云计算产业发展情况十分相似。大型企业在把云计算服务推向市场之前,已经在内部运营了多年,不仅能够保证服务质量水平,并且其自身就是云计算服务最大的用户,这能有效降低扩张云计算平台投资带来的风险。截至2018年年初,美国云计算产业的四大巨头(IBM、微软、亚马逊、谷歌)均已初步完成云业务商业拼图[*2]。IBM公司2017财年云业务营收为170亿美元同比上涨24%;IBM Cloud的数据中心更多集中在美西、美东、西欧及澳大利亚4个区域,总数超过60个。微软商业云业务2018财年的年化营收达到204亿美元,毛利率提高至57%,智能云业务营收为69.2亿美元,同比增长近14%;截至2018年年初,微软

---

[*1] 根据腾讯科技、上海大数据联盟和国外媒体的相关报道整理。

[*2] 根据媒体公开报道和公司财报整理。

Azure 云平台已经在全球 50 个区域建立了数据中心,可覆盖 140 个国家和地区,其中包括美国、加拿大、巴西、法国、英国、澳大利亚、中国、印度、日本、韩国等国家和地区。亚马逊是世界云计算企业的领头马,仅云计算平台的营收在 2017 年就达到了 175 亿美元,2018 财年的年化营收更是超过 210 亿美元,旗下的 AWS 平台成为全球市场份额最高的云基础设施;截至 2018 年 3 月,AWS 平台已在 53 个国家和地区设立了数据中心,包括美国、澳大利亚、巴西、加拿大、中国、法国、德国、印度、爱尔兰、日本、韩国、新加坡和英国。谷歌是美国云计算四巨头中业务营收增长速度最快的,至 2018 年年初已达到年化营收 40 亿美元,公司宣布与思科合作云计算领域,联合打造一个全新的"公私"混合云解决方案,涵盖政府和商用两大领域。

无论从大规模应用到提供规范化服务、从产业发展到政府推动,云计算在美国都已进入了规模化发展阶段。

(2) 欧洲

2012 年 9 月,欧盟发布了《在欧洲释放云计算潜能》的报告,提出欧洲要启动云计算发展战略。这一战略通过协调各成员国的云计算发展规划,鼓励成员国政府部门率先使用云计算技术,在公共服务部门推广云服务,带动欧盟云计算产业发展[117]。欧盟云计算战略主要包括以下几个方面的内容:

① 制定必要的技术标准,确保云计算用户之间实现服务的互通性及数据的可移植性,方便用户使用,实现信息共享。

② 为提高云计算的可信度,在欧盟范围内推广云计算服务供应商的认证制度,确定云计算服务供应商的资质,保证云服务的质量。通过优胜劣汰,促进产业健康发展。

③ 制定保证云服务质量的云计算服务合同样本,制定对用户与服务提供商都公正且安全可行的法规条款,规范云计算商业活

动中的合同主体。

④ 建立欧洲云计算合作组织（European Cloud Partnership，ECP），通过该组织支持公共机构使用云计算。

为了确保云计算战略的顺利实施，欧盟还配套了一系列推动措施：一是通过制定相关法规，在数据管理与云计算权利许可方面，建立起高效透明的管理机制，简化云计算项目建设及应用的流程；二是规范与制定云技术标准，建立安全公平的标准规范，推动云计算技术的发展；三是鼓励与支持自动化、集成化的信息基础设施建设，为云计算提供安全可靠的基础设施；四是推动政府公共部门率先采用云服务，构建政府同企业之间的合作关系，促进技术转化与企业发展。欧盟云计算战略勾画了欧盟未来云计算产业发展的蓝图，为欧盟新一代信息技术的发展指明了方向，也促使欧洲成为云计算产业发展速度最快的地区之一。

2016年年初，欧盟正式宣布将在2016—2020年启动"欧洲云计划"，重点发展云服务和世界级的数据基础设施，确保科学、商业和公共服务从大数据革命中获益。同时，作为世界上最大的科学数据产生地，欧盟计划增强并互联现有的科研基础设施，将其联接成为"欧洲开放科学云"，向欧盟170万名研究人员、7 000万名科学和技术专业人员提供一个跨越学科领域和国界的虚拟科研环境，使其能够存储、共享和复用科研数据。这需要"欧洲数据基础设施"的支持，还需要部署高带宽网络、大规模存储设施及超级计算机，以便有效访问和处理存储在云上的大数据集[*]。

欧盟通过一系列的行动逐步推行"欧洲云计划"，主要包括：

① 2016年，整合与合并现有电子基础设施、连接现有的科学云和研究基础设施、开发基于云的服务，为欧盟研究人员及其全球

---

[*] 根据搜狐科技和欧盟网页资料整理。

科研合作者创造一个覆盖全欧洲的开放科学云。

② 2017 年,对于投资强度达到 770 亿欧元的"地平线 2020 研究与创新计划",将开放其中由未来项目所生成的所有科学数据,使科学界可以重用由其生成的海量数据。

③ 2018 年,将启动"量子技术旗舰计划",加速量子技术发展,为下一代超级计算机奠定基础。

④ 2020 年之前,将部署大规模的欧洲高性能计算、数据存储和网络基础设施,建立欧洲的大数据中心,升级研究与创新骨干网(GEANT),建设两台下一代超级计算机,其中一台的排名将进入世界前三名。

对于欧洲研究领域,"欧洲开放科学云"和"欧洲数字化基础设施"将向其他用户开放访问权限。

此外,商业界可以通过更具性价比和更方便的方式获得顶级数据、计算基础设施和大量科学数据;工业界将从大规模的云生态系统中获益,从而促进低功耗芯片的研发,推动高性能计算机的发展;公共服务领域也将可以访问强大的计算资源和开放式数据,进而提供成本更低、质量更好、速度更快的服务。研究人员还可以分析公共服务所创造的海量数据,获得研究成果。

"欧洲云计划"的出台和实施也标志着在 2020 年以前,欧盟将是世界上最为看重云计算产业发展的国家联合体。

在欧盟云计算战略的指导下,欧盟各国根据本国经济社会发展状况,相继制定了一系列云计算发展规划。尤其是英国、法国、德国等信息技术较为发达的欧盟主要成员国,更是在这一领域制定了详细的发展规划。它们在建立欧洲统一云计算环境的目标下,共同推进欧洲云计算产业的快速发展。

2011 年 11 月,英国启动"政府云战略(G-Cloud)",希望通过整合中央政府、地方政府、公共组织及商业机构的信息资源,建立一套基于云计算的信息技术资源池。各级政府、机构或商业组织,可以从中挑选所需的应用软件与云服务,按需购买。这样不但可以提高采购效率,节约信息化成本,提高资源利用率,还可以促进政府机构与创新科技公司的合作,使信息产品与服务更具竞争力。政府云战略吸引了大批创新企业,众多研究机构与行业组织也参与其中。在启动初期,这套基于云计算的资源池已有3 000多项服务产品。其中,有400多个IaaS产品、80多个PaaS产品、1 300多个SaaS产品等,涵盖了从公共行政、金融服务、医疗保健到信息、通信和技术(ICT产业)的各个方面。自2013年起,英国政府还要求所有政府部门在进行信息技术采购时,必须优先考虑云服务产品,推行英国的"云优先"政策。政府计划在2015年实现一项具体目标,即"新增信息技术支出中的一半以上用于公共云计算服务,打造一个基于云计算的电子政府"。

2017年年底,英国政府正式发布《英国数字战略2017》,这是继《工业战略》之后英国针对数字经济发展提出的更全面更深入的规划。《英国数字战略2017》旨在对英国脱欧后适应未来经济发展,打造世界领先的数字经济和全面推进数字转型提出具体部署。英国政府希望,到2025年将数字经济对经济的贡献值从2015年的1 180亿英镑提高到2 000亿英镑[118]。在这份战略规划中,明确提出要大力发展云计算产业的三处分别是:商业方面,指出云计算是企业竞争力的基本要素;政府方面,必须使用基于云计算的硬件和软件;提供服务方面,通过云计算提高政府数据库的效率。不难发现,2011—2017年,英国政府对于云计算产业的认识在逐步加深,实施的策略更加有针对性。

法国同样十分重视云计算产业发展,但是政府没有制定专门的云计算战略,而是通过项目资助和加大科技企业扶持的方式,带动云计算产业的发展。2009年12月,法国政府启动"未来投资计划",以推动国家基础设施建设和促进创新领域的快速发展。政府计划投资 3 500 亿欧元,推动法国的高科技发展。其中,一个重要的部分就是推动云计算技术研发,保障云计算数据安全,打造法国具有自主知识产权的云计算项目。2011 年,法国政府宣布软件工程平台、应用移植工具、高效能软件基础设施、沟通云信息、高等教育云信息 5 个云计算研发项目作为"国家未来投资项目"享受政府资助。这 5 个科技项目分别由法国几家主要的云服务供应商承担,政府通过项目资助推动云计算技术在法国的发展与广泛应用。2012 年 5 月,法国政府开始推出全新的国家云计算投资项目。政府通过法国国家信息基金投资 7 500 万欧元,与法国运营商 SFR 及 BULL 共同成立合资公司,其中 SFR 拥有 47% 股权,法国政府及 BULL 分别拥有 33% 和 20% 股权。该云计算项目计划面向政府、企业和公立机构,根据其需求提供开放、安全、可信任且环保的云计算信息服务。据 SFR 及 BULL 透露,该项目最终投资达到 2.25 亿欧元,直接创造 400 个新就业机会。

  目前,法国政府发展云计算产业有两个核心特色:一是由企业和商业需求推动,政府出项目扶持;二是关注云计算产业中的数据主权与数据安全问题。

  2009 年,德国制定了《信息与通信技术 2020 创新研究计划》,将电子与微系统、软件系统、通信技术与网络确立为未来 10 年德国信息技术发展的重点领域,强调要推动云计算技术发展,构建全国互联互通的智能网络。2010 年,德国发布《信息与通信技术战略:2015 数字化德国》,规划了在五年时间内信息通信技术和新媒体领域的发展目标及具体行动措施。政府将促进物联网、网络服务、云计算、3D 打印技术及信息通信技术的开发和应用,制定德国有关技术发展与网络安全方面的政策,加强新技术领域的教育和媒体宣传,实现"数字化德国"。同年,德国还制定了《云计算行动计划》，用以加强德国互联网基础设施建设，建立覆盖全国并与其他欧盟成员国统一标准与协议的高速网络，为云计算发展提供支撑。同时推动云计算在中小企业及公共部门的广泛应用，为中小企业和公共部门提供商业机会和应用体验，推动云计算产业的快速发展。

近几年，德国在云计算方面并没有出台新的政策，仍沿用和实施《云计算行动计划》。

(3) 日本

2009 年 7 月，日本政府正式发布了中长期信息技术发展战略"i-Japan 战略"。这一战略要通过数字化"实现以国民为中心的安心、活力的社会"，提升国家竞争力，确保日本在全球的领先地位。"i-Japan 战略"包括两个方面，一是在全国进行大规模云计算基础建设，建立大型云计算中心；二是政府的行政运作要利用云计算平台为民众提供服务，建立基于云平台的电子政府，实现电子地方自治，推动医疗、教育等领域对云平台的使用。

2010 年 5 月，日本总务省发布《智能云研究会报告书》，提出了"智能云战略"，以推进社会实现对海量信息的集成管理与广泛应用，借助云平台建立一个高度智能化的社会。战略包括三部分：技术方面——促进社会开展下一代云计算技术研究，制定云计算的技术标准，引领世界云计算技术发展方向；应用方面——支持企业或科研机构进行技术创新，创建新的云服务方式，提高信息服务质量，创造高附加值的云服务产品，在行政、医疗、教育等领域，向世界提供云服务，对云服务进行标准化，促进云计算规范、健康地发展；应用推广方面——通过产、学、研相结合，在社会普及云计算，构建开放式互联网络，积极参与制定云服务的国际标准与商业规则。

2010 年 8 月，日本经济产业省发布了《云计算与日本竞争力研究》报告，提出要在国内多个地区构建数据中心，通过云技术提升数据中心的节能环保，减少中心的运营成本。在制度方面，日本在确保个人隐私的基础上，放宽对数据信息的管控，提倡数据的异地存取与服务外包；制定电子出版物的重复使用制度与版权许可制度。在鼓励创新方面，日本政府鼓励市场创新，激励企业构建新的云服务应用平台，加大产业投入，开拓国际市场。至2015年，日本政府已初步实现所有电子政务整合到统一的云计算基础设施上，并推出了有针对性的医疗云、教育云、农业云和社区云服务，从公共产品和公共服务视角为云计算产业提供最有力的支持。

日本政府大力推动与完善政策制度，吸引各类企业积极参与到云计算的研发与应用中。一些大型企业利用云计算向社会提供服务，取得了较好的经济效益与社会效益。目前，无论是在云计算基础设施建设、技术应用方面，还是在产业整体发展规模方面，日本都居于世界前列。

(4) 澳大利亚

近几年，澳大利亚政府已经意识到云计算的重要战略意义，并于2013年出台了《澳大利亚政府云计算战略》，布局云计算总体发展。2014年，澳大利亚财政部公布《澳大利亚政府云计算政策》（第三版），进一步强调要推动云计算产业发展。新政策强制要求政府机构使用云服务，适用于将要更换或升级信息技术基础设施的非法人联邦实体。按照新政策，这些实体在运行面向公众的网站及从事测试和研发时必须采用云计算服务，并应考虑在运营系统上使用云计算，还要研究其他部门和机构的云服务是否可以拿来使用。

2018年初，澳大利亚数字化转型机构（DTA）发布了一套新的指导方针，定义了澳大利亚政府机构使用的数字基础设施，以取代2014年发布的第三版《澳大利亚政府云计算政策》。新的方案更加强调政府使用云计算服务，指出除了基本公共服务外，政府提供的信息、通信、技术(ICT)应用和服务应该优先选择云计算模式,这表明未来澳大利亚政府将继续加大在云计算产业方面的政策扶持力度。

### 7.1.2 我国云计算产业相关政策

为推动云计算技术和应用的发展,中国政府已经发布了一系列政策建议。2010年10月,国务院发布《国务院关于加快培育和发展战略性新兴产业的决定》,将云计算列为战略性新兴产业之一。

2011年,国家发改委、财政部、工信部组织实施了"云计算示范工程",在云计算服务创新发展试点示范工作的基础上,对腾讯、百度、阿里巴巴、联想、奇虎、中国银联、华数传媒、华胜天成、盛大等15家单位承担的云计算示范工程项目(含13个应用示范类项目和2个公共服务类项目)进行滚动支持。示范工程在推动云服务能力提升与规模应用、服务与商业模式创新、技术研发和产业链带动、行业示范等方面取得了较好的进展。

2012年5月,工信部发布《通信业"十二五"发展规划》,将云计算定位为构建国家级信息基础设施、实现融合创新、促进节能减排的关键技术和重点发展方向。2012年5月,工信部发布《互联网行业"十二五"发展规划》,提出推动云计算服务商业化发展,构建公共云计算服务平台,并专门设立云计算应用示范工程。同月,工信部发布《软件和信息技术服务业"十二五"发展规划》,将"云计算创新发展工程"列为八个重大工程之一,强调以加快中国云计算服务产业化为主线,坚持以服务创新拉动技术创新,以示范应用带动能力提升,推动云计算服务模式发展。2012年7月,国务院发布了《"十二五"国家战略性新兴产业发展规划》,将云计算作为新一代信息技术产业的重要发展方向和新兴业态加以扶持,并将物联网和云计算工程作为中国"十二五"发展的二十项重点工程之一。2012年9月,科技部发布《中国云科技发展"十二五"专项规划》,这是中国首个部级云计算专项规划,对于加快云计算技术创新和产业发展具有重要意义[3]。

2014年,发改委、工信部、科技部和财政部四部门联合组织实施"2014年云计算工程",重点支持公共云计算服务平台建设、基于云计算平台的大数据服务、云计算和大数据解决方案研发及推广三类项目。地方政府继续对发展云计算保持高度热情。广东等省制定发布《广东省云计算发展规划(2014—2020年)》,东莞市印发《关于加快推进东莞市云计算发展的实施意见》,呼和浩特发布《加快云计算产业发展工作方案(2014—2017年)》,提出建设全国枢纽型云计算产业基地、国家级数据灾备中心、西北地区云服务应用国家级示范区[3]。

2015年是国内云计算政策集中出台的一年,从1月至9月,国务院先后出台了三项与云计算密切相关的政策文件,中央网信办也发布了关于党政部门云计算安全管理的文件。云计算产业发展、行业推广、应用基础、安全管理等重要环节的宏观环境已经基本形成[119]。

2017年3月,工信部印发《云计算发展三年行动计划(2017—2019年)》,指出"在政府积极引导和企业战略布局等推动下,经过社会各界共同努力,云计算已逐渐被市场认可和接受。'十二五'末期,中国云计算产业规模已达1 500亿元,产业发展势头迅猛、创新能力显著增强、服务能力大幅提升、应用范畴不断拓展,已成为提升信息化发展水平、打造数字经济新动能的重要支撑。但也存在市场需求尚未完全释放、产业供给能力有待加强、低水平重复建设现象凸现、产业支撑条件有待完善等问题"。这份文件给出了中国云计算产业发展的"路线图":到2019年,中国云计算产业规模达到4 300亿元,突破一批核心关键技术,云计算服务能力达到国际先进水平,对新一代信息产业发展的带动效应显著增强[120]。

至 2018 年末,云计算已同人工智能、纳米技术、量子计算机、大数据等一起,成为"一带一路"倡议中数字经济建设的重要内容。2010—2018 年,国务院和各部委推出的云计算相关产业文件见表 7.1。

表 7.1　2010—2018 年国务院及各部委发布的云计算相关产业文件[121,122]

| 时间 | 部门 | 文件类型 | 文件名称 | 主要内容 |
| --- | --- | --- | --- | --- |
| 2010 年 5 月 | 国家发改委 | 通知 | 国家发展改革委办公厅关于当前推进高技术服务业发展有关工作的通知 | 提出重点发展面向市场的高性能计算和云计算服务,开展物联网和下一代互联网应用服务,促进软件服务化发展 |
| 2010 年 10 月 | 国务院 | 政策 | 国务院关于加快培育和发展战略性新兴产业的决定 | 加快建设宽带、泛在、融合、安全的信息网络基础设施,推动新一代移动通信、下一代互联网核心设备和智能终端的研发及产业化,加快推进三网融合,促进物联网、云计算的研发和示范应用 |
| 2010 年 10 月 | 工信部 国家发改委 | 通知 | 关于做好云计算服务创新发展试点示范工作的通知 | 确定在北京、上海、深圳、杭州、无锡等五个城市先行开展云计算服务创新发展试点示范工作。主要包括四个重点内容:一是推动国内信息服务骨干企业针对政府、大中小企业和个人等不同用户需求,积极探索 SaaS 等各类云计算服务模式;二是以企业为主体,产学研用联合,加强海量数据管理技术等云计算核心技术研发和产业化;三是组建全国性云计算产业联盟;四是加强云计算技术标准、服务标准和有关安全管理规范的研究制定,着力促进相关产业发展 |

(续表)

| 时间 | 部门 | 文件类型 | 文件名称 | 主要内容 |
|---|---|---|---|---|
| 2011年3月 | 国务院 | 文件 | "十二五"规划纲要 | 提出大力发展新一代信息技术、生物等战略性新兴产业,加强云计算服务平台建设 |
| 2011年10月 | 国家发改委 财政部 工信部 | 项目公示 | 云计算示范工程2011年度项目 | 对15家单位承担的云计算示范工程项目(含13个应用示范类项目和2个公共服务类项目)进行滚动支持,重点推动云计算服务能力提升与规模应用、服务与商业模式创新、技术研发和产业链带动、行业示范四个领域 |
| 2011年12月 | 国务院 | 文件 | 国务院办公厅关于加快发展高技术服务业的指导意见 | 重点推进信息服务业:培育基于移动互联网、云计算、物联网等新技术、新模式、新业态的信息服务 |
| 2012年5月 | 工信部 | 文件 | 通信业"十二五"发展规划 | 统筹云计算基础设施布局,鼓励企业整合资源,共享共建云计算基础设施。积极推动云计算服务商业化运营,促进形成云计算公共服务体系 |
| 2012年5月 | 工信部 | 文件 | 互联网行业"十二五"发展规划 | 提出推动云计算服务商业化发展,构建公共云计算服务平台,并专门设立云计算应用示范工程 |
| 2012年4月 | 工信部 | 文件 | 软件和信息技术服务业"十二五"发展规划 | 将"云计算创新发展工程"列为八个重大工程之一,强调以加快中国云计算服务产业化为主线,坚持以服务创新拉动技术创新,以示范应用带动能力提升,推动云计算服务模式发展 |

(续表)

| 时间 | 部门 | 文件类型 | 文件名称 | 主要内容 |
|---|---|---|---|---|
| 2012年7月 | 国务院 | 文件 | "十二五"国家战略性新兴产业发展规划 | 将云计算作为新一代信息技术产业的重要发展方向和新兴业态加以扶持,并将物联网和云计算工程作为中国"十二五"发展的二十项重点工程之一 |
| 2012年9月 | 科学技术部 | 文件 | 中国云科技发展"十二五"专项规划 | 明确了"十二五"时期,中国云计算产业发展的重点任务:研究和建立云计算技术体系和标准体系;突破云计算共性关键技术;研制云计算成套系统;开展典型应用示范,推动产业发展 |
| 2014年6月 | 国家发改委 工信部 科学技术部 财政部 | 项目公示 | 2014年云计算工程 | 重点支持公共云计算服务平台建设、基于云计算平台的大数据服务、云计算和大数据解决方案研发及推广三类项目 |
| 2015年1月 | 国务院 | 文件 | 国务院关于促进云计算创新发展、培育信息产业新业态的意见 | 指出云计算产业是全新业态,是信息化发展的重大变革和必然趋势;发展云计算产业对稳增长、调结构、惠民生和建设创新型国家具有重要意义。到2017年将实现云计算在重点领域的深化应用,基本健全产业链条,初步形成安全保障有力,服务创新、技术创新和管理创新协同推进的云计算产业发展格局 |
| 2015年5月 | 中共中央网络安全和信息化委员会办公室 | 文件 | 关于加强党政部门云计算服务网络安全管理的意见 | 为我国党政部门开展云计算应用的安全管理奠定了政策基础,提出了"安全管理责任不变,数据归属关系不变,安全管理标准不变,敏感信息不出境"的四条基本要求 |

（续表）

| 时间 | 部门 | 文件类型 | 文件名称 | 主要内容 |
|---|---|---|---|---|
| 2015年7月 | 国务院 | 文件 | 国务院关于积极推进"互联网+"行动的指导意见 | 指明了云计算与传统行业结合的方向：一是在工业领域，通过云计算推动工业生产的智能化升级；二是在金融领域，利用云计算提供的新型平台和技术，实现金融产品和服务的创新；三是在社会化服务领域，鼓励在医疗、养老、物流、教育等领域推出基于云计算技术的新型发展模式 |
| 2015年8月 | 国务院 | 文件 | 促进大数据发展行动纲要 | 推动大数据与云计算、物联网、移动互联网等新一代信息技术融合发展，探索大数据与传统产业协同发展的新业态、新模式，促进传统产业转型升级和新兴产业发展，培育新的经济增长点。推动大数据与移动互联网、物联网、云计算的深度融合，深化大数据在各行业的创新应用，积极探索创新协作共赢的应用模式和商业模式。加强大数据与物联网、智慧城市、云计算等相关政策、规划的协同 |
| 2017年3月 | 工信部 | 文件 | 云计算发展三年行动计划（2017—2019年） | 提出了未来三年我国云计算发展的指导思想、基本原则、发展目标、重点任务和保障措施<br>发展目标：到2019年，我国云计算产业规模达到4 300亿元，突破一批核心关键技 |

(续表)

| 时间 | 部门 | 文件类型 | 文件名称 | 主要内容 |
|---|---|---|---|---|
| 2017年3月 | 工信部 | 文件 | 云计算发展三年行动计划（2017—2019年） | 术，云计算服务能力达到国际先进水平，对新一代信息产业发展的带动效应显著增强<br>重点行动：一是技术增强行动；二是产业发展行动；三是应用促进行动；四是安全保障行动；五是环境优化行动<br>保障措施：一是优化投资融资环境；二是创新人才培养模式；三是加强产业品牌打造；四是推进国际交流合作 |
| 2018年7月 | 工信部 | 文件 | 推动企业上云实施指南（2018—2020年） | 指出企业上云是企业基于自身业务发展和信息技术应用需求，使用计算、存储、网络、平台、软件等云服务，优化生产经营管理，提高业务能力和发展水平的重要途径<br>发展目标：到2020年，力争实现企业上云环境进一步优化，行业企业上云意识和积极性明显提高，上云比例和应用深度显著提升，云计算在企业生产、经营、管理中的应用广泛普及，全国新增上云企业100万家，形成典型标杆应用案例100个以上，形成一批有影响力、带动力的云平台和企业上云体验中心<br>具体行动：一是科学制定部署模式；二是按需合理选择云服务；三是稳妥有序推进企业上云；四是提升支撑服务能力；五是强化政策保障 |

不难看出，中国政府对于云计算产业发展非常重视，已经发布的一系列云计算规划文件成为中国云计算产业发展的纲领性文件，对云计算技术的应用和推广有着重要的指导性意义。但据权威机构商业软件联盟（Business Software Alliance，BSA）的评估（2013年），中国在云计算政策方面仍落后发达国家，居全球第19位[3]。该报告进一步指出，金砖四国（巴西、俄罗斯、印度、中国）在关乎未来云计算产业发展的重要政策制定上仍落后于发达国家，主要体现在云计算法律法规和相关标准的制定上。因此，政府有关部门需要参照和借鉴发达国家的经验，结合中国云计算产业的实际情况，提出更加具体、有针对性的政策和策略建议。

## 7.2 我国云计算产业市场特征与主要企业发展状况

### 7.2.1 市场特征分析

从2010—2018年，中国的云计算产业市场呈现出三大特征。

（1）政府主导的云计算产业发展政策作用明显，产业规模保持高速增长

中国的云计算产业连续五年处于高速增长期，国务院《关于促进云计算创新发展、培育信息产业新业态的意见》等利好政策进一步推动云计算快速发展，2015年国内仅公有云服务市场规模就接近100亿元，增速超过30%[3]。云计算产业的发展也带动和促进了相关上下游行业的成长，包括电子元器件、电子终端产品、软件和信息咨询服务业等，2015年中国云计算产业整体规模接近6 000亿元。

（2）国内外巨头发力中国云计算市场，产业格局迎来洗牌阶段

中国云计算市场已成为国内外信息技术巨头必争之地。据不完全统计，从2014年1月至2015年8月，国内外知名信息技术企

业在国内云计算市场的并购、融资、合作项目(超过千万元人民币级别)超过 30 项,这些企业加速构建自己的产业体系和生态圈,增强自己的产业竞争力,弥补产业短板,与合作伙伴一起构筑强大的竞争优势。例如,苹果与 IBM 合作、甲骨文与三星合作,分别打造企业级移动云服务体系;微软同甲骨文合作、戴尔同亚马逊合作,分别打造私有云和公有云协作的产业体系,进军混合云领域;腾讯、IBM 共同研发基于云技术的产品并互相使用对方的数据中心;小米、金山、世纪互联合作进军云计算产业,小米云负责应用层,金山云负责中间层,而世纪互联负责基础设施运营的产业体系。未来几年,中国的云计算产业有望形成若干个类似于 Wintel(微软—英特尔)体系的稳固合作体系,在此之前,市场将处于激烈洗牌阶段。

(3)国内云计算产业区域布局即将形成

中国云计算产业已经从发展培育期进入快速成长期,经过前几年的探索,各城市对自己的发展定位和发展路径有了初步的认识。随着《关于促进云计算创新发展培育信息产业新业态的意见》进一步落实,未来几年国内云计算发展有望形成以区域划分,每个区域内拥有数据中心集聚地、创新研发集聚地、行业应用集聚地的发展布局[3]。

至 2015 年,中国云计算产业已经初步形成环渤海区域、长三角区域、珠三角区域、西部区域、东北区域和中部区域等六大区域集聚发展的格局。

环渤海地区在云计算发展方面拥有区位、经济、信息产业基础、科技人才等优势,云计算发展以北京、天津和济南为代表。北京是环渤海区域云计算发展的龙头,集聚了众多云平台软件和应用软件龙头企业。

长三角地区云计算产业发展呈现以上海为龙头,带动江苏、浙江两省重点城市快速发展态势,其中,上海、杭州、无锡代表长三角地区入选国家云计算五大试点城市。长三角地区经济基础好,应用潜力大,制造业和现代信息服务业发达,高科技产业密集,这些都为云计算产业发展提供了良好的环境条件。长三角区域云计算发展的重点城市以上海、无锡、杭州和南京为代表。

珠三角地区物流商贸体系发达,信息基础设施比较完善,信息技术创新实力强,且信息化应用需求较高,是目前国内云计算产业比较发达的地区。广州正在加快实施"天云计划",抢位发展云计算产业,增强广州国家中心城市的集聚辐射效应。深圳作为国家级云计算应用示范城市,信息产业发达、产业高端集聚,拥有良好的互联网、软件、电子信息产品制造业基础,成为云计算平台和软件开发、云设备制造集聚的重点区域。

西部地区具有很大的发展容量和潜力,各城市正在积极布局云计算产业发展,初步形成以重庆为代表的云设备制造,以中卫(宁夏)为代表的数据中心业务,以西安为代表的云应用示范等几大集群。

东北区域位于东北老工业基地,传统行业对云计算应用的市场需求广阔。同其他区域相比,东北地区云计算发展稍显落后,但哈尔滨等城市积极发展数据中心业务、政务云应用、城市云应用等领域,正在带动东北地区云计算产业整体发展。

中部地区的科技、经济以及基础建设为云计算提供了良好条件,制造业等传统行业为云计算应用提供了广阔空间,云计算产业的发展潜力巨大。武汉已经建设了云存储产业园区、云安全产业园区、云计算服务园区等云计算产业基地和创新基地,成为中部区域的领头羊[3]。

## 7.2.2 云计算企业发展状况

在技术研发方面,国内云计算产业主要企业通过自主创新,已逐步掌握了云计算的核心技术，主要云计算平台的计算能力和数据处理能力已跻身世界前列。浪潮、曙光、华为等国内自主云计算服务器已比较成熟，具有一定国际竞争力[17]。

在产业发展方面，公开资料显示[3]，2014年以来，国内互联网企业、信息技术企业、电信运营商都加速了在云计算产业方面的布局，通过建设数据中心、进入公有云市场、进军海外市场、加速生态圈建设等途径，构筑自身云计算服务优势，在云计算服务大范围普及时能够占据市场，掌握未来云计算服务发展的主动权。表7.2为2014—2018年部分国内云计算龙头企业基础设施的全国布局情况。

表7.2 中国云计算龙头企业基础设施全国布局情况（部分）

| 企业 | 地点 | 布局 |
| --- | --- | --- |
| 中国移动通信集团公司 | 内地31省（区） | 中国移动通信集团公司拥有7大集团直管数据中心、5大集团级云数据中心及31个省（区）内共计80座数据中心；私有云的规模达到3万台服务器以上。在网络方面有遍布全国的内容分发网络（CDN） |
| 中国联合网络通信集团有限公司 | 呼和浩特、哈尔滨、重庆、廊坊、东莞、香港 | 中国联合网络通信集团有限公司在全国部署了十大云数据中心，其中6个已投产；全部建成后十大数据中心总机架数超过30万架，总带宽超过20T，网络骨干节点小于5 mm，端到端的网络时延小于5 ms，所有数据中心能耗水平都优于国家标准 |
| 中国电信集团有限公司 | 内蒙古、贵州在内的内地31省（区） | 中国电信集团有限公司已实现2+31的全覆盖资源布局：在内蒙古和贵州拥有两个超大规模云资源池，规划占地2 000亩，规划装机容量为200万台服务器；同时在31个省进行了资源布局，目前拥有75个云资源池 |

(续表)

| 企业 | 地点 | 布局 |
|---|---|---|
| 浪潮集团 | 山东、浙江、江苏、安徽、甘肃、内蒙古、黑龙江、海南、山西、贵州、云南、重庆、吉林、广州、江苏 | 浪潮集团目前通过遍布全国的50个云数据中心,为160多省市政府及74万企业提供云计算服务,覆盖山东、浙江、江苏、安徽、甘肃、内蒙古、黑龙江、海南、山西、贵州、云南等省,涉及卫生、广电、政务、水利、电力、公安等行业 |
| 联想集团 | 贵州、香港、广州、海南 | 联想集团在中国兴建50个云计算中心,培训超过1 000个云计算基础架构专家。云计算中心采用企业与地方政府合作共建的模式,首个云计算中心已在贵州建成,并在海南、深圳持续推进信息化建设。同时联想集团计划招募100个以云计算方案为业务重心的方案型渠道,并通过多种方式支持现有渠道转型 |
| 阿里巴巴网络技术有限公司 | 全国34个省份/直辖市完全覆盖 | 阿里巴巴在青岛、北京、张家口、呼和浩特、杭州、上海、深圳地区成立超大规模数据中心,为中国大陆提供高速稳定的网络访问,利用阿里巴巴"飞天"云计算核心自主技术,搭建政务、民生、公共服务领域的数字化服务平台,推动政府公共服务的电商化、无线化和智慧化<br>阿里巴巴的核心云计算产品是阿里云,主要提供弹性计算、存储、平台等各种云服务及数据库产品,在国内已拥有超过2 000个节点,完全覆盖全国34个省份/直辖市,涵盖一线城市骨干网络。截至2018年年初,阿里巴巴已经在全球14个区域设立数十个飞天数据中心提供阿里云服务 |

特别需要指出的是,云计算产业在促进"大众创业、万众创新"方面成效明显。如百度开放云平台就聚集了100多万开发者,利

用百度云的计算能力、数据资源、应用软件等,开发位置导航、影音娱乐、健康管理、信息安全等各类创新应用,几年来已累计为开发者节约了超过 25 亿元的研发成本。阿里小贷依托阿里云生态体系和大数据支撑,可以了解把握小微企业的信用程度,已累计为 90 万家小微企业放贷 2 300 亿元,为缓解国内小微企业融资难问题做出了积极贡献。云计算产业已经成为中国社会创新、创业的重要基础平台,应用市场需求旺盛,发展前景广阔[17]。

本章以阿里云计算有限公司(简称"阿里云")、浪潮集团(简称"浪潮")、中科曙光(简称"曙光")这三家国内云计算龙头企业为例,说明国内云计算市场现状。

(1) 阿里云:国内公有云市场份额领先者[3]

阿里云属于阿里巴巴网络技术有限公司旗下公司,创立于 2009 年,现为国内最知名的云计算与数据管理平台开发商,主要提供弹性计算服务、开放存储服务、开放结构化数据服务、开放数据处理服务、关系型数据库服务等云计算服务及搜索、邮箱、域名、备案等互联网基础服务。

至 2018 年年初,阿里云公有云市场份额达到 50%,超过中国电信、中国联通等运营商,位居国内第一位。公共云服务方面,阿里云规划建设位于杭州、青岛、北京、香港、深圳的五个数据中心,面向全国乃至全球提供公共云服务。其中,阿里云的香港数据中心正式进入大规模商用阶段,可以为中国香港、东南亚乃至全球用户提供云计算服务,可以同亚马逊、微软等国际云计算企业正面竞争。

同时,阿里云开始在全国各地大范围布局云计算和大数据发展,同海南、浙江、贵州、广西、河南、河北、宁夏、新疆、甘肃、广东、吉林、天津等 12 个省自治区达成战略合作,利用阿里云"飞天"云计算核心自主技术,搭建政务、民生、公共服务领域的数字化服务平台,推动政府公共服务的电商化、无线化和智慧化。

(2) 浪潮:加速布局政务云市场[3]

浪潮是中国云计算的龙头企业之一,是大型云计算核心装备的制造商和解决方案提供商,已经形成涵盖 IaaS、PaaS、SaaS 三个层面的整体解决方案服务能力。凭借浪潮高端服务器、海量存储、云操作系统、信息安全技术为客户打造领先的云基础架构,基于浪潮企业、行业、政务信息化软件、终端产品和解决方案,全面支撑政务云、行业云、企业云建设。

2014 年,浪潮全面开展全国政务云领域的布局,与多个城市签订合作协议。截至 2015 年,浪潮已经与山东、浙江、江苏、安徽、甘肃、内蒙古、黑龙江、海南、山西、贵州、云南等 34 个地市达成合作协议,涉及卫生、广电、政务、水利、电力、公安等行业。同时,浪潮发起组建云计算和智慧城市产业联盟,与金蝶、七牛等上下游厂商展开战略合作,积极参与开源社区建设,加速云计算生态圈布局。

(3) 曙光:国内领先的云计算产品供应商[3]

曙光公司一直将云计算视为一项重要战略,依托掌握的自主可控的主流核心技术,全面参与云计算业务,努力成为国内云计算技术、产品、解决方案的核心供应商。至 2015 年,曙光已经在国内建设、部署超过 10 个大型云计算中心。

2014 年,曙光还牵头成立创新与产业化联盟,面向国家在云计算和大数据应用领域对高性能计算技术与装备的需求,开展协同创新与成果的产业化及应用推广,并积极同用友等企业合作,打造云计算研发、应用的生态圈。曙光发布了云操作系统的最新版本,实现了信息技术基础设施管理与企业业务流程的战略性结合,完全实现了自主可控。

## 7.3 上海推进云计算产业发展的政策建议

在前面的章节中,本书对上海云计算产业发展情况进行了介绍,对云计算产业生态系统和产业发展演进情况进行了重点分析,并对云计算商业模式创新和上海企业采纳云计算服务进行了调查研究,对国内外的云计算产业政策和国内云计算龙头企业发展情况进行了总结。

可以说,自 2010 年"云海计划 1.0"和 2013 年"云海计划 2.0"实施以来,上海云计算产业在关键技术、基础设施、应用项目、创新企业、产业环境、人才教育、公共服务平台等方面均已经取得了阶段性成果,务实推进的行动方案得到了国家部委的高度认可,为国内其他省市开展云计算规划建设起到了引领示范的作用。不过相对于发达国家的云计算产业发展情况而言,上海的云计算产业发展还存在着不少问题,无论是在行业应用范围还是产业形成产值方面,距离真正的云计算产业发达城市仍有一定的距离,仍然需要政府、企业、高校、科研院所持续不断的投入,保证各项工程能够有条不紊地持续推进[123]。在此基础上,本章对上海推进云计算产业发展提出如下的政策和策略建议[8,117]:

(1) 推进示范应用,拓宽行业全面发展

针对政务、交通、医疗、金融、文化、教育、物流、市民服务、中小企业服务等已具备成熟云计算解决方案的行业,应进一步落实推广云计算应用示范项目建设,发挥示范项目引领作用,鼓励更多的企业、事业单位完成向云计算模式的转型升级,拓宽云计算的应用范围。对于面向社会的云计算公共服务平台,可以通过政策激励,引导创新企业基于公共服务平台开发云应用,引导传统软件企业向公共服务平台移植优秀软件服务,力争为上海市民提供覆盖生活方方面面的云计算服务,全面提升城市的管理水平,降低社会服务成本。

在云计算尚未普及的农业、工业、建筑、能源、化工、地产、零售等传统行业领域,可以通过政府、行业促进机构、产业园区等多种渠道,架起云计算企业与行业企业之间的沟通桥梁,促使云计算优秀企业积极开发具备行业特色、满足企业发展需求的云计算解决方案,帮助传统行业全面提升整体信息化水平,促进传统行业信息系统转型与升级。

在选择示范企业时,根据前文实证研究的结论,中小企业比大企业更有意愿采纳云计算服务,新兴企业比老牌企业更有意愿采纳云计算服务。大企业和老企业往往由于已经具备了较为完善的信息系统和运行管理能力,所以转向云计算服务的动机不强。中小企业和新兴企业往往更加倾向于采用云计算服务的形式实现信息技术功能。因此,在推进云计算服务的过程中,应当从中小企业和新兴企业入手,再通过中小企业和新兴企业的示范来带动其他企业,实现云计算服务应用的全面推广。

(2)加强产业环境,引导企业创新发展

上海应充分发挥区县政府在推进云计算产业发展方面的积极作用,针对现有云计算两个基地(闸北、杨浦)和一个应用示范区(浦东)的规划布局,在巩固原有的云计算产业集聚优势的基础上,进一步根据云计算产业特点和区位优势,积极引导徐汇、长宁、宝山、青浦等地的云计算产业融合物联网、大数据、移动互联网等概念,组建更多的云计算特色园区,形成环绕上海中环的云计算产业带。同时,政府应积极推动面向行业的云计算联合实验室、云计算工程中心、云计算展示体验中心等机构的建设,进一步促进"产学研用"合作机制,形成覆盖全产业链的云计算技术交流平台。通过政府政策扶持鼓励、园区基金孵化培养、公共平台市场助推、高校人才定向输送等方式积极帮助创新型云计算企业解决初创期所面临的政策、环境、市场、人才等问题,落实云计算专项扶持资金的运行,引导社会闲散资金投资云计算,重点鼓励具备创新商业模式、创新核心技术的云计算中小企业发展。

(3) 进一步加强云计算服务的推广宣传

通过调查研究发现,很多上海企业对于云计算已经有了一些了解和认识,但仍有不少企业,特别是一些中小企业对于云计算所知甚少,还有不少的企业对于云计算服务的概念不认同。因此,政府部门和云计算产业联盟、龙头企业应联合做好宣传推广工作,让广大上海企业真正了解云计算的意义和效能,主动接纳和采用云计算服务。

研究表明企业管理层的动机对于企业采用云计算服务的决策有着决定性的作用,这一点与以往对于企业信息技术应用的研究结论相一致。如果企业管理层能够充分认识到云计算服务的优势,包括节省成本、提高信息技术水平和灵活性、提高企业竞争力等,企业就会有动力主动采纳云计算服务以满足自身的信息技术功能需求。目前仍有不少企业高层管理人员对于云计算服务了解较少,对于云计算服务能够给企业带来的效益知之不详,这在很大程度上阻碍了云计算服务的推广和应用,从而影响上海云计算产业的快速发展。因此,当前的主要任务是加强对企业管理层的宣传。

政府部门和产业联盟、行业协会可以组织云计算方面的宣讲会和培训班,邀请企业管理人员参加并颁发证书,使他们能够对云计算服务和商业模式有进一步的了解和认识,增强其使用云计算服务的动机。此外,作为国内五大云计算产业试点城市,上海已经陆续推出了一些云计算示范项目。应充分发挥这些示范项目的作用,加大对示范项目的宣传,通过示范项目使广大企业和高级管理者了解到云计算的优势和效益,对云计算服务形成更深入和全面的认识。

(4)通过政府采购积极推进云计算服务的应用

正如前文的介绍,美国、欧洲、日本、澳大利亚等发达国家和地区都是通过政府采购的方式对云计算进行扶持。上海可以在政府部门、事业单位信息系统的构建上优先采用云计算技术,不仅可以有效带动云计算产业发展,还能增强本地企业使用云服务的信心和意愿。前文研究显示企业在决定是否采纳云计算服务时受到多种外部压力的影响和作用。毫无疑问,政府的选择会直接影响到企业使用云计算服务。

(5)支持和扶持云计算创业企业进行商业模式创新

云计算产业要得到发展,只有平台是不够的,必须存在大量质量高、价格低、灵活性强的服务,才能吸引广大企业,特别是中小企业的采纳和使用。目前,上海已经出现了一批云计算创业企业,主要开发基于云计算平台的软件服务系统。这些企业在成立之初,普遍存在着资金紧缺的问题。有的企业因为资金问题而无法正常运营,甚至无法生存。因此,政府对于云计算服务的创业企业应给予资金和政策上的支持,包括税收政策上的优惠和财政方面的补贴,使它们能够不断发展壮大,尽快融入上海云计算产业生态系统中。

基于前文的研究可以发现,好的商业模式是云计算服务企业成功发展的重要保证。政府部门应组织高校和科研单位,对于云计算服务的商业模式进行调研和总结,对于成功的商业模式进行推广,帮助云计算创业企业在市场竞争中获得优势,促进云计算产业生态系统稳定发展。

(6)加强云计算产业相关的制度法规建设

研究表明很多上海企业认为当前云计算相关的法规和制度还

很不完善,希望政府能够对企业使用云计算服务提供法规和制度上的支持。从企业运营视角来看,云计算服务就是一种新型的信息技术外包模式,企业在使用云计算服务时会存在一些不确定因素,包括数据安全、商业机密等,希望能够有相应的法规制度保障自身的安全与权益。美国和日本等发达国家都已经实施了相应的法规,要求信息技术服务供应商必须保证用户的数据安全和商业机密。同发达国家相比,国内云计算领域的制度、法规还是空白,涉及数据和商业信息安全的规定几乎没有。上海可以从社会诚信系统、负面清单等制度创新方面入手,率先出台一些涉及云计算产业、服务的地方性规定,提高企业使用云计算服务的信心,也能规范云计算相关企业的市场行为。

(7)推动"产学研用"相结合,加速云计算安全性问题的解决和云计算标准的制定

目前,安全性和标准问题已经成为影响云计算被广泛采纳的关键性因素。很多企业不愿意使用云计算服务,特别是云计算公共服务,一个很重要的原因是安全问题,担心企业数据和商业信息的安全无法得到保障。安全性的实现既依赖于安全性技术,包括数据加密技术、安全性控制技术等,也依赖于安全性制度和机制的建立。因此,政府应着力于推动企业、高校和科研机构的合作,通过"产学研用"相结合的方式,对目前亟须解决的云计算安全性问题进行重点研究。

对于一些关键技术问题的研究可以采用政府立项资助,由高校、科研单位和云计算企业合作研究的形式开展。此外,标准问题是影响云计算服务发展的另一个关键性问题。云计算服务缺乏统一的标准,各平台和供应商各自为政,导致产品和服务难以集成,造成很多企业不愿意采纳云计算服务。美国、日本、欧洲等国家和地区都已经将云计算标准的制定作为一项重要产业战略。

一方面，云计算标准的制定涉及很多方面的因素，需要由企业、科研单位、高校等多方面共同参与，需要政府的统一协调，标准的推广也需要政府的相关政策保障；另一方面，政府也可以牵头，同国际云计算知名组织保持密切的沟通，积极加入国际云计算组织，把中国的云计算需求加入国际的标准化阵营中去，而不是一味追求建立自己的云计算标准。

作为地方政府，上海可以参照云计算国际标准，结合长三角区域特色，进一步细化地方云计算产业生态系统构成结构，出台云计算地方标准和云计算企业认定标准，引领城市云计算标准的建设发展。鼓励上海本地云计算优秀企业在企业管理领域、企业运营机制、云计算行业企业级应用等领域制定企业标准，构建云计算企业技术标准联盟，为云计算产业的标准化做出贡献。

（8）进一步推进云计算基础设施的升级

云计算产业发展完全依赖于互联网基础设施的搭建。目前，上海的互联网应用水平居于全国前列，网络带宽和稳定性都有了较大水平的提高，但与云计算发达国家相比，还有一定的差距（如费用）。政府部门应积极督导电信和网络运营行业，尽快完成网络设施的升级和改造，进一步提高网络的速度和稳定性，降低网络使用成本，使其能够满足云计算服务的要求。此外，数据中心作为核心的云计算基础设施，还处于企业各自为政的状态。很多云计算企业自建自营数据中心，在资源的利用方面造成一定的浪费。而美国和日本等发达国家，在大型数据中心的建立上，往往有政府统一协调、统一规划，更易于实现资源的统一调度和充分利用。

随着云计算产业的不断扩展，上海地区对数据中心的需求也在高速增长，对云计算服务的质量要求也越来越高。上海可以借鉴发达国家的经验，由政府出面，统一规划，整合企业的资源，建立几个大型数据中心,支持云计算产业对数据中心的需求;还可以借鉴欧盟的云计算服务供应商认证制度,由政府部门对供应商的资质进行认证,对数据中心的创新做出提前规划,从而保证上海云计算产业的良性发展。

# 第8章

# 云计算企业商业模式创新案例

伴随着云计算产业生态系统的快速发展，云计算核心技术、商业模式、管理方法也在不断推陈出新，"上云"已成为中国各类企业加快数字化转型、积极创新、促进业务增长的第一选择。云计算企业商业模式创新不仅仅是全新行业从"0"到"1"的颠覆突破，也可以是传统行业从"1"到"100"的升级改造。借助云计算技术，企业在实现自身变革的过程中，更加突出和强调五个关键词：基于场景、稳定可靠、融合共生、原生可控、共建共享。

本章将聚焦上述关键词，选择五家企业进行云计算商业模式创新的案例介绍。其中，"808街"重点基于场景，利用云计算技术升级改造传统会展行业的体验过程，将技术便捷性融入会展经济中；"七牛"则专注于稳定可靠的存储技术，将单纯的"信息存储"真正转变为"信息服务"；"盛大云"展示了"云平台"的强大威力，为互联网时代各种创新业态的融合共生提供了坚实保障；"DaoCloud"依靠原生可控的核心容器技术，在PaaS平台上取得了突破，调和了企业"上云需求"与"安全恐慌"之间的矛盾；"优景智慧云校园"采用一体化、智能化的云计算多级部署架构，改变传统教与学方式，打造了全新的"教、学、管"共建共享模式，为教育信息化提供了可以借鉴的样本。

## 8.1 "云端"的会展服务业：808街

808街是专业的会展服务与社交云服务平台，主要为客户提供"商业"与"职场"主题的社会化关系网络服务。作为国内首家关注"商业"与"职场"活动的在线"云端"平台，808街通过发布信息、推荐资源、邀请好友、加强社会关系网络等Web2.0元素，帮助企业（尤其是传统企业）和个体客户解决在商业社交活动中的品牌推广、人脉拓展、信息交换、社交体验、商机挖掘等诸多方面的问题。

基于团队过去十几年为国内会议及展览行业的服务经历和资源积累,808街依靠云计算技术填补传统商业领域在移动互联网领域营销交际方面的市场空缺。

中国每年有超过8 000场次的商业展览和百万场次的会议、论坛、讲座、培训等各类活动,每年累计有过亿人次参与这些活动。808街的目标是成为这些活动组织者的首选营销合作平台,通过不断累积的客户数量和活动次数,推出基于云计算的移动解决方案,最终发展成为客户在推广商业活动和拓展商业关系时的核心网络社交服务平台。

### 8.1.1 会展行业背景

(1) 行业背景及"云服务"的商业机会

会展行业是会议、展览、大型商业推广活动等集体性展出活动的简称,涉及各种类型的博览会、展览展销活动、大型会议、体育竞技运动、文化活动、节庆活动等。会议、展览会、博览会、交易会、展销会、展示会等是会展活动的基本形式,世界博览会则是最为典型的大型会展活动。会展行业具有重要的商业功能,企业可以通过会展活动孕育商机,实现与客户的联系与交易功能。各类展会的联系沟通作用非常明显,表现为联系量大、面广、效果好,为展会组织者、参展商、观众提供彼此联系和交流的机会。通常在短短几天的展会期间,参展商可以接触到相关市场的大部分客户,其效果远比登门拜访等常规接触客户的方式好。展会参加者可以在专业展会上接触到行业主管部门领导、领域专家、现有客户、潜在客户、供应者、代理商等各类商业利益相关者,其中不乏决策人物、关键人物,形成的商业网络与商业联系质量较高。通常展会活动的环境氛围正式、典雅,也有利于进行高质量的商业洽谈与交流。

会展行业为商业活动带来的益处毋庸置疑。企业管理者通常把展会作为他们获得采购信息的"第一"选择,领先于其他12种业务媒介,包括直邮、广告、电话行销等。从商务交流角度来看,展会是唯一可以实现与感兴趣的参观者面对面交流的营销媒介。从商业机会角度来看,展会吸引合格的买家,超过80%的展会参观者对展会上的购买决策具有影响力,55%在参观后有购买计划。从商业交易角度来看,展会加快销售进程,66%的销售和市场经理认为从展会上得到的销售线索更容易转化为真正的交易,买家能在展会上见到产品,与企业人员进行有成效的沟通。

随着经济全球化程度的日益加深,会展业已发展成为新兴的现代服务型产业,是衡量一个城市国际化程度和经济发展水平的重要标准之一。据前瞻网调查显示,进入21世纪后,我国会展业搭上经济快速发展的列车,已经确定了世界会展大国的地位,并向会展强国稳步前行。世界排名前10名的国际展览公司都不同程度地参与了中国市场,中国的展览馆数量和规模名列世界前茅,大陆地区已成为全球发展最快的展览市场。

我国会展经济研究会的统计显示,在经济社会迅速发展的推动下,国内会展业正以每年20%的比例高速增长,成为城市化进程的显著标志。研究进一步指出,作为现代服务业的典型代表,会展业与拉动经济发展的"三驾马车"紧密相连,各类出口展览会、投资洽谈会和商业展览会在国家稳增长、调结构的过程中发挥了重要作用。

根据中国国际贸易促进委员会2010年发布的统计数据,每年在我国至少有8 000场展览举办,涉及350万参展企业,超过1.4亿观众;中国会展业的直接产值达到3 016亿元人民币,由会展拉动的相关消费值更是超过2.7万亿元人民币。

与此同时,调查显示95%的观众在会展过程中会向参展方索取销售资料或宣传册。而印刷资料的成本较高,在展会上发放的投入产出比一直不能有效提高，65％的参会观众从展台上收到资料后很快就会扔掉。随着移动互联网的不断发展，在移动终端上了解参展企业信息而不再从纸质资料上获取信息成为可能。当绝大部分参展观众和参展企业习惯于扫描二维码获取信息，而不是提着袋子、拖着拉杆箱接收成套纸质印刷资料，会展业将会发生令人惊叹的变革。

（2）基于"云计算"技术的会展行业服务前景

展台二维码已经开始出现在一些大型会展上，这是中国主流制造企业与服务企业移动电子商务模式的重要尝试，而基于云计算、云平台的移动会展应用将成为未来中国会展行业变革的核心力量。

过去十年，移动互联网颠覆了很多传统行业，但对会展业的影响微乎其微，这与会展业特殊的应用场景和营销模式密切相关。比如：展馆的网络环境普遍较差，不适于应用移动网络；企业通常在展前要保密营销活动，不愿意推出电子化营销方案；传统企业的电子商务进程迟缓，无法提供技术支持；展会主办方利润丰厚，推出电子解决方案动力不足等。

十年的发展历程中，会展行业显现出的矛盾也在加深：一方面，展会主办方最关心的问题是如何扩大展会规模、提高观展体验、创新观展看点、建立活跃社交圈子、吸引专业观众、拓展营销渠道，最终提升商业撮合效率；另一方面，参展企业也有自己的难处，担心展位没人来，印刷资料被参会观众乱扔，展会结束后很难收到反馈。

而从参会观众的角度来看，印刷资料虽然印制精美、内容丰富，但往往非常厚重，几个展台下来就不得不扔掉一些资料才能继续观展；会展大厅一般都被主办方划分为各个小区域，在参展企业较多时，客户往往很难找到自己感兴趣企业的具体位置，观展活动效率低；参会企业和参会观众较多时，预约参会也十分困难；展馆的网络环境普遍较差，参会观众上网难；人来人往的展馆中，参会企业与观众两方真正的交流也少，沟通不够深入。

基于上述几点不难发现，传统会展行业在保持高速发展的同时面临着很多困难。当传统商业模式无法解决矛盾时，移动互联网和新一代信息技术就有了应用的舞台，O2O(Offline to Online)模式将给会展业带来突破瓶颈的机会，云计算技术使得商业模式变革可以真正落地实现。基于"云端"的会展服务业将会出现翻天覆地的变化，体现在以下两个方面：

① 观众的习惯将变化：观众习惯会发生变化，他们将更加习惯通过现有的智能手机、平板电脑等数字移动终端获取会展信息，完成参展(参会)的报名、签到手续，收集相关的展台、企业、展品信息，而不再依靠传统的人工流程与纸质资料。

② 参展企业的展台将变化：随着会展观众习惯的变化，参展企业将通过客户更为习惯的数字化平台展现相关信息。以二维码为入口、基于智能客户端(如手机)不同于企业官网的、包含企业专业营销信息的移动线上展台将成为企业必不可少的选择。

移动互联网和云计算模式将推动会展业实现进一步产业转型升级。在移动互联网和现实会展活动之间搭建一个无缝切换的云平台，为会展主办商、参展企业及贸易观众提供移动便捷的会展服务工具，使得各方获取商机的效率大大提升。同时，移动营销与O2O商务的整合服务也将迎来快速发展的机会。

基于云计算的会展整合服务体现在三方面：第一，信息整合，包括供需信息、产品信息、企业信息、行业信息等；第二，服务整合，包括参观者、参展商和主办方的多方精准互动(推送、收藏、预约、关注、分享、致电等)；第三，人脉整合，将帮助参展商和观众实现更高效的匹配与长期锁定。

### 8.1.2 会展行业的"云服务"模式

随着移动互联网和新一代移动通信技术的出现,人类的网络生活也逐渐从电脑端转移到了手机、平板电脑等方便随身携带的智能终端上。新技术使得人们可以无时无刻不在网络上,完成过去只能在线下进行的各种工作。当传统会展行业主办方、参展商和参观者的口袋中都装着移动智能终端时,新型会展商业服务模式的出现就变得水到渠成了。

808街正是在移动互联网、云计算技术发展背景下快速成长的会展行业移动解决方案提供商。公司通过云计算服务平台,实现了移动技术、云计算技术与展会宣传、展前招展及供需信息收集、展会现场互动、展后商贸四大会展核心流程的无缝整合。

(1)"云服务"模式下的展会宣传

① 二维码宣传推广。展会专属的移动会展应用下载安装可以借助二维码、彩码技术。例如,将应用的下载地址制作成二维码,然后将其印在网站图片、广告、名片、宣传单等各种载体传播,当用户手机拍照二维码时就可以立即下载应用到手机。

② 让展会"移动"起来。移动会展应用可以帮助主办方将展会介绍、展馆介绍、招商条件、论坛、活动预告等内容推送到参展商和观众的手机上,随时随地传递展会信息。通过移动应用的"消息推送"功能可以在第一时间将信息推送到安装了移动应用、对特定行业展会感兴趣的用户手机当中,实现精准营销。

③ "全年无休"的移动展台。一场展会通常只开3~5天,但基于云平台的展会移动应用却可以365天运行,无论是展会之前还是展会后,移动会展都可以为展会提供新的展示方案。在展会之前,移动应用就可以先于展会上线,宣传展会的同时参展商也可以进行预登记;在展会结束之后,相关的商贸活动仍没有结束,参展

商和观众可以继续依靠移动应用开展商贸活动,主办方也可以通过移动应用维护参展商和观众的信息,为下一期展会做好准备。

④ 参展观众的信息收集。客户使用移动展会应用,填写姓名和手机号码登录系统,设置自己感兴趣的行业展会关键词,这些信息汇总起来统一发送后台数据库,由云计算平台根据供需双方的需求自动发送会展宣传信息,并对潜在的商机进行数据挖掘,实现数据背后隐藏的商机。

(2) "云服务"模式下的招展及供求信息收集

① 移动会展应用可以提供手机预登记。在手机等智能终端设备上安装了移动展会应用程序后,参展商或者对展会有兴趣的观众可以在第一时间进行展会的预登记。一方面,客户通过移动设备在第一时间进行预登记,可以有效化解困扰会展行业的"客户热情冷却问题";另一方面,移动应用也为展会主办方和参展方及时提供了参会客户资料,方便他们提供更好的会务服务。

② 不到现场也能参加展会。"我在外地没办法来看这次展会,你们能不能给我些展会资料",这种要求十分常见,并不是所有的观众都有机会来到展会现场,移动会展应用可以提供移动会展解决方案,哪怕观众远在海外也可以浏览展会概况、查看参展商信息及参展展品。

"我们是小公司,没办法花那么多钱跑这么远来参加展会怎么办",有意向参展的企业方也有自己的难处,移动会展应用提供的移动会展并不仅仅是展示,无法现场参加展会的公司也可以提供网上虚拟展位宣传自己的品牌和产品,让展会真正实现无线化、虚拟化。

(3) "云服务"模式下的展会现场运营

① 将展商和展品"转移"到采购商和观众的移动终端中。基于云计算的移动会展应用可以充分发挥网络展览的优势,为参展商

提供定制的移动终端网站,在展会开始之前添加企业的介绍、产品信息和联系方式。云平台将所有参展商公司、产品、展位等信息统一收集在后台,实时按需提供给客户的移动终端应用,客户可以收藏中意的参展商与产品,参加展会也不再需要抱着一大堆宣传资料,只要按照手机上提供的信息就可以找到相应的展台,实现真正意义上的"从线上到线下"。

② 为参展商和展品定制二维码。利用云计算和移动互联网技术,移动会展解决方案可以根据展会行业的特殊要求,设计出体现展会个性的二维码。参展商可以选择二维码模板或定制个性的专属二维码,将二维码印在参展商展位、广告位、宣传册或其他媒介载体之上,客户手机拍下二维码即可以联入网络系统,及时显示该参展商介绍、产品介绍、展位信息及联系方式等会展重要信息;在扫描的同时,参展商也能利用云平台实时获取感兴趣的客户的资料信息,使传统展会上互换名片和交换宣传资料的过程变得更加便捷。

③ 社会网络媒体环境下的创意互动形式与现场活动。与世博展会的盖章活动相似,移动会展应用可以整合已有的社会网络媒体资源,提供类似"二维码盖章""会展签到""微信点评"等创意互动形式和现场活动,如观众只需拍下展会定制的参展商二维码即可获得抽奖资格或小礼品,通过微博平台对展台设计、展品、商业机会进行打分点评,通过微信插件、小程序在拥挤的会场中进行商务沟通等。基于云计算服务平台的整合能力,移动会展应用不仅能够推出各种各样新颖的活动支持会展的有效运营,更可以帮助主办方聚集人气,实现双赢。

(4)"云服务"模式下的展后商贸

① 展会"大数据"的统计与分析。通过云平台和移动会展移动应用收集的数据可以帮助主办方统计和分析展会现场运营数据,

总结新型展会的运营经验，不断完善展会运营策略。当数据积累到一定程度，可以根据已有的展会、客户信息，生成含金量极高的行业发展趋势报告，不仅对会展行业预测研究有所帮助，更是对参展商发展大有益处的资料。这也是云服务模式下大数据处理功能为展会提供的高附加值产品。

② 维护参展商和观众的资料。移动会展的云服务功能可以帮助实时收集与维护参展观众和参展商的资料，为下一期展会或者其他展会的举办聚拢资源，开展新闻、活动消息的推送等精准化营销工作。

③ 展后的移动电子商务。在会展行业有一句名言，"展会结束了，但是贸易才刚刚开始"。当参展商信息被感兴趣的观众点击收藏后，参展商可以通过云平台实时获得对其产品有兴趣的客户信息，收藏参展商或产品的客户也可以进一步对相关的信息进行深入了解，展后开展移动电子商务的基础已经具备。移动会展应用的出现让展会后续的价值得到了最大化实现。

④ 展后的消息推送。根据统计，90%以上的专业会展用户在安装了会展终端应用之后半年内不会卸载，在此期间参展商和主办方都可以利用推送功能将消息推送到客户移动终端上，进一步提高客户对商家的兴趣和忠诚度。

### 8.1.3 云计算对会展行业的价值与意义

会展行业在中国是一个快速成长、潜力巨大的行业，涉及商贸洽谈、整合营销、调节供需、技术扩散、产业联动、商品交易等诸多核心经济功能，体现了经济一体化的发展特点，对众多企业，尤其是中小型企业具有难以拒绝的吸引力。借助云计算和移动互联网技术，原本信息化程度略显不足的会展行业可以快速把握行业增长机遇，发挥会展业强大的经济促进功能。

在未来的展会场景中,会展中心、主办方、参展商、观众四方能够使用一个整合的、共享的云平台,各类会展文件、宣传资料、广告视频、通知公告、会展论坛等活动举办前后的一切资源都被有效整合在平台上,各方可以根据自身的需求,实时、方便地通过智能终端设备访问、使用这些资源。更进一步,展会各方还可以通过云平台对这些信息进行配置和定制,打造属于自己的移动会展应用服务流程,而并不需要专门去开发一套信息系统去进行管理。基于云计算技术,会展行业将不仅可以实现传统展会的商贸洽谈、营销、交易等核心功能,更可以展现定制化、便捷化、信息化的新型展会特性,打造低成本、高效率、绿色环保的现代会展行业。

(1)云计算能提升会展行业的联系与交易功能

移动互联网背景下,会展行业联系沟通的作用将会放大。基于云平台提供的信息化服务,新型会展的联系量更大、联系面更广、联系效果更好,可以向会展主办方、参展商、观众提供更精准和便利的联系和交流机会。在会展中,移动应用提供了丰富的信息和专业知识,商业交流活动变得更轻松、直接、快捷、准确,消除了供求中的不确定因素。参展商可以在有限的时间内最广泛地接触买主,感兴趣的购买商可以在有限的空间里更充分地了解产品,极大简化了买卖双方介绍产品、了解产品、交流信息、建立联系、签约成交等一系列的流通过程,提升了会展行业的联系与交易效率。

(2)云计算能强化会展行业的整合营销功能

通过在移动互联网和真实展会中搭建起云平台,会展行业不仅可以掌握主流企业买卖双方的真实信息,还能挖掘出不同领域中交易最为活跃的供需方,为他们牵线搭桥。会展行业可以真正成为企业之间一个有效的营销平台,为企业展示产品、收集信息、洽谈贸易、交流技术、拓展市场提供桥梁和纽带作用。会展经济作为一种竞争经济,众多的供给者和需求者聚集在一起,供给信息和需求信息直接交流,信息被充分披露,成为一个近似于完全竞争的市场。云平台提供的信息服务使得供需双方信息更加精准、透明,生产商、批发商和分销商都能进行充分的信息互换。企业可以利用各种信息渠道宣传自己的产品,推介自己的品牌、形象。企业与顾客可以直接沟通,得到及时反馈。企业可以收集有关竞争者、新老顾客的信息,了解本行业最新产品动态和行业发展趋势,构成决策依据。依靠云计算技术,会展行业的整合营销功能将能得到最大化加强。

(3) 云计算能发挥会展行业的供需调节功能

云计算提供的信息平台能帮助会展行业有效发挥信息市场的功能,实现商品供需的有效调节。企业参展产品的信息属于市场信息,是市场经济的重要资源。会展信息市场反映信息交换中供求之间的各种经济关系,它连接市场信息供应方、市场信息用户、市场信息资源应用等重要生产力要素,促进各类市场资源得到优化配置,从而有效刺激需求、调节供给。展会提供新产品示范的平台,通过参展产品或科技成果的信息化展示,广大消费者能快速、便捷地发现以前未曾有过的产品信息,可以有效刺激消费结构的优化和重组。在云计算技术的辅助下,会展行业的供需调节功能得到了充分发挥。

(4) 云计算有助于会展行业实现产业联动

云计算的应用服务使得展会效率提高,可以更好地带动相关产业发展。会展经济涉及服务、交通、旅游、广告、装饰、海关、保险、餐饮、通信等诸多部门,依靠会展云平台,这些部门不仅可以实现有效联动、消除"信息孤岛",还可以培育新兴产业群,直接或间接带动一系列相关产业的快速发展,促进经济一体化的实现。

### 8.1.4 云计算在会展行业的发展前景

808 街是移动互联网发展浪潮中云计算模式在传统商业领域提供应用服务的一个缩影。目前,越来越多的中国企业、高校和科研院所已经将目光投向会展行业,从技术、应用、服务模式等多个方面促进科技融合。随着全社会的不断关注、国家的大力支持和从业者的持续努力,会展行业将成为中国云计算移动应用服务最先落地的行业之一,不但实现会展行业自身的快速可持续发展,也为其他行业应用云计算技术完成转型升级提供重要范本。

## 8.2 "云存储"的推动者:七牛

七牛是一家专注于提供云存储服务的云计算企业,公司注册成立于 2011 年,核心团队自 2005 年起就开始进行分布式存储服务的尝试,积累了丰富的行业经验和技术专利。七牛依托在云存储领域多年的技术创新成果,汇集国内优秀的技术人才,专注于云存储的技术与服务创新领域。公司深刻理解云计算大趋势下的技术需求与方向,掌握分布式数据存储核心技术,并在此基础上结合了丰富的客户体验技术以及行业存储经验,为客户提供高扩展、高速度、高稳定、高安全的云存储服务解决方案。

七牛联合创始人之一许式伟先生曾在 2000 年主持研发 WPS,担任 WPS Office 2005 首席架构师,兼任前金山公司技术总监,2006 年带领创办成立金山存储实验室,主攻存储领域,是盛大公司"祥云计划"的发起人。2011 年,许式伟和一批优秀的技术人才组织成立七牛,专注云存储,励志打造中国的亚马逊云服务模式,开创云存储新格局。

七牛的创业之路极富传奇色彩,得天独厚的资源和团队迸发向上的热情是七牛在短时间内脱颖而出的重要因素。

2011年年中，许式伟果断辞职，带领一群对云存储感兴趣的技术人才创办了七牛云存储。创业初期便有数家投资机构上门洽谈，向许式伟表达投资云计算领域的意愿。经过一段时间的思考，他最终敲定了和经纬创投的投资关系。团队成立之初，核心技术骨干以熟悉的网盘领域为契机，推出了一款面向终端用户的网盘产品"Q盘"。网盘属于较早的云存储应用尝试，其主要功能是办公协同，可以实现多设备间的同步及与好友分享文档。

随着移动互联网的快速崛起，终端设备的数量激增，个人产生的信息内容也呈指数增长。国外的云存储应用代表Dropbox和亚马逊S3模式应运而生：Dropbox与亚马逊S3的最大区别在于前者是云存储的一个在线应用，也被称为"网盘"或"云盘"。短短时间内，Dropbox成了信息技术企业纷纷模仿的对象。小到三五人的创业团队，大到IT业巨头公司，无不争先恐后地提供网盘服务，网盘的热潮从西方吹到了东方，网盘市场也从蓝海向红海慢慢过渡。

面对这一块诱人的馅饼，七牛团队开始坐下来冷静思考，是利用自己技术成熟的Q盘从红海市场中分一杯羹还是放弃这块馅饼，转向技术新兴市场？面对网盘可能带来的巨大诱惑，七牛管理层展开了一次开诚布公的讨论。大家都认为尽管Q盘产品最能体现七牛云存储服务的优势，但是网盘对企业来讲只是锦上添花的事情，七牛云计算发展战略想做的是为企业雪中送炭。许式伟发现，随着信息技术升级换代，用户在网络中产生的诸如图片、视频、音频等媒体文件越来越容易，也越来越多；但对企业来说，有效管理这些由用户产生的多媒体信息内容却变得尤为困难，传统的网盘产品无法满足需要。

经过这次讨论，七牛团队认识到还是应该专注于自己最擅长的技术型服务领域。在已有Q盘产品最本质的文件管理功能基础上,七牛决定做一个无需企业用户直接感知,但是能解决更多实际问题的、面向企业层级的云存储基础服务,真正为企业"雪中送炭"。

### 8.2.1 "云存储"行业发展与商业机会

云存储是云计算技术最为重要的核心应用,是云计算商业模式创新的基本保障,可以推动企业基本价值链的转型升级。互联网永远离不开数据,而在移动互联网时代,云存储将会是一种随时随地被需要的基本服务,就像水、电、煤一样成为公共基础服务设施。基于"云"的存储服务一方面无需企业、个体特别关注,成为日常工作、生活的一部分;另一方面,又可以为企业、个体带来创新的新舞台,实现商业模式从零到一的质变。从现阶段中国云计算产业发展现状来看,云存储行业具备广阔的发展潜力,也是云计算同其他新一代信息技术(如大数据、人工智能)有效整合的重要技术基础。

(1) 数据爆炸与企业需求

全球信息化高速发展背景下,人们通过企业信息系统、智能移动电话、个体移动终端产生并积累了数量庞大的信息记录,并且这些数据还在以指数形式增长。工业界每年产生的数据已达到 PB 数量级,科学研究领域也面临着相同的难题,例如欧洲核子研究中心每年产生的数据就达 15 PB。据国际数据公司(International Data Corporation,IDC)统计,2011 年全球数据总量为 1 800 EB (1 EB=1 024 PB),保持每两年翻一番的速度;2015 年数据总量达到 8 ZB(1 ZB=1 024 EB),复合增长率为 31.0%;预计 2020 年将达 44 ZB,复合增长率为 40.63%。中国拥有全球最庞大的人口基数,也是数据的最大生产者,预计 2020 年中国一年的数据生成量为 7.9 ZB,约占全球数据总量的 18%。2018 年以来,以深度学习为代表的人工智能技术开始爆发,更离不开海量数据资源的支持,数据成为全世界商业和科技界公认的最宝贵资源,大数据的存储模式与存储技术也已成为衡量一国国力的重要指标。

在量级庞大的海量数据中,非结构化数据占据数据总量的90%以上。非结构化数据以图片、图像、音频、视频信息为主,这类信息占用空间大、流动(生成)速度快,相对结构化数据而言更加不易管理。

面对非结构化数据的迅猛增长,那些不常使用的数据在企业信息基础设施里消耗着昂贵的存储容量。如何才能不用花费过多的精力,同时又能有效的保管好那些具有潜在价值的数据?采购更多的本地存储设备固然是一个解决方法,但是将有限的人力、财力投入到无限的本地存储设备建设中,无疑是不切实际的做法。虽然随着数据规模的增大,单位存储成本在降低,但是数据总量增长远远超过成本下降,导致企业的单位数据管理成本反而在逐年攀升。

更重要的是,企业还需要承受数据日益增多带来的管理压力,面临着分布式数据管理带来的挑战。当企业参与到全球经济市场中,IT部门员工需要让分布在全球的员工能够有效访问企业内部重要数据;全球分布的工作团队还需要共享对大型的文件和数据集的读写访问,不断进行数据同步操作,对数据精确度要求极高,更不用说类似于"春运"这类需要数据集中操作的重要时间节点,企业数据存储管理随时面临崩溃的可能性。

基于上述困境,越来越多的企业愿意尝试云存储技术来改善数据的管理与操作。使用云存储技术,雇主不需要对数据的管理事无巨细、亲力亲为,可以节省宝贵的精力专注于核心业务,实现公司核心业务的快速发展。

(2) 行业竞争者

国内市场中做 IaaS 云计算服务模式的代表性企业有阿里云、盛大云、万网云,这三家企业不仅在行业的影响力较大,更拥有数目可观的客户机基数。从整体来看,三家云计算企业共同特性有三点:一是在做云计算之前就已经是具备知名度的公司;二是企业具备雄厚资金量;三是市场口碑较好。阿里巴巴集团是中国最大的电子商务平台企业,面对中小微型企业的电子商务服务是阿里巴巴的旗舰业务。盛大网络是全国领先的互动娱乐媒体企业,主要业务包括盛大游戏、盛大文学、盛大在线等主体门户及其他网络内容服务。万网是中国领先的互联网应用服务提供商,它致力于为企业客户提供完整的互联网应用服务,服务范围涵盖域名服务、主机服务、企业邮箱、网站建设、网络营销等应用业务。

虽然三家云计算企业的影响力较大,但在扩展自身业务的过程中也存在着一些问题。以阿里云为例,其产品模型更多沿用了传统互联网数据中心(Internet Data Center,IDC)的产品模型。在业务拓展初期,阿里云一直是以技术主导,对传统 IDC 和中小站长需求的理解和服务经验欠缺,导致云主机性能欠佳,集中体现在磁盘的输入/输出(Input/Output,I/O)性能方面。尽管公司采用了昂贵的硬盘串行传输技术,计算机存储功能有保障,但是 I/O 吞吐带宽却呈现逐渐下降趋势,容易出现不能满足应用快速变化的情况。

在云计算领域,庞大的企业体系既是优势也是劣势。大型企业拥有市场影响力和较大的客户群体,但也很难迅速改变已经沿用多年的服务模式和技术,无法对云计算市场做出快速的反应,无法在短时间内提供更多可以满足符合消费者需求的服务。"船小好掉头",对于成立时间较短的七牛来说,利用自身的灵活性、快速定位云存储市场、为企业提供符合需求的产品与服务,这是成功的"三板斧"。

### 8.2.2 "云存储"的七牛服务模式

七牛的云存储服务模式为 IaaS 模式,是把数据中心、基础设施、硬件资源通过网络分配给用户使用的商业模式。七牛的 IaaS 服务很好地实现了云计算按需付费的理念：通过"弹性云"，用户可只在需要时才接入这些基础设施资源，并只为自己使用的部分付费。

下面将从成本优势、应用企业分析这两个视角来详述七牛云存储服务的商业模式。

(1) 成本优势

传统商业模式下，网站运营最头痛的是为网站内容提供一个快捷并且可靠的存储空间。对于有预算限制考虑的企业，无论去市场上采购存储产品还是自行建立可扩展并且可靠的存储空间，都是一笔不小的开销，需要大量的前期投入成本与维护费用。

此外，有效的使用资源是节省成本的关键因素。互联网运营通常是按照峰值需求进行资源投入预估的，这必然导致非峰值时刻的资源浪费。

使用七牛云存储可以有效帮助客户化解上述难题。七牛云存储采用的是按需付费的模式，它按照用户每月使用量来进行收费，主要体现在三个方面：数据量、流量、请求数。通过七牛独创的纯分布式存储架构，合理的资源优化及集中式管理，将成本在众多用户之间分摊，使单个客户对存储的使用成本降到最低。

七牛云存储相比传统内容分发网络，IDC/CDN（Content Delivery Network，CDN）模式的峰值需求，主要节省在：①消费者按需付费，节省资源空置；②传统 CDN 需要回源，而对用户生成内容类网站（User Generated Content，UGC）来说，完全可以节省这部分流量费用；③存储业务相关运维人员的费用。

针对客户实际需求，七牛提供定制的云存储解决方案，比传统方式节省成本可达 60% 以上。基于七牛云存储服务，企业不再需要建立一个分布式存储的研发团队，也不需要运维一个分布式存储集群,更不需要定期购买、部署新的服务器。以上业务内容全部由七牛负责,帮助企业用户节省了可观的财力与人力的投入,实现了云计算中平台服务模式的最大效用。

(2) 应用企业分析

仅仅从2012年5月至2013年5月,已有数千家互联网企业选用了七牛云存储平台。其中包括Camera 360、Weico+、Weico、豌豆荚、VIDA、美图、深度刷机、抬杠、蝉游记、下厨房、财新、知乎、36氪、艺点儿、微印、米格宝宝日记、指阅、传样、iApps、流利说等新兴知名企业。其中,重点分析Camera 360和蝉游记两家企业的应用情况。

① Camera 360。在团队确立了公司云存储商业模式后,七牛迎来了第一个客户Camera 360。Camera 360是一款风靡全球的手机拍照软件,面对用户每时每刻产生的庞大数据和对云相册访问速度的高要求,Camera 360需要云存储服务来解决碰到的瓶颈问题。

凭借对公司团队技术和经验的信任,Camera 360选择了七牛。七牛云存储为Camera 360云相册实现了数据异地多副本备份,依靠全分布式系统最大程度保障了数据的可用性和安全性,同时上传/下载双加速的特性又确保了Camera 360的用户可随时随地访问云相册。可以说,七牛的云存储解决方案为Camera 360提供了更好的客户体验。

Camera 360的实例证明了工具类信息技术产品向在线类产品转型的过程中,云存储服务完全可以提供有力的技术支撑。

② 蝉游记。蝉游记是国内首家高质量记录旅行的游记网站。作为以图片展示为主的用户生成内容类网站,蝉游记所有的静态资源都托管在七牛云存储上。

在没有使用七牛之前,蝉游记的用户上传文件的流程一般是:

用户到应用服务器再到云存储提供商。七牛为蝉游记提供了客户端自传的功能,即:用户到七牛服务器再到应用服务器。用户直接上传到七牛的服务器,通过域名系统(Domain Name System, DNS)智能解析,七牛会选择到最近、最合适的网络服务供应商(Internet Service Provider,ISP)节点,速度会比原先快很多;上传成功以后,七牛的服务器使用回调功能,只需要将非常少的数据(比如键值)回应用服务器,应用服务器进行保存即可。

使用该项功能后,蝉游记的上传速度、稳定性明显好于传统架构模式,用户体验大为提升。

### 8.2.3 七牛的优势与"云存储"未来的发展

七牛云存储服务具有可靠的安全性、加速上传下载的特性、强大的数据处理能力和对开发者的友好支持功能。上述特性整合为一套解决方案,所以七牛云存储服务能够在较短的时间内得到市场的肯定与认可,这种云存储服务模式的优势主要体现在以下四个方面。

(1)安全存储

七牛云存储服务致力于从各个层面保障客户数据安全性。用户上传的数据,都会创建至少三副本并跨 IDC 存储到多个数据中心,可靠性远高于单 IDC 架构。另有身份验证机制确保数据安全,防止未授权访问。同时,七牛的存储系统支持"按需而定"的扩充能力,用户无需担心存储空间不足,而且读写性能不会随着数据量增长而降低。相比传统存储方式,七牛云存储可以帮用户节省高达70%的存储成本。值得一提的是,七牛的云存储服务"24×7"在线,避免服务升级或服务器宕机而导致数据不可访问。

(2)全网加速

七牛的架构充分考虑了跨地区甚至跨大陆的数据存储和访问

场景，可以允许数据中心之间低速且不稳定的连接网络。同时，可以对数据的上传和下载进行双向加速，更符合移动互联网时代的数据分享场景。至2014年，七牛在国内外节点总数超过200个；相较传统IDC，访问速度提升数倍。七牛云存储还支持对上传和下载的双向断点续传支持，即使在极差的移动网络中照样可以读写数据。移动互联网时代的网络复杂度众所周知，七牛云存储针对国内网络环境给出了持续传输优化方案，让用户始终拥有良好的访问体验。

（3）数据处理

七牛云存储提供多达十余种简单易用的内置数据处理功能，如缩略图、图文混排水印、自定义区域裁减等绝大部分图片类应用都会使用到的功能，而且绝大部分功能都是免费提供的。同时，客户可以将自定义数据处理模块部署到七牛云存储的就近计算环境，避免远程读写数据产生的性能开销和流量成本。除此之外，七牛云存储内置丰富的数据分析功能，让企业级用户可以更准确地理解用户行为，从而有针对性地优化自己的产品。

（4）开发者支持

七牛持续提供最适合开发者使用的各类配套工具，让开发者以最简单的方式管理数据和分析开发中遇到的问题。开发包已经支持多达10种开发语言，几乎覆盖所有主流开发语言，开发者有足够多的选择以尽快上手开发基于七牛云存储的应用。同时，七牛承诺提供业界内最为迅捷的问题响应和最为敏捷的交流方式，由开发者直接面对开发者，从而以最快速度解决问题。七牛云存储是一个开放的平台，吸引公司级或个体开发者基于七牛云存储平台打造更好的开发者工具。在这种开放的开发环境中，七牛可以持续地选取优秀的作品加入官方发布包，让所有开发者可以共享优秀成果，充分发挥云计算的平台优势。

## 8.3 多元化的"云平台"：盛大云

盛大网络成立于1999年，经过十几年的积累，盛大网络已发展成为超过14亿注册账户、超过1.4亿活跃账户、超过1 200万活跃付费用户的互动娱乐传媒公司。

在2009年全球100家成长最快企业评选中，盛大网络综合排名名列全球第七，超越亚马逊（52名）、Google（68名）等国际知名企业。在娱乐行业排名上，盛大位于全球第二，在中国企业中排名最高，超越梦工厂（行业排名第4）和暴雪（行业排名第6）等国际知名公司。

盛大公司致力于通过互联网为用户提供多元化的娱乐服务。作为领先的互动娱乐媒体企业，盛大网络通过盛大游戏、盛大文学、盛大在线、创新院、华友世纪、华影盛世、盛大旅游、Ku6传媒等主体和其他业务，向广大用户提供多元化的互动娱乐内容和服务。其中，盛大游戏、盛大在线、创新院主要业务介绍如下：

① 盛大游戏：拥有国内最丰富的自主知识产权网络游戏的产品线，自主研发中国民族特色游戏。拥有研发人员将近1 000人，分布在美国、日本、韩国、上海、南京、杭州、深圳、成都、北京各地，目前，已经拥有70款左右的游戏版权，并被文化部命名为"文化产业示范基地"。公司同时推出30亿规模的研发基金，投资创业团队，推动民族原创产业的发展。盛大游戏有近20款自主研发游戏出口到其他国家和地区，为国家创汇1 000多万美元，在多个国家市场占有率第一，在海外市场产生巨大的影响。

② 盛大在线：作为中国领先的互动娱乐内容运营平台，盛大在线拥有庞大的用户群，依托便捷的销售渠道、广泛的市场推广网络、完善的付费系统、优质卓越的客户服务体系、强大的技术保障

和网络安全系统,致力于为用户提供多元化的互联网娱乐应用产品优选渠道及综合解决方案。同时,盛大在线也为互联网应用内容输出企业提供专业化的用户服务定制体系,进而为合作伙伴创造商业价值。

③ 创新院:着眼未来 5~10 年的软硬件发展和用户构成变化,孵化新型技术、产品、服务和商业模式,通过自主研发、合作开发、投资等多种途径,扶持、培育创新领域。基于信任文化的特色治理模式,创新院已拥有 100 多位业内顶尖专家,项目领域涉及云计算、大数据、网络视频、娱乐平台、手持设备、即时通讯、家用电子产品、交易平台、语音、基础技术服务等多个方面。

在为用户提供广泛而多元的业务支撑过程中,盛大网络积累了丰富的运营经验、完备的硬件环境、强大的研发团队、过硬的技术储备和充足的现金流,具备成为中国云计算领域领先者的综合素质。

(1) 盛大云

"盛大云"是在整合盛大集团资源的基础上,百分百自主技术研发而成的公有云平台。盛大云脱胎于盛大集团的创新院,是中国最早商业化的公有云平台,曾经支撑了盛大游戏、盛大娱乐、盛大文学等盛大集团旗下的云计算业务。2011 年 7 月 22 日,"盛大云"宣布开放公测。同年 9 月底,"盛大云"成为盛大集团旗下的子公司开始独立运营。"盛大云"以国际领先的亚马逊网络服务(Amazon Web Services,AWS)模式为基础,推出国内第一家按需计费的云主机、第一家面向公有云专门开发的"Key-Value"云存储、第一家云硬盘、第一家自助化的 CDN 加速产品、第一家在线 MongoDB(基于分布式文件存储的数据库)永久免费的云监控,以及视频建站与托管、网站云、数据库云、移动云服务等产品。"盛大云"以用户为中心,以快速的步伐不断满足客户在主机租赁、存扩展、网络加速、快捷建站、数据库服务等方面的基础设施需求。产品充分体现出云计算时代"按需使用""弹性扩展""高可靠""高安全""高可控"的核心特点。

### 8.3.1 行业发展及"云平台"的商业机会

随着人们物质生活水平的不断提高，人们对精神文化的需求不断扩大，互联网行业作为人们精神文化的重要组成部分得到了迅猛发展，网络文学、网络音乐、网络视频、网络游戏等行业快速崛起，特别是苹果（Apple）、脸书（Facebook）等公司发力移动互联网，催生了一个潜力巨大的行业。

中国互联网行业发展迅猛，但在发展的同时也面临着诸多的问题。

第一，互联网娱乐行业的快速兴起对计算、存储、网络等资源有着极高的需求，上亿的用户、丰富的多媒体内容要求具备庞大的基础架构。传统模式下，数据中心的建设和维护成本高，服务器和网络的使用效率低，人员管理和能源的消耗也不断增加。如何在满足用户需求的前提下降低成本，促进节能减排，是社交网络环境中各类企业都要重点关注的问题。

第二，人民群众的文化生活需求丰富多彩，光靠几家大型企业是无法满足的。如何能建设一个简单的平台，让广大人民群众和数以百万计的中小企业者通过平台快速创造独特的文化产品，既能满足人民群众的需求，产生良好的社会效益，又能发挥广大创业者的商业热情，产生良好的经济效益，这是一个需要深度思考的问题；

第三，国外苹果、谷歌、亚马逊等大型互联网公司从自身优势出发，研发出了他们自身的云平台，为用户提供娱乐、信息存储和创业众筹等服务。这些平台在为用户提供丰富多彩服务的同时，也推动了一大批中小企业参与创新发展；与此同时，它们利用手中的平台，收集世界各地网民的数据，并根据美国的意识形态做有针对性的筛选、推送，这将会严重影响中国的信息安全和国际地位。

### 8.3.2 "云平台"的服务模式

盛大云计算的系统产业化服务主要采用由点到面、先典型后一般的策略，从支撑盛大网络集团的互联网应用开始，逐步推广，最终实现对外部用户的全面服务。

（1）技术体系结构

盛大云平台技术体系结构主要分为两个层面：

① 面向互联网的 IaaS 平台。盛大建立了国内最早的云计算创业运营平台，依托盛大公司十多年积累的技术优势，在满足自身发展需求之外，为国内中小企业提供一个快速创业、成长的平台，通过信息化促进中国传统企业的工业化进程。

为了实现真正的云计算运营支持，盛大建立起国内最绿色节能的大型数据中心、定制化低成本服务器与网络设备，自主研发了分布式海量存储、分布式弹性计算、分布式海量数据库，全球范围的数据分发系统和银行级的安全系统，面向业务的监控系统和自动化的部署平台。

在这个平台上，公司内部各业务系统可以被快速开发、部署、运维。外部小团队或个体使用者可以通过自助模式，快速创建他们需要的网络、服务器、操作系统、数据库、监控和内容分发网络（CDN），然后将他们开发好的应用快速发布在网络运维平台上。同时，也可以直接导入盛大的用户群、支付模块和客服模块，帮助中小企业、个体解决创业过程中可能遇到的各种问题和困难，使得产品能快速运营、快速推广、快速盈利。

② 面向互联网的 PaaS 平台。在 IaaS 平台基础上，盛大进一

步建立一个集在线开发、在线编译、在线测试、在线部署于一体的PaaS平台,广大的中小创意企业或个体既可以在平台上开发大型应用,也可以设计小型功能,平台上的其他开发者可以通过调用这样的一个个应用、功能来完成大的业务,并按照使用次数向开发者付费,形成一个庞大的开发社区和良性循环的生态系统。

通过这样的社区合作,PaaS平台能创造出良好的创业环境,降低企业创业门槛,让更多有专长、有想法的人施展才华,利用商业模式和成本上的减法来推动中国互联网产业的加法,助力中国制造转型成为中国创造。

(2) 内部服务模式

"盛大云"服务系统首先立足于对盛大集团内部的业务支持,为云中书城、EverBox、切客、Youni、麦库等各种互联网应用提供后台数据存储支持;在此基础上,这些互联网应用将作为系统的验证基础,检验云平台系统的架构、实现能力和运维有效性,为系统的改进和升级提出有益的建议。

在盛大集团内部,云存储系统成为公司所有互联网应用统一的基础设施,企业内部各个应用的研发时间及维护成本大大减少,研发团队只需关注产品和业务逻辑本身,而无需担心重中之重的数据存储和发送请求部分。盛大内部接入云计算系统的项目及其商业模式简介如下:

① 云中书城。云中书城是盛大文学的运营主体平台,为消费者提供包括数字图书、网络文学、数字报刊等在内的数字内容。用户可以通过云中书城网站、Bambook电子书阅读器、Android、iPhone手机端应用、iPad应用、电视等多种平台设备随时随地下载阅读云中书城的海量内容。通过云中书城开放平台,所有出版单位均可自主上传数字图书、数字报刊等内容,自主定价,借助云中书城完善通畅的销售网络进行推广销售。云中书城凭借强大的内

容与云平台优势，推动数字出版，匹配数字阅读潮流，为全球用户带来便利的阅读体验。

② EverBox。EverBox 是盛大创新院推出的一款云计算网盘产品，提供数据存储和同步服务、用户间文件分享功能、在线图片浏览和音视频欣赏。当用户在电脑或手持设备上把一个文件放入到 EverBox 中，将可以随时、随地在所有安装了 Everbox 客户端的设备上访问这一文件。EverBox 会自动、实时地备份文件数据到 EverBox 安全服务器。当用户本地设备损坏或丢失时，不必担心数据丢失，数据将在第一时间恢复到用户指定的设备上。

③ 切客。切客是盛大网络旗下一个基于真实位置的网络社区。用户可以在这里告诉朋友"我在哪儿"，可以随时随地分享自己的吃喝玩乐精彩生活，还可以打卡签到、发记录、抢地主、挣游票，把自己现实生活中所有的乐趣都搬到互联网上与朋友分享，同时也在其他人的分享中发现更多的乐趣。在好玩的"地点"上找到有趣的人，跟随有趣的人探索更加好玩的"地点"。

④ Youni。Youni(有你)是盛大网络发布的智能移动手机社交工具，可基于本地通讯录直接建立与联系人的连接，并在此基础上实现聊天、来电大头贴、个人状态同步等功能。

⑤ 麦库。麦库是由盛大创新院开发的一款永久免费的个人云中记事本。用户可以存放各类笔记、文档资料等，永不丢失。麦库可以随时记录用户生活中的资料，成为一个终身免费的档案馆。更进一步，在云平台和云存储的支持下，用户的网络移动终端将可以随时记录与随时分享上述资料，实现云助理的功能。

上述产品都是基于盛大云平台的基础云计算商业模式，它们贴近移动互联网时代的用户实际需求，与每个网络行为紧密相连，提供生产力促进工具，为"互联网＋"时代的内部创新带来更多可能。

(3) 外部服务模式

盛大云为社会各界、各类企事业单位和个体提供跨越 IaaS、PaaS 和 SaaS 体系的、高稳定、高安全、低成本、技术领先的平台和内容服务。作为企业级应用,盛大云平台主要涵盖 IaaS 和 PaaS 层,可以为互联网企业、网站站长、政府机构等带来稳定、丰富、灵活的云计算产品/服务解决方案。

① 计算服务:云主机。盛大弹性计算云服务利用虚拟化技术,将分布在各地互联网数据中心(Internet Data Center, IDC)的计算资源化为资源池,提供虚拟机"即租即用"服务。基于云主机,计算资源利用率大大提升,为客户提供高性价比的服务成为现实。云主机系统的可用性指标达到 99.9%,为糖果、盛大文学、边锋、U17 等内部公司和多家外部中小创业者提供稳定的计算资源租赁服务。

② 存储服务:云存储。盛大云存储服务通过建立大规模的分布式数据存储集群,提供安全、可靠、实时的数据存储。分布式数据存储集群集中管理、集中运营、集中维护,以更小的硬件资源和人力资源投入,提供更坚实的存储平台。系统的数据可靠性指标为 99.999 999 999%,系统的可用性指标为 99.9%。

③ 网络服务:云分发。云分发(Digital Delivery System, DDS),被称为数据分发系统,是通过在现有的网络中增加一层新的网络架构,利用高速缓存技术及负载均衡技术,将数字内容发布到最接近用户的网络"边缘",使用户可以就近取得所需的内容,解决互联网拥挤状况,提高网络响应速度。DDS 包括网页加速和文件传输加速两种类型的服务,可为企业门户、影视音乐、网络游戏等不同行业的不同场景提供各种解决方案。

④ 数据库服务:分布式文件存储数据库云服务。分布式文件存储数据库云服务简称为"MongoIC(MongoDB in Cloud)",是指

基于云计算技术,具有可扩展性、支持高并发、开源的分布式文档型数据库。由于分布式文件存储数据库(MongoDB)是新生的数据库产品,在维护管理及安全方面并没有非常成熟可用的工具,在监控方面的接口也不够全面细致,因此基于云平台提供一个集中式的管理维护数据库集群是非常有意义的。

盛大MongoIC服务通过网页方式使客户可以在云中简易地安装、操作,并扩展关系数据库。它提供成本节约、具备动态扩展性、简化的数据库管理功能,使客户可以专注于自己的核心业务,无需专门处理数据库系统。盛大的数据库云服务使客户可以访问到自己熟悉的数据库操作系统,其已经实现的代码、应用和工具都可以直接用于数据库云服务平台。更进一步,盛大云还提供数据库的自动备份、多重备份及数据恢复功能。

⑤ 监控服务:云监控。盛大云监控平台(Cloud Monitor Service, CMS)是盛大在线推出的一款针对互联网产品的自助监控产品。CMS旨在通过自助的接入方式,提供一整套的监控解决方案,帮助减少互联网产品的故障时间和降低它们的运维成本。自助化的第三方监控服务,免去了自己开发或搭建系统的各种麻烦,提供从服务器监控、网站监控到业务监控的一系列服务。

### 8.3.3 "云平台"模式的发展前景

盛大云的研究与实践成果包括云计算技术、应用解决方案和商业模式拓展等,盛大云平台为以盛大网络公司为代表的企业客户提供文化创意、网络文学、社交网络、移动互联网、视频音乐服务、电子商务、网络支付等各种在线服务支持,为各类网络新型需求提供基于云平台的解决方案,实现云计算商业模式的创新。在新一代信息技术快速发展的今天,云计算商业模式创新将产生巨大的商业价值与社会效益。

首先,通过云计算商业模式可以有效支持大型集团公司的内部业务发展,为企业节约高额的网络通信计算费用,其服务效率和效果都好于传统自建平台的模式。云计算商业模式还可以为集团公司的外部客户、个体消费者提供质优价廉的云平台基础设施服务,既扩大了用户群,又增加了业务黏性。

其次,通过多元化的云平台建设,可以为国内一大批中小企业和创业者提供良好的创新创业平台,充分发挥他们的聪明才智,为广大人民群众提供丰富多彩的互联网产品与服务。

再次,传统产业和企业可以利用这样的云计算商业模式,以更低的成本和更快的速度实现信息化进程,通过信息化带动工业化发展,实现两化深度融合,促进产业的转型升级。

最后,借助云计算商业模式的不断成熟、发展,中国的企业客户和普通百姓将会更多地熟悉和使用云计算技术,通过云平台吸引用户、测试技术、留住用户,有助于加速推动中国成为云计算技术的领先国家,进一步保证国家的网络信息安全,巩固信息技术的国际地位。

综上所述,通过更多像盛大云一样的云计算商业模式与平台实践,云计算技术对于国家产业转型升级的红利作用将会得到充分展现,云计算产业也将对中国经济发展、互联网行业发展产生巨大的拉动效应。

## 8.4 "云原生"的创新先行者:DaoCloud

上海道客网络科技有限公司(以下简称"DaoCloud")成立于2014年年底,是云计算中"云原生"核心容器技术在中国最早、也是最成功的实践者。DaoCloud拥有自主知识产权,依靠云计算核心技术推动传统企业完成数字化转型,成立迄今已为金融科技、先进制造、智能汽车、零售销售等领域提供了基于云计算的企业级解决方案,是上海市高新技术企业、上海市"专精特新"企业和杨浦区2018年的"科技小巨人",并入选国家科创板培育企业名单。

在云计算产业,DaoCloud先后获颁"2015—2016年度中国互联网＋行业创新企业""2016年度中国企业服务领域最具投资价值公司TOP50""红鲱鱼(Red Herring)亚洲100强""IDC中国容器技术和解决方案'创新颠覆者'"等荣誉,并在2019年7月由中国信息通信研究院主办的可信云大会上获得"可信云技术创新奖"。

(1) 何为"道客"

所谓"道",即道法自然的中国传统哲学思想。《道德经》中有云:"道生一,一生二,二生三,三生万物"。DaoCloud认为,科技并非冷冰冰的无机物,而是一种新的生命体,只要给予足够的土壤和养分,就会自然生长、开枝散叶。因此,道生一,一即为平台;一生二,二即为应用和数据;二生三,三即为用户生态。换言之,平台是土壤,应用和数据是养分,用户生态是科技生命体。所谓"客",即是英文"Cloud"的音译,代表DaoCloud所处的云计算的行业属性。"道客"之名,融合了中国传统文化与现代科技前沿,也代表了云计算科技新业态的发展愿景。

(2) 技术优势

作为一家云计算系统级软件企业,DaoCloud在技术研发上持续投入,长期占据了Docker和Kubernetes等云计算开源技术社区贡献榜的前列。同时,DaoCloud积极推进技术产业化,自主研发了"尚道"数字原生云平台,为政府和大型企业完成基于云平台的数字化转型提供了一体化解决方案,并积极向人工智能领域进军。

### 8.4.1 行业背景

(1)"云原生"技术的发展

在云计算概念提出后的数十年间,SaaS(软件即服务)模式通过其"轻量化"的特性,依靠灵活的应用吸引用户,首先迎来了爆发期。但随着企业应用数据的累积,对数据存储平台和相应的硬件设备的需求也在不断增长,以亚马逊、阿里、华为等公有云为代表的 IaaS(基础设施即服务)模式迎来了发展的风口。

云计算的第三个模式 PaaS(平台即服务),通俗的说法就是平台的云化。在传统互联网环境下,由于 PaaS 相对于 IaaS 属于不可见的软件层,相对于 SaaS 又属于应用背后不可见的中台,因而常常被忽视。进入云计算时代后,如何让一个企业或政府机构能够将散落于各个节点的软硬件有机地融合为一个整体,需要一个能够承上启下的、强有力的中间层。简而言之,"原生"就是一套化繁为简、聚沙成塔的云操作系统,让人们能够以"云"的思维模式推进新一代应用的发展。

"云原生"不仅仅是一项技术,更是一种思维、文化和趋势,它是云计算的一个必然导向,是让云成为政府与企业云化战略成功的基石。"云原生"有三大特点:一是容器化封装,以容器为基础,形成代码和组件重用,简化应用程序的维护,提高整体开发水平,并作为应用程序部署的独立单元,实现高水平资源隔离;二是动态管理,通过集中式的系统来实现动态与实时的管理和调度,优化资源利用率,提高应用程序的整体灵活性和可维护性;三是面向微服务,明确服务间的依赖,互相解耦,这就意味着代码不会硬连接到任何基础架构组件,应用程序可以按需伸缩。

"云原生"为现代化软件应用的开发、交付与运维创设了一套新的标准,为企业"上云"提供了可以落地的方案,为数字化转型搭好了舞台。

(2)"云原生"技术的应用背景

① 传统模式已无力承载新技术的要求。

全球权威的信息技术咨询公司 Gartner Group 在报告中指出,企业 IT 发展经历了三个阶段:第一阶段是 IT 工匠时代,IT 部门人员可以被称作"工匠",他们对技术非常熟悉,但也造就了一个个相互孤立的"烟囱"式系统;第二阶段是 IT 工业化时代,企业要求系统之间互相集成,关注系统的流程和管理;第三阶段是数字化时代,企业商业模式发生了明显变化,强调敏捷的开发方案,通过科技赋能商业。

以往成百上千员工松散管理、生产流程彼此割裂、品质把控标准不一、反馈机制落后,直接造成企业管理工作事倍功半,消耗巨额资金却收效甚微。随着各类机构与企业所使用的计算机在数量(节点)上的爆发式增长,传统上互不连通的一个个"烟囱"已不能适应现代化信息系统在数据调用过程中对于泛用性、准确性、安全性和响应速度的高标准要求,一场以云化 PaaS 平台为核心的科技革命大潮开始形成,将企业运用数据的能力快速推进,实现产品差异化和极致用户体验的并存。

在这一过程中,企业信息技术面临的最大挑战就是如何提高业务敏捷度和加速交付节奏,"云原生"方案正是对应于此,以容器技术为核心的企业级 PaaS 来帮助客户快速构建"云原生"应用,实现持续集成和交付,加速应用迭代。"云原生"是企业落地微服务架构改造及实现 DevOps* 运维架构理念的最佳选择。

② 云计算的市场规模正呈几何级数增长。

根据诺达咨询 2018 年发布的调研,在所有了解云计算技术却暂未部署 PaaS 服务的潜在用户中,未来一年内有 36% 的用户计划

---

\* Development 和 Operations 组合词,是一组软件开发过程、方法与系统的统称。

部署 PaaS 平台，2020 年有望成为中国企业部署 PaaS 平台的密集期。Gartner Group 公司也认为，中国高度重视数字中国战略，政策上积极推动企业"上云"。2018 年中国只有 17% 的企业数字化达到成熟阶段，到 2019 年末将有 33% 的企业进入数字化成熟阶段。企业级的云原生平台拥有着广阔的市场前景，不仅是政府机构和企业实现数字化转型的内在需求，也代表着未来信息科技发展的主流方向。

③ 企业上云需求与数据安全之间的矛盾。

从云计算技术的发展趋势来看，企业在信息化起步阶段只能选择公有云，将自身的数据迁移至阿里、腾讯、华为等公有云平台之上。然而，数据在迁移过程中和迁移后面临"信息泄露"和"网络安全"两大高危风险。正因如此，大中型企业，特别是业务核心数据具有举足轻重地位的关键企业，一直对数据上公有云保持观望态度，更倾向在自主可控环境下采用私有云或混合云模式。在保护知识产权和互联网信息安全的时代背景下，依托云原生平台来调和企业"上云需求"与"安全恐慌"之间的矛盾，是一套行之有效的解决方案。

### 8.4.2 "尚道"数字原生云平台

DaoCloud"尚道"数字原生云平台是以云原生为核心打造的新一代企业级数字化系统，采用了分布式架构，支持微服务、容器服务、容器编排服务和 DevOps 云原生基础架构，并独创了云原生应用全生命周期管理体系，协助企业用户全方位地将应用迁移至云端，获取快速迭代、敏捷研发流程、数字化运营及智能决策的能力，服务体系架构如图 8.1 所示。

"尚道"数字原生云平台包含两个核心部分：数字化服务体系与基础支撑平台。

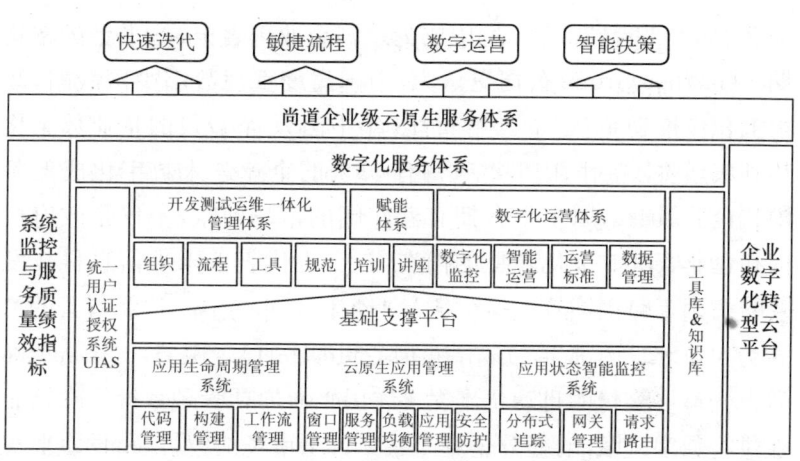

图 8.1 "尚道"企业级云原生服务体系

数字化服务体系是服务的核心业务形态,包括开发测试运维一体化管理体系、数字化运营体系和企业赋能体系。开发测试运维一体化管理体系以"精益研发"作为指导思想,帮助企业从组织、流程、工具及规范四个方面落地敏捷管理流程,实现应用快速迭代;数字化运营体系融合监控与智能运营分析功能,对应用运营进行有效管理,针对应用运维运营设计相关规范,指导应用的日常运行和异常处理;企业赋能体系通过培训和讲座的方式对企业人员进行云计算知识赋能,提高企业相关人员的研发效率。

基础支撑平台借助现代化信息技术手段保证上述业务高效地开展,主要包括云原生应用管理系统、应用生命周期管理系统和应用状态智能监控系统,通过大数据和智能分析手段实现整个服务体系智能化、智慧化,提高体系运行效率,达成最终的体系绩效指标。

(1) 云原生应用管理系统

云原生应用管理系统是领先的云原生应用云平台,实现全面软件定义的数据中心,加速业务的迭代交付,满足企业快速变化的业务需求。通过云原生应用管理系统，企业可在已有IT基础架构之上实现"容器"集群、DevOps开发运维模式、标准化应用交付与流程化运维管控、安全可靠的自动化运维。企业可以从该体系架构获得敏态IT（快速调整适应）、DevOps（快速交付应用）及微服务架构（独立可靠运行）三个方面的能力。

（2）应用生命周期管理系统

应用生命周期管理系统是企业级DevOps系统，以私有云的形式为企业客户内部不同部门和团队提供DevOps服务，支撑从产品研发到最终交付的自动化流程。应用生命周期管理系统旨在为企业进行数字化赋能，提升企业产品交付至市场的速度，帮助企业更快的契合市场需求，最终让企业走上研发创新的精益之道。

企业用户可以通过DaoCloud提供的应用生命周期管理系统打造符合最佳实践的自动化DevOps敏捷研发流程，让企业专注于业务创新、持续推进产品升级，最终实现企业商业价值的不断提升。应用生命周期管理系统的三个核心模块分别为流水线、任务模板及持续标准化交付。

（3）应用状态智能监控系统

应用状态智能监控系统是云计算微服务架构的具体载体。随着系统应用的不断迭代，企业以往单应用的服务架构难以处理如山洪般增长的信息数据，而云计算技术不断深化发展，微服务架构逐渐进入企业视野，其本质是把整体的业务拆分成诸多具备特定、明确功能的服务，通过分散的小服务之间的配合，去解决更大、更复杂的问题。系统对拆分后的服务进行分类和管理，服务彼此之间使用统一的接口来进行交互。

微服务的特点决定了功能模块的部署必然是分布式的，充分发挥了云计算的技术优势。企业大部分功能模块都是单独部署运行的，彼此通过总线交互，实现自主、智慧化的协同服务。

(4)"云原生"转型服务

"云原生"转型服务是为企业提供的应用微服务架构、DevOps研发流程、容器管理平台三个方面的战略、技术咨询服务,主要结合企业行业特点,通过深入的业务与技术分析,量身定制最贴合企业现状的"云原生"转型实施方案,助力企业完成"上云"转型。目前,DaoCloud"云原生"转型服务主要包括咨询、培训及企业应用微服务架构转型指导三项专业服务。

(5)实际应用场景

① 银行业。

面对"双11"逐年爆炸增长的交易总量与峰值,电子支付链路需要借助企业云平台的支撑能力,稳定运行在每秒数千笔交易处理的并发压力之下,并根据业务波动进行弹性扩展。互联网支付的不可预测性对银行后端的传统IT系统提出了挑战,需要更强的支撑能力加以应对。

新型金融需要突破传统技术架构的限制,采用分布式存储、网络化自主可控的开放模式,去自动适应日新月异的业务发展。新技术的落地对网络环境的需求增高,同时平台的管理要符合银行数据中心的管理标准。随着新一代银行业务逐步采用微服务的应用架构,系统架构需要随之改造,运维压力与风险陡增。

DaoCloud云原生平台提供的双引擎容器方案,可以支持银行行内业务系统的部署发布、运维管理和弹性扩展,并能够和行内相关系统对接。通过容器化与微服务化改造,不仅银行可以构建自主可控的开放式体系架构规范,实现信息系统的"安全可控",也可以对接行内应用监控平台,实时监控电子支付链路的应用交易。以传统银行为例,云原生平台体系不仅可以支撑数百台标准服务器规模的核心银行业务,还可以针对异地不同情境,通过"双中心部署"的构建不同策略,满足不同场景下的业务连续性需求,实现互联网支付链路系统 7×24 小时的不间断运行。

在最近一次"双 11"的实际测试中,采用 DaoCloud 云平台的银行每秒事务处理量(TPS)创造历史记录,较过往同日指标上升了 135%,交易成功率达到 99.999%。

② 汽车业。

作为大型国有企业,某汽车集团迫在眉睫的需求是打破传统 IT 架构,将汽车互联网的基础架构彻底更新;但公司过度依赖传统的应用架构,对开源产品的陌生导致容器技术落地困难。从简单场景到复杂环境转化是信息化变革之路的第一步,一方面需要实现从概念走向实践,另一方面需要庞大而复杂的架构体系去支撑源源不断的数据,两者的有机结合需要创新性的技术支撑。

DaoCloud 根据该公司实际情况,定制连通汽车与互联网的行业级服务云平台,使云计算和车联网相辅相成,转换了原有数据中心的 IT 架构,实现了容器技术落地和对微服务化、互联网化架构的支撑。基于数字原生云平台,企业可以根据制造业异构环境搭建 IT 服务,通过分布式软件定义基础 IT 架构(计算、存储、网络),还可以对多租户功能进行改造,为下属企业提供全面的 IT 服务支持。目前,该公司上海、南京两地的数据中心运行良好,为公司业务运营提供了稳定性和敏捷性保障。

依靠数字原生云平台,该汽车集团还开启了网联汽车数字化生态链的建设工作,致力于从车辆制造为中心转向用户服务为中心,实现由内而外的技术升级。在云计算技术的支持下,传统大型国有制造型企业正在焕发勃勃生机,不断拓展全新的商业模式,在"中国制造 2025"的实现过程中发挥越来越重要的作用。

### 8.4.3 "云原生"带来的社会效益

科学技术从来没有像今天这样深刻影响着经济社会转型升

级,从来没有像今天这样深刻影响着人民生活福祉。云计算技术与实体经济实现深度融合,经济发展过程日益凸显科技含量。云计算的数字原生技术将为企业"上云"提供有力的支撑,带来极大的社会效益。

(1) 打破对国外厂商的依赖,实现企业云计算应用的独立自主

以DaoCloud"尚道"为典型代表的数字原生云平台充分发挥了国产软件"安全、可靠、可控"特点,从云平台建设的源头上发挥核心作用,让企业"上云"不必再依赖微软、红帽等国外厂商的操作系统,而拥有完全自主知识产权的替代性方案,使中国企业的云计算应用不再受制于人。

(2) 展现产业未来方向,打造云计算中国生态

"尚道"数字原生云平台作为完全自主可控的"中国容器",积极与"中国芯片"的代表龙芯科技和"中国服务器"的代表联想共同打造国产数字科技的"铁三角",以成熟的软硬件为基础,以安全可控为技术驱动力,提供顶尖的数字化服务能力,助力"中国智造"参与国际市场。

(3) 颠覆互联网巨头对传统企业的掣肘,助力企业云赋能

"尚道"数字原生云平台改变了企业传统云化战略的实现模式,通过聚沙成塔的方式,一方面大大降低了企业"上云"成本,使企业无需再借助互联网巨头的云计算基础;另一方面依靠极具泛用性的PaaS云平台,为各类机构和企业赋能,实现业务数据的自有、自主、自控。

(4) 带动容器技术的产业化,催生云计算新领域

容器技术的产生是为了解决企业生产规模扩大后在系统开发与运维之间的矛盾,其最典型实践就是云计算的PaaS模式。在云计算SaaS和IaaS模式已经颇具规模的基础上,PaaS模式迎来了发展契机和广阔市场前景。基于容器技术开发的产品和服务已广

泛应用于金融科技、网联汽车、智能制造、城市大脑等多个领域,催生了全新的云计算领域,也指明了传统经济数字化转型的"蓝海市场"。

## 8.5 校园"上云"新形态:优景智慧云校园

上海优景智能科技股份有限公司创立于2005年,是一家专业从事教育信息化咨询、规划、建设和服务的云计算科技企业。公司以智慧教育顶层设计为切入点,扎根智慧教育、整合优质资源、结合智慧教育建设经验,提供一体化的智慧教育整体解决方案,打造出拥有自主知识产权的"智慧云校园"平台。

平台利用云计算、虚拟化等技术,通过互联网、物联网、通讯网,将安防、教学、科研、办公、管理、资源、家校等分割的教育系统进行有机整合,采用模块化开发方式及多级部署模式,为省、市、县、校提供教育信息化一站式解决方案,为教育管理者、教师、学生、家长提供智能云服务,改变了教与学的传统方式,提高学校管理效率,促进教育资源的均衡化与优质化发展。

智慧云校园覆盖了教学、管理、学习、交流等众多服务领域,用户包括教育管理者、教师、学生、家长等不同类型群体。平台基础公共服务设施覆盖学校日常运行的各个环节,依靠高速的有线、无线网络和各类智能信息终端,建立电子身份及统一认证系统,构建课堂教学、教师教研、学生学习、管理评价、家校沟通、学校安全管理等一体化、智能化的校园环境。

其中,云备课授课、在线学习、云智慧课堂、虚拟实验室等系统探索智慧教学新模式,开展智能化信息生态环境下的新型教学模式试点,促进信息技术与教育教学深度融合;大数据可视化系统对海量教育数据进行整合、分析和利用,监控教学全过程,通过可视化的方式展示校园师生人数、考勤管理数据、区域资源库、课本资源库、师生资源库、教师活跃度、作业情况、知识点掌握情况、授课备课情况等方面信息,为教育部门和学校管理层提供科学决策的数据支持;学生成长服务、云调查、综合素质评价可挖掘学生的多种能力,促进学生全面发展与综合素质提升,推进教育质量综合评价改革的落地。

### 8.5.1 行业背景及发展趋势

2011年,教育部发布《教育信息化十年发展规划(2011—2020年)》,揭开了教育信息化的序幕。2018年,教育部发布《教育信息化2.0行动计划》,引领推动教育信息化转型升级,提出"互联网+教育"的概念,进一步强调信息技术对教育的革命性影响,指出应充分发挥教育信息化突破时空限制、快速复制传播、呈现手段丰富的独特优势。

国家"十二五"规划把云计算作为新一代信息技术产业研发与应用的重要领域之一,部分先行的政府机构、企事业单位和教育机构尝试构建了政府云、企业云和教育云,教育云尤其引发了社会的广泛关注。《教育信息化十年发展规划(2011—2020)》进一步明确指出:建设教育云资源平台,汇聚百家企事业单位、名师生开发的优秀资源;以建设国家数字教育资源公共服务平台来帮助所有师生和社会公众选择并获取优质服务资源,实现优质资源共享和持续发展。

在高速发展的新时代,利用云计算解决教育领域信息孤岛现象,实现教育资源共享、协同,推进教育信息化变革已成为社会各界的共识。教育作为国家前进的核心动力,在政策与科学技术的双重驱动下,打造基于云计算技术的智慧校园具有巨大的市场前景和发展潜力。

### 8.5.2 "智慧云校园"服务模式

优景科技自主研发的"智慧云校园"平台(以下简称"云校园")采用多级部署架构,形成特定区域内的生态闭环,信息快递互通,双向反馈;同时,平台采用模块化设计,在云平台上能够灵活匹配客户需求,轻松定制个性化解决方案。

现代教育涉及众多相关方,而传统教育信息化的做法是为每一方开发独立的系统,实现独立的工作流程。单从业务功能角度来看,独立系统实现了一定程度的效率提升,但也造成了"信息孤岛"现象的加剧。云校园正是针对这一痛点,利用云计算"共建共享"特点提供的具体解决方案。

平台主要面对的服务群体包括管理人员、教师、学生和家长。管理人员可以全方位实施信息化管控,让教育管理工作简单高效。借助平台全面的报表数据,管理方可及时了解学校整体运营情况,给出有的放矢的应对之策,实现学校资源的均衡发展。教师团队可以借助平台的优质资源和开放服务有效提高教学工作效率。数据分析帮助教师了解每个学生的特点,因材施教。学生受益于平台的个性化教育服务供给,通过趣味性游戏学习增强自己的学习积极性,通过深度评估诊断获得针对性的学习建议和练习内容。家长可以实时掌握孩子学习情况,按照平台提供的建议和方案监督辅导孩子,与教师、管理人员互动,在同一个平台上实现"家—校"的高效沟通。

区别于传统线下本地部署的方法,云校园平台主要采用云端部署模式。云端部署是指系统通过互联网,为地区教育行政领导、教务人员和学校管理人员、教师、学生、家长用户每人生成一个独立账户,每个独立账号登录后在智能终端上拥有独立云桌面,可以使用所属群体的权限与服务功能,并自定义应用服务。云端部署模式就像一条高速公路,实现了软硬件一体的教育基础设施信息化,各方只要有终端和网络即可以参与到校园对应的工作中,完全打破了传统模式的时空限制。同时,每个教育活动的参与者又在为智慧校园提供新的数据,为后续的教育功能设计、服务推出提供素材。对于未来可能用到的软件服务,各方可以在平台上先行试用,满意后直接通过租赁方式使用,免去了各类软件安装过程中的复杂问题,让软件使用变得简单、透明。更为重要的是,云校园的共建共享模式来自于真实需求与真实使用,做到了信息化和教育工作的深度结合,每一项花销都来自于实际使用,既不用担心软硬件搭建的初期投资,也不用在意过度信息化建设的投资浪费,是云计算技术特点同教育公益性质的最佳组合。

### 8.5.3 云计算对教育行业的影响

云校园平台为教育中的信息技术应用带来了"教育+云"的全新发展契机,平台的安全性、共享性、网络化、个性化、低成本、高性能等特点解决了现有教育中存在的诸多问题。

(1) 实现教育信息资源的共建共享

目前,我国各级教育行政机构、学校和教育企业已经建设了大量教育信息资源,并且还在追加投资。云校园平台将已有的教育信息资源存储在云端,通过平台整合与协同,不仅可以使本地的教育机构分享资源,还可以实现跨区域分享、定制,让教育工作者和信息化建设人员可以将更多的精力投入到"主课主业"的开发和实现工作中,为全社会获得教育资源提供方便与快捷的接口。

(2) 促进学生的学习与创新

由于云计算具有弹性高、扩展性强和基于互联网的服务器、存储、数据库等优点,学生可以简单获取教育资源和服务,自由选择学习内容和学习方式,更好地利用信息资源,这是符合学生,特别是未成年人学习特点的全新模式。同时,学生个性化学习的所有资料都可以由云计算实现远程管理和控制。学生可以随时随地提取所需的数据和服务，创建出个性化的学习计划与需求。这样不仅提高了学生的学习效率，也有助于他们自主创新能力的培养发展。

(3) 节约学校管控成本，提升教育管理效率

传统教育信息化给学校的管理工作带来了三个方面的高昂成本：一是软硬件的投资与部署，二是教育信息资源的更新与开放，三是教育内容的设计与提升。借助云校园平台的支持，学校管理方无需在传统信息化工作上花费时间，只需设计更符合自身定位的教育功能与服务，并发布在云平台上，共建的同时实现共享，一举解决投资软硬件和管控系统的成本。更进一步，每年学校都有毕业生离校和新生入学，大量的数据存储和处理需要强大的计算能力，而云平台正是处理这些数据的最佳途径，为后续的大数据分析、智能改进提供了基础，不会再出现信息闭塞、更新缓慢的传统校园信息化问题。

### 8.5.4 云计算在教育行业的应用展望

技术的演进促进教育信息化的发展，面对云计算时代的快速变革，教育行业不能做"旁观者"，相关各方需要着手深度研究传统教育职能的"上云"工作，这是实现我国教育信息化的重要路径。凭借智慧云校园，优景科技展示了云计算技术与教育领域深度融合的样本，获得了"上海市科技小巨人企业"、"上海市科委高新技术企业"、上海市"专精特新"中小企业等荣誉。越来越多的企业和学校开始试水信息化大潮，争做云计算技术的"弄潮儿"。未来教育行业信息化将从技术、应用、服务模式等多个方面启动变革，结合 5G 通信技术的突破，在云计算生态系统中展现更多可能，将智慧校园打造为智慧教育产业链，让"互联网＋教育""教育＋云"成为新时代的常态。

form
# 第 9 章

## 总结与展望

云计算是信息技术应用模式与服务模式创新的集中体现；云计算产业则是新一代信息技术产业发展的重要方式，是推动经济社会转型升级、创新发展的关键基础，也是世界各国积极布局、努力抢占先机的战略制高点。

## 9.1 研究结论

本书选择云计算产业为研究对象，关注其产业生态系统构成，产业链关键环节组成，产业发展演进规律，对企业采纳云计算服务展开调研，并给出相应的政策建议，主要有五个方面的研究结论。

（1）云计算产业生态系统构成分析

研究发现，云计算产业生态系统由基础设施供应商（如器件研发、硬件设备）、基础软件供应商（如软件开发环境、软件运营环境）、平台与软件供应商（如平台类软件供应商、应用类软件供应商）、集成服务供应商（如云解决方案、数据中心服务）、网络服务供应商（如宽带网络、无线网络）、云服务供应商（如服务运营模式、服务运营平台）、安全管理供应商（如隐私保护、身份认证）、用户（如企业用户、个人用户）八个物种构成。各个物种成员各司其职、相互交织，形成完整的云计算产业价值网络。作为国内最早将云计算列为信息技术产业发展重点的城市，上海云计算产业生态系统具备上述所有物种，且每个物种都有典型的企业代表，这表明上海云计算产业生态系统已经初具规模，实现稳态运行。

根据生态位的不同，本书将云计算产业生态系统分为三大种群：领导种群（第一等级生态位）、关键种群（第二等级生态位）、支持种群（第三等级生态位），上述八个物种可以对应进行划分。同时，本书阐述了云计算产业生态系统中核心生态子系统、环境子系统、支持子系统的不同功能与作用。

在此基础上,本书给出了云计算产业生态系统的结构分析和特征分析,详细探讨了生态系统中存在的利益争夺问题、信息不对称问题、信任问题和协作问题,并从关系协调、利益协调、信息协调、运作协调四个方面给出了协调机制。

(2) 上海云计算产业链关键环节分析

作者通过跟踪调查,依照云计算产业发展的实际情况和服务流转顺序,将上海云计算产业链细分到九个关键环节,分别为:器件环节、硬件设备环节、基础软件环节、平台与应用软件环节、集成服务环节、网络支撑环节、云服务环节、安全管理环节、用户环节,从物种构成、所属种群、生态位、龙头企业代表四个角度进行了详细分析,是目前针对上海云计算产业链较为全面、细致的专题研究。

(3) 云计算产业发展演进研究

本书在产业生态系统发展演进理论分析的基础上,引入"间断—平衡"理论,并结合组织战略变革理论、钻石模型构建了理论分析框架,从产业发展状态与产业深层结构两个视角对云计算产业发展演进过程进行探讨,指出产业发展过程中存在稳态、渐进改变、波动混乱、失败、突变五种状态,而产业深层结构包括影响产业生态系统的各个要素,可以细分为技术要素、资源要素、需求要素、商业模式要素、政府要素。

在此基础上,全书详细分析了上海云计算产业自 2008—2015 年的发展演进情况,并指出 2016—2018 年是上海云计算产业在取得"突变"式发展的基础上,进入更高层次稳态发展的关键阶段。未来上海应继续坚持走"云计算与工业结合""着力建设云服务运营平台"的产业发展道路,而政府应保持对云计算核心关键技术的关注,建立云计算产业市场准入机制,引导国有企业进一步选择安全可靠的云计算产品和解决方案,改变"重信息化设施建设、轻信息技术应用服务"的局面。

(4) 中小企业云计算公共服务应用情况调研与企业采纳云计算服务研究

在探讨云计算产业引发商业模式创新的基础上,本书对上海地区 16 家中小企业进行了云计算公共服务应用情况调研,涵盖制造、印刷、信息技术、服务等多个行业。调研发现,多数中小企业对云计算服务所知甚少,但愿意去尝试或评估云计算服务会为企业带来的好处;同时,调研发现成本因素、缺乏信息技术人力资源、提高企业信息技术应用水平是它们选择应用云计算的主要原因,数据安全、服务质量和稳定性、服务供应商的品牌和技术成熟度、服务的价格、应用对需求的满足程度、服务的个性化定制能力、易扩展性等是这些企业购买云计算服务最关注的因素,而它们最担心的云计算负面因素包括信息和数据的安全性、失去对业务流程的控制、无法与现有的信息技术(系统)融合、网络支持问题、云计算服务灵活性问题、服务供应商规范性问题等。针对上述负面因素,本书给出了相应的改进建议。

在调研基础上,作者还对上海企业采纳云计算服务进行了实证研究。基于 TOE 理论(技术因素、组织因素、环境因素)构建了研究模型,并提出了具体假设。通过调查研究和案例研究,对模型假设进行了实证检验,得出了具体结论,为后续的政策建议提供支持,包括:企业管理层的动机对于企业采纳云计算服务的决策有着决定性的作用;企业使用云计算服务的最强烈动机是降低信息技术成本;企业在决定是否采纳云计算服务时受到多种外部压力的影响和作用(供应商、客户、同行等);企业的规模和成立时间、企业自身的信息技术资源和管理能力对于企业的云计算服务使用有显著影响,中小企业和新兴企业更容易采纳云计算服务。

(5) 云计算产业发展政策建议

在前文研究的基础上,本书系统分析、对比了国内外推进云计算产业发展的政策措施,指出当前中国云计算产业呈现出"政府主导作用明显,产业规模保持高速增长""产业格局迎来洗牌阶段""产业区域布局即将形成"三大特征,并对多家国内云计算产业中龙头企业的发展情况进行了简单分析。

在此基础上,作者从产业示范应用、产业环境、产业推广宣传、政府采购、扶持商业模式创新、制度法规建设、产学研用与标准制定、基础设施升级八个层面给出了具体政策建议。

## 9.2 研究局限

对中国来说,云计算产业还是一个"年轻"的产业,针对其产业生态系统、产业发展演进、商业模式创新与采纳的研究还不多见,本书尝试结合不同理论,从上述多个角度对上海云计算产业展开初步的研究和有益的探索。由于研究问题的复杂性、研究方法的深入程度和研究资源的有限,全书的分析受到一定的限制,存在着下列不足之处。

首先,云计算产业生态系统是一个复杂的研究对象,从政府视角、云计算企业视角、云计算服务使用企业视角、云计算产业联盟(协会)视角都有不同的侧重点。本书虽然选择上海云计算产业作为研究主体,缩小了研究范围,但由于作者自身知识领域的限制,无法做到包含多个不同视角的详细分析,只能选择研究资源、研究周期可行的视角来开展探索性研究。作者应用的理论也只是用于特定产业环境的分析,对相关现象和理论的认识、理解难免存在偏差,可能会影响到整体研究的质量。此外,产业发展演进不能仅仅选择一个静态截面,而应该有较长时间的观察和分析期(如十年),

对产业中企业现象的观察，仅仅两三年时间也是不够的，需要开展更加深入的案例研究进行分析。这些都是本书需要在后续研究活动中加以完善和改进的重点。

其次，在研究资料的获取方面，本书仍存在一定的不足。根据研究需要，企业样本和产业数据应尽可能地丰富，分析过程应尽可能地客观，但因为研究时间和研究资源有限，本书所使用的资料、数据存在数量不够、主观性强的问题，其范围主要来自作者参与的五个课题资料、上海市经信委提供的资料、作者开展的调研和案例访谈资料、公开披露的行业研究报告、政策文件、学术数据库这六大类，存在学术研究成果没有被参考到、收集的数据不够丰富、案例及调研不够深入等问题，未来需要作者持续地更新与补充。

最后，在研究方法的使用方面，研究问题的复杂性限制了本书研究方法的选择和使用。对于产业和企业层面的研究问题，如果采用案例研究方法，应有较为充裕的案例跟踪时间和观察周期；如果采用调研的方法，则样本数量和各类数据需要尽量丰富。本书在这两方面尚有明显不足。

针对上述不足之处，一方面研究者需要持续改进和完善，不能因为客观原因就忽略问题、停滞不前；另一方面，作者将与上海经信委、上海云计算产业联盟和其他科研机构继续开展深入合作，丰富研究样本与研究资源，努力弥补不足。

未来研究者仍将在云计算产业生态系统、云计算产业发展演进、云计算商业模式创新与采纳三大领域开展深入研究。在研究的广度方面，可以选择其他云计算产业区域（如北京），与上海进行比较研究，有助于发现产业生态系统各组成结构中的独特之处，也为各地形成云计算产业发展特色提供支持。在研究深度方面，本书研究过程中，研究者已经与上海市软件产业促进中心、上海市云计算产业联盟、静安区（原闸北区）和杨浦区云计算产业基地等直接相关单位建立了联系,取得了开展云计算产业发展研究的认可与提供资料支持的承诺,并获得50余家上海云计算相关技术研发、服务提供、运营保障企业的基本资料和联系方式。作者参与了上海市经信委、上海软件产业促进中心的"上海市云计算应用案例集"的撰写工作,并参与完成了十余家企业的调研及初步案例撰写工作,未来将继续对这些企业开展第二轮、第三轮的调研,深入分析云计算企业的商业模式创新主题。

## 9.3 未来展望

总体来看,全球云计算仍属于发展初期和中期,产业格局尚未完全定型,潜在市场需求极大。推动云计算产业持续发展的动力来源于技术自身的基础设施特性,与互联网改变了人们对于通信技术、买卖形式、信息使用权和所有权的认知一样,云计算技术提供了一种最直接、最基本的基础设施能力。特别在互联网商业应用架构已经初具规模的情况下,云计算是更高一层的、更新一代的基础设施,是推动企业商业模式变革的原动力。过往大型企业可以利用信息技术形成进入壁垒,而在云计算环境下,中小微型创业企业可以按需、按量定制和购买计算能力、信息服务能力,进入传统行业的壁垒大大降低,带来的颠覆性冲击也更加剧烈。大型企业同样可以凭借云计算技术增加柔性和灵活性,降低信息技术管理成本、推动企业内部流程优化,实现"大象跳舞"。

从战略发展趋势来看,云计算产业不仅没有"落伍",而且才刚刚"上路",大有可为。全球最大的中文信息技术社区(Chinese Software Developer Network, CSDN)在2019年年初发布的数据显示,云计算技术使得世界企业级软件市场在15年间增加了近10倍,仅美国SaaS云计算业务的市场价值就超过百亿美元。10年前一家年收入达到1 000万美元的传统软件公司，如果提供云计算服务，现在的年收入很可能过亿，其中的典型企业有Salesforce（市值1 200亿美元）、Workday（市值440亿美元）、Dropbox（市值100亿美元）、Slack（市值70亿美元）等*。概括来看，云计算产业不仅帮助了各级、各类体量的企业享受到新一代信息技术的红利，也带动了世界范围内软件服务业的迅猛发展。

聚焦到国内，信息技术在中国已经历了30多年的发展历程，云计算被看作继计算机、互联网、移动端之后的第四次信息技术浪潮，其独有的高应用弹性、强扩展性正是高速发展的中国企业所急需的。中国政府高度重视云计算的发展，2015—2018年，云计算已经四次写入政府工作报告。

从商业市场潜力来看，中国有着全球最大、最复杂的商业市场，对传统业务流程、产品服务创新优化的需求极大，同时面临着企业信息技术资金匮乏的困境。云计算的优势可以在中国商业市场中得到充分发挥，帮助国内进一步同国外市场接轨，消除传统商业领域的"马太效应"。

从服务的客户来看，国内云计算客户的数量是最多的，无论是大型集团公司，还是个体消费者，以亿为单位的客户都在使用云计算服务，并且不断对后续的服务内容提出要求，这些都保证了云计算产业的可持续发展。

从信息技术应用环境来看，近五年国内信息技术基础设施取得了翻天覆地的变化，伴随着物联网、北斗、5G等技术硬件的快速实现，云计算服务基础设备早已全面普及，信息经济要素（硬件、软件、人才）也初具规模，现在缺少的并不是简单云计算技术自身的扩展，而在于企业独特服务需求的挖掘与商业模式的推陈出新。

---

\* 数据截至2018年年底。

上述三个层面是国内云计算产业可以持续蓬勃发展的独特优势,云计算毫无疑问将成为中国信息产业发展的重要支撑。

在云计算产业政策层面,关键技术突破、打造云平台、构建生态系统、扶持企业上云是政策支持的四个关键词。2015年1月,国务院发布《关于促进云计算创新发展、培育信息产业新业态的意见》,为云计算产业创新发展指明了方向。文件指出要在关键技术、关键产品和关键服务等领域实现整体突破,通过云计算培育产业新业态、新商业模式、催生新的经济增长点,加速信息产业转型升级,形成自主的信息服务能力和信息资源优势。2018年8月,工信部发布《推动企业上云实施指南(2018—2020年)》,进一步指出到2020年,全国将新增上云企业100万家,形成典型标杆应用案例100个以上,形成一批有影响力、带动力的云平台和企业上云体验中心,为企业上云提供参考指南。上述政策文件的出台为云计算产业的实践者和研究者画出了重点,未来可以从优化产业生态系统、创新云服务平台、突破商业模式瓶颈等几个重点领域开展深度分析,在理论和实践层面给出具体的建议。

在一系列政策的指引下,中国云计算产业赋能传统行业的效果开始显现。以上海为例,2017年上海市云计算产业整体收入913.76亿,较前一年增长15.95%,"企业上云"成为上海传统产业转型升级的新热点。2018年开始,上海在"云海计划3.0"的基础上,提出了"高水平规划、高层次目标、高规格组织、高质量推进"的云计算产业发展战略,以云计算产业生态系统骨干企业、服务平台为龙头,积极推动传统企业上云,让基于云计算平台的数据挖掘、大数据分析成为上海各级、各类企业基本的技术配备。2019年,上海云计算产业发展已经进入第三个阶段,云计算应用领域从科技型企业逐步向传统企业和政务领域全面拓展。整体呈现出"平台发展、行业垂直、融合生态、传统转型"的发展态势\*。

平台化是上海云计算产业发展的主要特征,也是促成资源标准化的有效手段。上海的云计算基础平台厂商已经从原有简单的云基础资源业务,向数据业务、人工智能方向进行延伸,为用户快速部署互联网业务提供基础支撑。以 UCloud(优刻得)为例,作为一家专业、中立的云计算服务商,UCloud 发展 6 年,服务用户已经超过 8 万家,为用户提供高可用、高可靠、高弹性、安全合规的云计算服务,最大限度地保障用户的业务连续性,智能化的云服务已经成为 UCloud 的核心卖点。同时,云计算应用平台厂商则趋向于专业应用、工具应用及场景化应用,规模化的行业云应用服务商日益发展壮大。以泛微网络研发的移动办公云平台 eteams 为例,产品可以根据不同行业、不同规模企业的实际工作场景,定制移动办公协作平台,为企业提高自身管理水平提供整套规范的平台解决方案,公司也于 2017 年成功上市。

行业垂直是上海云计算产业在发达、复杂的市场环境中演进而成的。随着用户需求的多样化和不断升级,企业对云服务的期望已经从简单的功能集成,升级到行业应用场景的构建,其应用深度、广度和复杂度不断拓展。场景化云服务欣欣向荣的发展态势,为云服务厂商带来难得的机遇。银联数据研发的"银联数据银行发卡云服务平台"是行业内首个拥有完全自主知识产权,以云服务模式构建的国内领先的银行卡发卡系统,灵活满足国内上百家金融客户的个性化需求。小 i 机器人的"智能云平台"则是链接传统行业和新兴技术的行业云平台,这种 B2B2C 模式(小 i 平台到传统行业再到终端用户)为传统行业使用人工智能技术提供了便捷入口。未来几年,垂直行业场景化本地云服务厂商将不断发展壮大,

---

\* 案例资料及数据来源:上海经济和信息化委员会,2018 年 8 月。

形成众多具有鲜明垂直行业特征、合作共赢的云生态系统。

融合生态是上海两阶段"云海计划"的重要产出成果,云生态聚焦行业,依靠标准,形成了协同发展的生态系统。有序的生态可以催生出有序的信息服务商业模式,规范标准则有助于云生态企业之间产品的快速组合,推出基于规范标准的协同型产品。以七牛云为例,公司不仅向合作伙伴提供云存储、数据处理、直播服务等基础云计算服务,更进一步根据不同公司的特点定制云计算解决方案,帮助合作伙伴的产品(服务)快速入驻七牛云应用市场,这种融合模式直接服务的企业和开发者团队超过 50 万家。上海老牌的制造业和服务业企业上汽集团、申通公司也在不断与云计算融合成为生态圈,这些企业近几年先后推出了斑马云操作系统、大都会云支付平台等一系列产品,通过云生态圈的构建来优化自身的互联网基因和创新能力。

激发传统转型是上海云计算产业进一步演进的趋势。传统企业通过云平台来打通数字化闭环,突出行业优势。尤其在金融、制造、政务等领域,云化趋势更为明显。仍以上汽集团为例,公司依靠一个综合性的系统云平台,贯穿全部核心业务流程,将汽车研发设计、生产制造、市场营销、车联网终端等重要环节打通,并为合作伙伴提供规范的应用及数据入口,为汽车行业提供全套业务整合的云解决方案,为服务商提供面向新一代车联网应用的微服务构架。再如,中国太平洋保险公司利用云平台替代传统信息系统,平台创下每秒 14 万笔交易的记录,并为全公司达到"亿级客户秒级响应"目标提供了坚实基础。

为实现"云海计划 3.0"中"云计算技术和服务收入达到 1 000 亿元"的目标,未来上海云计算产业可以从构建产业创新发展特色、优化产业结构、完善制度性资源调配、释放科技园区服务潜能四个方面入手开展工作。

(1) 把握"一带一路"和"进博会"契机,打造"云计算支撑交易、云平台服务贸易"的产业创新发展特色

以"数字丝绸之路"和中国国际进口博览会为切入点,打造"云计算支撑交易、云平台服务贸易"的云计算产业创新发展特色。2017年5月14日,习近平主席出席"一带一路"国际合作高峰论坛时指出,要将"一带一路"建成创新之路,要坚持创新驱动发展,加强在数字经济、人工智能、纳米技术、量子计算机等前沿领域合作,推动大数据、云计算、智慧城市建设,连接成21世纪的"数字丝绸之路"。上海可以抓住契机,紧紧围绕建设"数字丝绸之路"的目标引导与培育云计算企业,形成明确的产业发展方向和特色。

较之于周边省市,上海云计算产业有四个方面的优势,一是云平台和第三方信息技术服务模式较为成熟;二是跨国贸易行业信息化解决方案较为成熟;三是复旦大学、上海交通大学等高校的云计算科研力量较为成熟;四是长三角区域云计算跨地区合作方式较为成熟。未来可以进一步突出上海云计算产业服务跨国贸易的优势,抓住中国国际进口博览会的契机,组织企业和高校搭建产业联盟,与长三角省市共建共享云基础设施,打造"云计算支撑交易、云平台服务贸易"的产业创新发展特色。

(2) 优化云计算产业结构,营造有利于企业创新发展的市场环境

充分发挥上海现有的云平台及第三方服务优势,推动云平台建设的"由散到合",形成支撑政务服务、生活服务、商务服务的综合数字化云平台,打通信息孤岛,提升服务能级。聚焦上海政策资源,推动云基础设施"由弱到强"。从实现路径来看,上海可以学习杭州云基础设施的发展经验,加强云计算关键技术与数字市场需求的"共振",提升云计算基础设施创新服务能力。

在市场环境方面,上海应进一步激励云计算企业创新发展,构

建既有领军企业又有新生中坚力量的云产业布局,形成云产业持续创新发展的引擎动力。有关部门应努力吸引行业领先的龙头企业迁入上海,同时培育具有自主知识产权的云计算创业企业成长。上海可以通过完善落实科技园区政策和人才政策,强化领军企业和高端人才集聚机制,打造更具竞争力的云计算市场环境,为产业"龙头"借上海平台参与国际竞争提供便利,加速形成围绕"龙头"企业的云计算产业生态系统。同时,上海也需要激励中小型云计算企业和创业团队成长。通过设立政策性融资担保机制,构建以互联网金融为基础的科技信贷、创业信贷和科技保险等科技金融服务体系,提供适应中小型云计算企业和创业团队发展与创新需求的金融产品和融资服务,努力培育更多上海本土的云计算"独角兽"企业。

(3) 完善制度性资源调配,激发云计算企业创新活力

根据"云海计划"的经验,上海未来需要改变云计算产业"重资金、轻资源,重立项、轻过程"的创新激励规则,从两方面入手完善政府制度性资源的优化调配,激发云计算企业的创新活力。一方面,在提供资金、税收补贴的同时,进一步加快政府数据开放进程,为云计算企业提供更多制度性资源供给选择;另一方面,可以改变过往扶持云计算企业"重立项"的模式,实施集中决策、分类管理、全程引导的过程管理,提高政府制度性资源投入的精准度与有效性。

(4) 释放科技园区服务潜能,加快形成创新集聚与协同效应

上海未来可以在巩固静安、杨浦、浦东三区云计算科技园区优势的基础上,积极引导闵行、宝山、嘉定、青浦等地结合区域特点探索组建云计算特色园区,充分释放园区服务潜能。其中,闵行可以依托上海交通大学、华东师范大学等高校云计算基础科研优势,面向行业需求建设云计算"产学研用"创新基地,形成技术研发、应用

方案和商业模式的合力创新；宝山主要依托工业互联网，积极推进云服务与物联网、大数据、移动互联网的深度融合；嘉定、青浦应鼓励园区重点支持云计算基础设施类企业发展，大力推动北斗、航天、5G相关产业借助云计算实现创新突破。在发挥已有云计算集聚区优势的基础上，应加强园区间互动促进跨园区创新溢出效应，推动企业协同创新，最终形成上海云计算产业"中心带动近郊、近郊辐射远郊"的特色结构。

从现代实体经济和信息经济视角来看，今天的云计算产业实际上已经是"五网融合"——铁路网、公路网、电网、电话网、互联网，它的发展重要性胜过于任何一个历史时代的基础设施建设工作。但需要看到，云计算产业又与历史上我们见过的任何商业、社会基础设施都不一样，不同于铁路、公路、电力的渐进式发展，不同于电话网、互联网的突进式发展，其特有的非线性、间断—平衡式发展需要引起理论界和实践界的特别关注。

云计算带给中国的不仅是技术和理念的变革，更是产业结构和社会生产力的变革。云计算技术对中国信息产业的影响，至今仍难以进行准确的评估。现在依然有人士对云计算产业带来的冲击表示担心，就像2005年10月30日比尔·盖茨在一份微软公司高级别工作备忘录中表述的一般，"软件已不再是人们一定会在自己电脑上安装的东西了，正变成一种通过互联网提供的简单服务，这一变化将是极具破坏性的"。这种担心可以理解，但也需要调整视角。正如北宋诗人曾公亮在《宿甘露寺僧舍》中的名句"要看银山拍天浪，开窗放入大江来"一般，面对云计算带来的大潮，企业不应该成为旁观者，更不应该被大浪卷去，而应怀着敬畏之心，乘一叶小舟主动融入大潮，成为中国云计算产业的创新者和弄潮儿。

最后引用美国知名技术创新研究专家尼古拉斯·卡尔的一段话作为本书的结语："所有的技术变革都是涉及两代人的变革，一种新技术的全部力量和后果,要等经历过它的第二代人长大成人并开始将落伍的父母挤到一边时,才完全释放出来。当老一代人去世时,他们将带走对旧技术的最后记忆,而后人们将只记住新技术。技术就是这样逐步发展的,总是造成一种假象,好像我们今天的进步是理所当然的。"我们正处于新一代信息技术爆发的新时期,云计算产业的发展充满了机遇和挑战,离不开生活在当下的人们不断创新、奋斗。

也许几十年后,云计算产业会变为像电力、自来水产业一样的标准公共基础行业,我们将有幸见证这一伟大时代的伟大发展,并为之做出不懈的努力!

# 参考文献

[1] 课题组. 智能产业，云上转型[R]. 南通：阿里云研究中心，2017.

[2] 康雅雯. 2017年云计算行业深度报告：云计算革命，路径正清晰[R]. 济南：中泰证券，2017.

[3] 赛迪智库. 云计算发展白皮书[R]. 北京：中国电子信息产业发展研究院，工业和信息化部赛迪智库，2015.

[4] 国务院. 关于促进云计算创新发展、培育信息产业新业态的意见[R]. 北京：中华人民共和国国务院，2015.

[5] 李颖. 中国IT产业发展报告[R]. 亚布力：数字中国联合会，2017.

[6] 中国信息通信研究院. 云计算关键行业应用报告[R]. 北京：工业和信息化部电信研究院，2017.

[7] 邵志清. 解读《上海市关于促进云计算创新发展培育信息产业新业态的实施意见》政策要点[R]. 上海：上海市经济信息化委，2017.

[8] 课题组. 上海市云计算应用案例集[R]. 上海：上海软件产业促进中心，2014-2016.

[9] Liang H, Saraf N, Hu Q, et al. Assimilation of Enterprise Systems: The Effect of Institutional Pressures and the

Mediating Role of Top Management [J]. MIS Quarterly, 2007,31:59-87.

[10] M A Hitt. Management Theory and Research Potential Contribution to Public Policy and Public Organizations [J]. Academy of Management Journal,2005,48(6):963-966.

[11] P S Ring, Bigley G, D'Aunno T, et al. Perspectives on How Governments Matter [J]. Academy of Management Review,2005,30:308-320.

[12] 李怀祖.管理研究方法论[M].西安:西安交通大学出版社,2005.

[13] P Mell, Grance T. The Nist Definition of Cloud Computing [J]. Communications of the ACM,2010,53(6):50.

[14] 中华人民共和国工业和信息化部.云计算综合标准化体系建设指南[R].北京:工业与信息化部,2015.

[15] 国家自然科学基金管理委员会管理科学部.管理科学发展战略:暨管理科学"十三五"优先资助领域[M].北京:科学出版社,2016.

[16] 黄海军,等.管理科学与工程学科:"十三五"发展战略与优先资助领域研究报告[M].北京:科学出版社,2016.

[17] 孙伟.解读《关于促进云计算创新发展、培育信息产业新业态的意见》[R].北京:国家发展和改革委员会,2015.

[18] 姚宏宇,田溯宁.云计算:大数据时代的系统工程[M].北京:电子工业出版社,2014.

[19] 刘黎明,王昭顺.云计算时代:本质、技术、创新、战略[M].北京:电子工业出版社,2014.

[20] 乔·韦曼.云经济学:企业云计算战略与布局[M].北京:人民邮电出版社,2014.

[21] 杨青峰.信息化 2.0+：云计算时代的信息化体系[M].北京：电子工业出版社,2014.

[22] M Campbell-Kelly. The Rise, Fall, and Resurrection of Software as a Service [J]. Communications of the ACM, 2009,52(5):28-30.

[23] P Louridas. Up in the Air: Moving Your Applications to the Cloud [J]. IEEE Software,2010(7-8):6-11.

[24] A Ojala, Tyrvainen P. Developing Cloud Business Models: A Case Study on Cloud Gaming [J]. IEEE Software, 2011 (7-8):42-47.

[25] S Greengard. Cloud Computing and Developing Nations [J]. Communications of the ACM,2010,53(5):18-20.

[26] Han Y. Cloud Computing: Case Studies and Total Costs of Ownership [J]. Information Technology and Libraries, 2011(12):198-206.

[27] B L Shivakumar, Raju T. Emerging Role of Cloud Computing in Redefining Business Operations [J]. Global Management Review,2010,4(4):48-52.

[28] N Sultan. Cloud Computing for Education: A New Dawn? [J]. International Journal of Information Management, 2010,30:109-116.

[29] N Sultan. Reaching for the "Cloud": How Smes Can Manage [J]. International Journal of Information management, 2011,31:272-278.

[30] M Armbrust, Fox A, Griffith R, et al. A View of Cloud Computing [J]. Communications of the ACM, 2010, 53 (4):50-58.

[31] E Brynjolfsson, Hofmann P, Jordan J. Cloud Computing and Electricity: Beyond the Utility Model [J]. Communications of the ACM, 2010,53(5): 32-34.

[32] G Anthes. Security in the Cloud [J]. Communications of the ACM, 2010,53(11): 16-18.

[33] B Gatewood. Clouds on the Information Horizon: How to Avoid the Storm [J]. Information Management, 2009(7-8): 32-36.

[34] Information Management. Fortune 1000 Firms Prefer Private Cloud [J]. Information Management, 2011,6: 1.

[35] A McAfee. What Every Ceo Needs to Know About the Cloud [J]. Harvard Business Review, 2011(11): 125-132.

[36] S Marston, Li Z, Bandyopadhyay S, et al. Cloud Computing — the Business Perspective [J]. Decision Support Systems, 2011, 51: 176-189.

[37] M Cusumano. Cloud Computing and Saas as New Computing Platforms [J]. Communications of the ACM, 2010,53(4): 27-29.

[38] D Durkee. Why Cloud Computing Will Never Be Free [J]. Communications of the ACM, 2010,53(5): 62-69.

[39] B Ward, Sipior J. The Internet Jurisdiction Risk of Cloud Computing [J]. Information Systems Management, 2010, 27: 334-339.

[40] John C. Henderson Bala Iyer. Preparing for the Future: Understanding the Seven Capabilities of Cloud Computing [J]. MIS Quarterly Executive, 2010,9(2): 117-131.

[41] John C. Henderson Bala Iyer. Business Value from Clouds:

Learning from Users[J]. MIS Quarterly Executive, 2012, 11(1): 51-60.

[42] Molly M. Wasko Paul M. Di Gangi, Robert E. Hooker. Getting Customers' Ideas to Work for You: Learning from Dell How to Succeed with Online User Innovation Communities[J]. MIS Quarterly Executive, 2010, 9(4): 213-228.

[43] Marco Ceccagnoli, Chris Forman, Peng Huang, et al. Co-Creation of Value in a Platform Ecosystem: The Case of Enterprise Software[J]. MIS Quarterly, 2012, 36(1): 263-290.

[44] 杨善林,罗贺,丁帅.基于云计算的多源信息服务系统研究综述[J].管理科学学报,2012,5:83-96.

[45] 罗贺,杨善林,丁帅.云计算环境下的智能决策研究综述[J].系统工程学报,2013,1:134-142.

[46] 周文,井明洋,吴辰康,等.中国云计算产业结构和商业模式[J].上海大学学报,2013,1:26-30.

[47] 陈阳.我国云计算产业存在的问题及对策[J].经济纵横,2014,7:43-46.

[48] 陈阳.国内外云计算产业发展现状对比分析[J].北京邮电大学学报(社会科学版),2014,5:77-83.

[49] 陈文娟,吴清烈.商业生态系统视角下的云计算经济发展模式研究[J].科技管理研究,2014,23:167-171.

[50] 曹健.效用计算、分布计算、网格计算、云计算的区别与联系[J].软件产业与工程,2010,2:25.

[51] 田杰棠.我国云计算产业发展趋势及政策建议[J].经济纵横,2011,8:31-35.

[52] 田杰棠. 特征举证、创新属性与云计算产业的战略取向[J]. 改革,2012,5:47-53.

[53] 梁柳云,王宁. 云计算产业发展现状与策略研究[J]. 科技与经济,2012,4:86-90.

[54] 李琦,朱庆华. 基于 soa 与云计算融合的企业信息化战略规划[J]. 情报杂志,2011,30(3):147-155.

[55] 吕元智. 基于云计算的电子政务信息资源共享系统建设研究[J]. 情报理论与实践,2010,4:106-109.

[56] 秦良娟,刘金. 城市公园的信息服务公共平台——以北京为例[J]. 系统工程理论与实践,2011,31(2):105-109.

[57] 卢小宾,王建亚. 云计算采纳行为研究现状分析[J]. 中国图书馆学报,2015,1:92-111.

[58] 杨美娟. 云计算模式面临问题初探[J]. 软件产业与工程,2010,5:29-31.

[59] 金鑫,赵维. IT 创新概念流行度影响因素的研究:基于云计算的实证分析[J]. 系统工程理论与实践,2011,2:64-69.

[60] 王燕,王煦. 云计算时代对我国信息安全的考虑[J]. 现代管理科学,2011,2:85-87.

[61] M E Porter. From Competitive Advantage to Corporate Strategy [J]. Harvard Business Review,1987(5-6):43-59.

[62] M E Porter. Clusters and the New Economics of Competition [J]. Harvard Business Review,1998(9-10):77-90.

[63] J B Barney. Firm Resources and Sustained Competitive Advantage [J]. Journal of Management,1991,17(1):99-120.

[64] D J Brass, Galaskiewicz J, Greve H R, et al. Taking Stock of Networks and Organizations: A Multilevel Perspective

[J]. Academy of Management Journal,2004,47:795-817.

[65] 迈克尔·波特.国家竞争优势[M].李明轩,邱如美,译.北京:华夏出版社,2005.

[66] 何亚琼,于立勇,黄梯云.信息产业竞争力的综合模糊评判[J].管理工程学报,2002,3:22-25.

[67] 贺静.我国信息技术产业竞争力分析——以长三角地区为例[D].上海:同济大学,2008.

[68] 谢强.提升成都信息产业竞争力研究[D].成都:西南财经大学,2008.

[69] 胡岗岚.平台型电子商务生态系统及其自组织机理研究[D].上海:复旦大学,2010.

[70] 戴伟辉.基于广义生态群落理论的社会经济组织分析[R].上海:复旦大学管理学院,2015.

[71] Hawley A H. The Logic of Macrosociology [J]. Annual review of sociology,2003,18(4):1-15.

[72] Moore J F. Predator and Prey:A New Ecology of Competition [J]. Harvard Business Review,1993(5-6):75-77.

[73] Vuori E,Peltoniemi M. Business Ecosystem as the New Approach to Complex Adaptive Business Environments [J]. Empowerment in Organizations,2008:1-15.

[74] Raphael Ami, Christoph Zott, Lorenzo Massa. The Business Model: Recent Developments and Future Research [J]. Journal of Management,2011,37(4):1-40.

[75] 龚丽敏,江诗松,魏江.试论商业模式构念的本质、研究方法及未来研究方向[J].外国经济与管理,2011,3:1-8,18.

[76] 龚丽敏,江诗松.产业集群龙头企业的成长演化:商业模式视角[J].科研管理,2012,7:137-145.

[77] 龚丽敏,魏江,董忆,等.商业模式研究现状和流派识别:基于1997—2010年ssci引用情况的分析[J].管理评论,2013,25(6):131-140.

[78] 原磊.国外商业模式理论研究评介[J].外国经济与管理,2007,10:17-25.

[79] 课题组.北京"祥云工程"行动计划[R].北京:北京发展和改革委员会,北京经济和信息化委员会,2010.

[80] 深圳市人民政府办公厅.深圳市推进云计算发展行动计划(2016—2017年)[R].深圳:深圳市人民政府办公厅,2016.

[81] 沈积慧.杭州云计算产业崛起[R].杭州:杭州网,2017.

[82] 课题组.中国云生态与云经济发展白皮书[R].北京:计世资讯,2012.

[83] 胡岗岚,卢向华,黄丽华.电子商务生态系统及其协调机制研究——以阿里巴巴集团为例[J].软科学,2009,9:5-10.

[84] 胡岗岚,卢向华,黄丽华.电子商务生态系统及其演化路径[J].经济管理,2009,6:110-116.

[85] 陈鸣麒.互联网产业的生态群落运行机理与演替过程研究[D].上海:复旦大学,2008.

[86] 芮明杰,刘明宇.网络状产业链的知识整合研究[J].中国工业经济,2006,1:49-55.

[87] 芮明杰,刘明宇.产业链整合理论述评[J].产业经济研究,2006,3:60-66.

[88] 李兴华.科技企业集群的自组织机制与条件探讨[J].中国科技论坛,2003,6:57-60.

[89] C J G Gersick. Revolutionary Change Theories:A Multilevel Exploration of the Punctuated Equilibrium Paradigm [J]. Academy Management Review, 1991,16(1):10-36.

[90] E Romanelli, Tushman M L. Organizational Transformation as Punctuated Equilibrium: An Empirical Test [J]. Academy of Management Journal, 1994, 37(5): 1141-1166.

[91] 托马斯·库恩. 科学革命的结构[M]. 李宝恒, 纪树立, 译. 上海: 上海科学技术出版社, 1980.

[92] 胡安安. 企业信息系统的组织采纳规律及其文化因素影响研究[D]. 上海: 复旦大学, 2010.

[93] M Newman, Robey D A. Social Process Model of User-Analyst Relationships [J]. MIS Quarterly, 1992 (6): 249-265.

[94] 金观涛, 华国凡. 控制论与科学方法论[M]. 北京: 新星出版社, 2005.

[95] D J Levinson. A Conception of Adult Development [J]. American Psychologist, 1986, 41: 3-13.

[96] C J G Gersick. Making Time: Predictable Transitions in Task Groups [J]. Academy of Management Journal, 1989, 32: 274-309.

[97] M L Tushman, Romanelli E. Organizational Evolution: A Metamorphosis Model of Convergence and Reorientation [J]. Research in organization behavior, 1985, 7: 171-222.

[98] H Mintzberg. Patterns in Strategy Formation [J]. Management Science, 1978, 24(9): 934-948.

[99] S P Robbins. Organizational Behavior (11th Edition) [M]. USA: Pearson Education International, 2006.

[100] 格里·约翰逊, 凯万·斯科尔斯. 战略管理: 第6版[M]. 王军, 等, 译. 北京: 人民邮电出版社, 2009.

[101] 芮明杰. 产业竞争力的"新钻石模型"[J]. 社会科学, 2006,

4:68-73.

[102] 课题组.中国云计算发展现状与趋势[R].北京:计世资讯,2010.

[103] 徐宜领.上海市云计算产业发展情况[R].上海:上海软件产业促进中心,2012.

[104] 课题组.上海"工业云"创新服务试点实施方案[R].上海:上海经济和信息化委员会,2015.

[105] 周晨光.云:7种清晰的商业模式[M].北京:机械工业出版社,2011.

[106] 托比尔斯·哈沃斯.向云环境迁移[M].北京:北京理工大学出版社,2014.

[107] R Depietro, Wiarda E, Fleischer M. The Context for Change: Organization, Technology and Environment [A]//The Processes of Technological Innovation, Lexington, Mass., Lexington Books, 1990,151-175.

[108] K Zhu, Kraemer K, Gurbaxani V, et al. Migration to Open-Standard Interorganizational Systems: Network Effects, Switching Costs, and Path Dependency [J]. MIS Quarterly, 2006,30:515-539.

[109] C Low, Chen Y, Wu M. Understanding the Determinants of Cloud Computing Adoption [J]. Industrial Management & Data Systems, 2011,111(7):1006-1023.

[110] M Ghobakhloo, Arias-Aranda D, Benitez-Amado J. Adoption of E-Commerce Applications in Smes [J]. Industrial Management & Data Systems, 2011,111(8):1238-1269.

[111] J Barthelemy, Geyer D. The Determinants of Total It Outsourcing: An Empirical Investigation of French and

German Firms [J]. Journal of Computer Information Systems, 2004, 44(3): 91-97.

[112] V Grover, Cheon M, Teng J T C. The Effect of Service Quality and Partnership on the Outsourcing of Information Systems Functions [J]. Journal of Management Information Systems, 1996, 12(4): 89-116.

[113] Xu B, Shao B, Lin Z, et al. Enterprise Adoption of Internet Banking in China [J]. Journal of Global Information Technology Management, 2009, 12(3): 7-28.

[114] P J DiMaggio, Powell W W. The Iron Cage Revisited: Institutional Isomorphism and Collective Rationality in Organizational Fields [J]. American Sociological Review, 1983, 48(2): 147-160.

[115] H H Teo, Wei K K, Benbasat I. Predicting Intention to Adopt Interorganizational Linkages: An Institutional Perspective [J]. MIS quarterly, 2003, 27(1): 19-49.

[116] 高巍. 从美国情况看云计算在政务领域的应用[R]. 北京: 中国信息通信研究院, 2015.

[117] 许博. 云计算公共服务平台的应用及推广策略研究[R]. 上海: 上海市科技发展基金软科学研究, 2013.

[118] 课题组. 政策解读:《英国数字战略2017》[R]. 南京: 江苏省经济和信息化研究院, 2017.

[119] 课题组. 云计算白皮书[R]. 北京: 中国信息通信研究院, 2016.

[120] 中华人民共和国工业和信息化部. 云计算发展三年行动计划(2017—2019年)[R]. 北京: 中华人民共和国工业和信息化部, 2017.

[121] 吕天文.2014—2015年云计算市场研究分析(一)[J].电源世界,2015,3:4-6.
[122] 吕天文.2014—2015年云计算市场研究分析(二)[J].电源世界,2015,8:6-8.
[123] 刘明宇,芮明杰.价值网络重构、分工演进与产业结构优化[J].中国工业经济,2012,5:148-160.

# 附录1 上海云计算产业链关键环节示意图

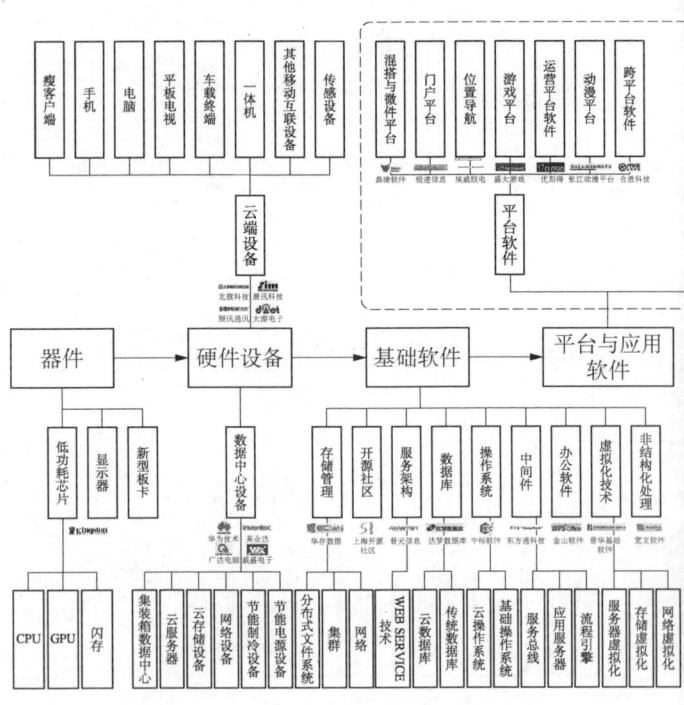

附录1 上海云计算产业链关键环节示意图

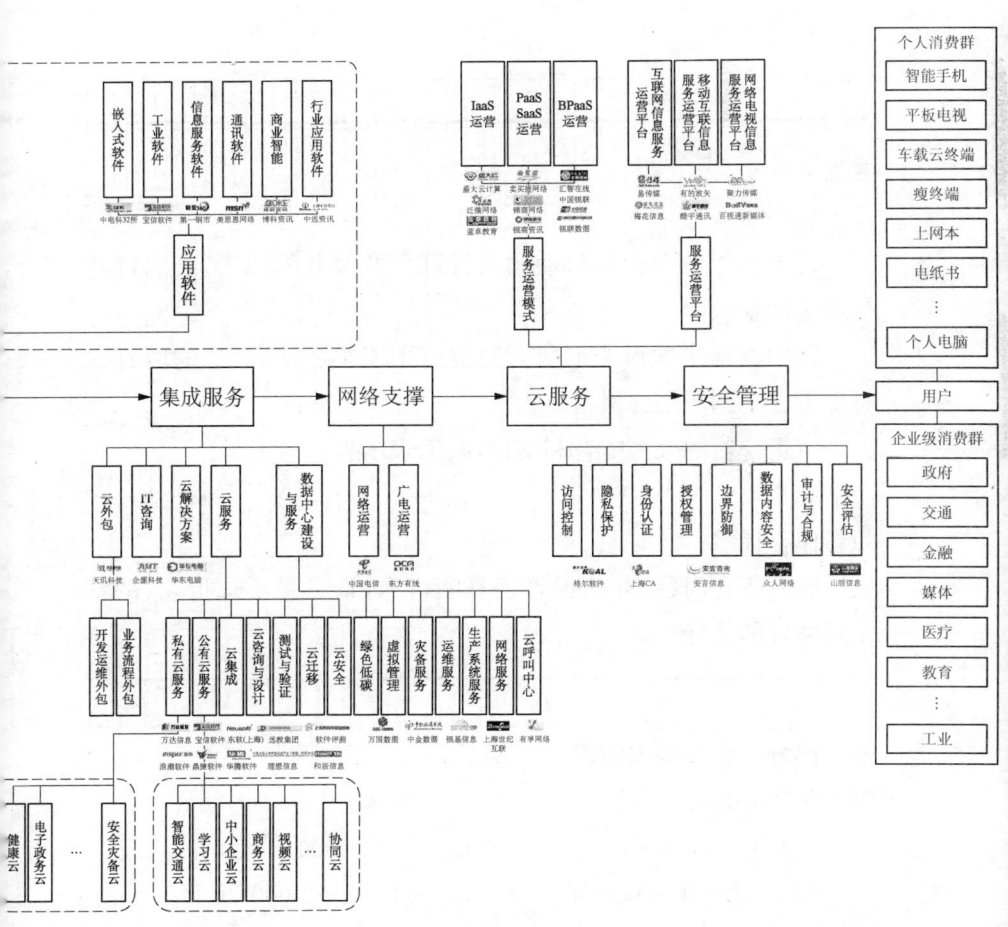

# 附录 2　企业采纳云计算服务意愿调研问卷

尊敬的女士/先生：

　　您好！

　　为了解影响企业客户使用云计算公共服务的因素，我们特进行这次调查。

　　我们保证本次调查的所有数据仅用于学术研究，您的所有资料都将会受到严格的保密。

　　对贵公司的大力配合和支持，我们表示衷心的感谢！

问卷作答提示：
敬请回答所有问题，并确保答案真实可靠，请尽量不选折衷答案，做到准确的估计。

## 第一部分　企业基本情况

1. 贵公司的资产总额：
   A 少于 100 万元 [　]　　　B 100 万~500 万元 [　]
   C 501 万~1 000 万元 [　]　D 1 001 万~2 000 万元 [　]

  E 2 001 万~5 000 万元[  ] F 5 001 万—1 亿元[  ]
  G 1 亿元以上[  ]
2. 贵公司的员工总数：
  A 少于 10 人[  ]      B 11~50 人[  ]
  C 51~100 人[  ]     D 101~200 人[  ]
  E 201~300 人[  ]     F 301~400 人[  ]
  G 401~500 人[  ]     H 500 人以上[  ]
3. 贵公司所属行业是：
  A 政府机关[  ]      B 健康/医疗服务[  ]
  C 商业/贸易[  ]      D 矿业/制造业[  ]
  E 社会服务[  ]      F 科研/教育[  ]
  G 媒介/广告/咨询[  ]     H 法律/司法[  ]
  I 旅店/饭店[  ]      J 邮电通讯[  ]
  K 交通运输[  ]      L 文化/娱乐/体育[  ]
  M 银行/金融/证券/保险/投资[  ]
  N 自由职业[  ]
  O 计算机/网络[  ]      P 建筑/房地产[  ]
  Q 农业/林业/牧业/渔业[  ]
  R 其他[  ]
4. 贵公司所属性质是：
  A 国有企业[  ]      B 民营企业[  ]
  C 股份制企业[  ]     D 合资企业[  ]
5. 贵公司自成立至今的时间：
  A 1~5 年[  ]      B 6~10 年[  ]
  C 11~15 年[  ]     D 16~20 年[  ]
  E 21~25 年[  ]     F 26~30 年[  ]
  G 30 年以上[  ]

6. 贵公司的计算机台数有:
   A 5 台以下[  ]         B 5~10 台[  ]
   C 11~50 台[  ]         D 51~100 台[  ]
   E 100~200 台[  ]       F 200 台以上[  ]
7. 贵公司是否有自己的网站:
   A 是[  ]               B 否[  ]
8. 贵公司是否使用电子商务:
   A 是[  ]               B 否[  ]
9. 如果已经使用云计算服务,贵公司使用了哪些功能:
   A 采购、销售、库存管理[  ]  B 客户关系管理[  ]
   C 财务金融[  ]              D 电子邮件[  ]
   E 网络安全管理[  ]          F 云主机服务[  ]
   G 云备份服务[  ]            H 办公自动化[  ]
   I 知识和文件管理[  ]        J 其他[  ]
   K 没有使用[  ]

第二部分　下列对您所在公司使用云计算服务的影响因素情况进行描述,请您做出评价并用 1~7 做出标明(1＝完全不同意、2＝不同意、3＝有些不同意、4＝不能确定、5＝基本同意、6＝同意、7＝完全同意)

1. 云计算服务具有高的可靠性
2. 云计算服务具有高的安全性
3. 云计算服务具有高的可扩展性
4. 云计算服务可以使公司得到定制的个性化服务
5. 云计算服务同企业流程的集成是复杂和困难的

6. 云计算服务的使用需要公司内部做出变革
7. 云计算服务的实施是复杂和困难的
8. 公司管理者认为采用云计算服务可以节省 IT 开支
9. 公司管理者认为采用云计算服务可以提高企业 IT 的灵活性
10. 公司管理者认为采用云计算服务可以提高企业 IT 水平
11. 公司管理者认为采用云计算服务有助于企业专注于核心业务
12. 公司管理者认为采用云计算服务可以提高企业竞争力

第三部分　下列对您所在公司使用云计算服务的影响因素情况进行描述,请您做出评价并用 1～7 做出标明(1＝完全不同意、2＝不同意、3＝有些不同意、4＝不能确定、5＝基本同意、6＝同意、7＝完全同意)

1. 公司有足够的资金开发运行自己的 IT 系统
2. 公司有足够的技术基础和能力开发运行自己的 IT 系统
3. 公司有足够的人员开发运行自己的 IT 系统
4. 公司有足够的经验和能力管理自己的 IT 系统
5. 法律和政策鼓励和支持企业使用云计算服务
6. 关于云计算的法规和政策是有效的
7. 使用云计算服务可以得到税收方面的优惠
8. 云计算企业可以得到政府的支持和帮助
9. 公司使用云计算服务可以得到政府的支持
10. 云计算服务提供商是值得信赖的
11. 云计算服务提供商会信守承诺
12. 云计算服务提供商会帮助客户解决 IT 实施和使用中的问题
13. 云计算服务提供商和客户间有良好的合作关系

第四部分　下列对您所在公司使用云计算服务的影响因素情况进行描述，请您做出评价并用 1～7 做出标明（1＝完全不同意、2＝不同意、3＝有些不同意、4＝不能确定、5＝基本同意、6＝同意、7＝完全同意）

1. 公司的竞争对手使用云计算服务并获益
2. 公司的竞争对手使用云计算服务后得到同行的好评
3. 公司的竞争对手使用云计算服务后受到供应商和客户的欢迎
4. 政府的压力促使我们使用云计算服务
5. 我们所在的行业促使我们使用云计算服务
6. 市场竞争促使公司使用云计算服务
7. 公司的供应商使用云计算服务
8. 公司的客户使用云计算服务
9. 公司的商业伙伴使用云计算服务
10. 同行业其他公司使用云计算服务
11. 我们国家缺乏对于云计算服务顾客保护的法律条款
10. 我们国家对于云计算服务的具体法律条款不完善

第五部分　本部分对您公司使用云计算服务的意愿进行描述，请您做出评价并用 1～7 做出标明（1＝完全不同意、2＝不同意、3＝有些不同意、4＝不能确定、5＝基本同意、6＝同意、7＝完全同意）

1. 在未来 12 个月内，我公司打算开始使用或继续使用云计算服务
2. 我公司会增加云计算服务使用范围（即更多的功能）
3. 我公司会增加云计算服务使用的频率（即一定时期内的使用次数）

4. 我公司会建议其他合作伙伴使用云计算服务
5. 我公司愿意经常使用云计算服务

问卷到此为止,非常感谢您对本研究工作的支持,再次对您的支持表示感谢!